*Zum Buch:*

»Rosemarie spürte die Kälte nicht. Nicht den eisigen Wind, der durch die Häusergerippe pfiff und in den klaffenden Löchern spielte, als wären sie nur zu seinem Vergnügen in die Fassaden gebombt worden. Nicht die Nässe des Schnees, die sich schon nach wenigen Minuten in das viel zu dünne Leder ihrer Schuhe gefressen hatte. Sie presste ihren Körper dicht an die kalte Mauer und lauschte. Leise knirschten Schritte durch den Schnee. Ihre Hand schloss sich fester um die Pistole, Rosemarie spürte, dass heute ein Scheidetag in ihrem Leben sein würde. Lautlos überwand sie die Trümmer. Sie brauchte das Überraschungsmoment, mit der Stärke und Waffenmacht der Männer in dem Keller konnten sie nicht mithalten. Wobei – wer rechnete schon damit, dass Frauen sich bewaffneten und wehrten?«

*Zur Autorin:*

Clara Lindemann wurde 1967 in München geboren. Die Geschichten von Diktatur, Verfolgung und Krieg, von Zwangsarbeitern, Bomben und Städten in Ruinen, die sie als Kind erzählt bekam, prägten sie fürs Leben. Mit 20 verließ sie Deutschland, um im Ausland zu studieren und zu leben, überzeugt, der beste Schutz vor Nationalismus sei das tiefe Verständnis anderer Länder und Kulturen. Inzwischen lebt sie wieder in Deutschland und engagiert sich für Gleichberechtigung und Diversität, wenn sie nicht gerade an einem Roman arbeitet. Sie lebt mit ihrer Familie in München.

CLARA LINDEMANN

# Der schwarze Winter

ROMAN

HarperCollins

1. Auflage 2023
Ungekürzte Taschenbuchausgabe
© 2021 by HarperCollins in der
Verlagsgruppe HarperCollins Deutschland GmbH, Hamburg
Umschlaggestaltung von Rothfos & Gabler, Hamburg
Umschlagabbildung von AKG Images, 8143444
Gesetzt aus der Stempel Garamond
von GGP Media GmbH, Pößneck
Druck und Bindung von GGP Media GmbH, Pößneck
Printed in Germany
ISBN 978-3-365-00467-8
www.harpercollins.de

Die hier erzählte Geschichte ist rein fiktiv.
Ähnlichkeiten zu lebenden oder
verstorbenen Personen sind rein zufällig.

Für meinen Mann
Aus tausend Gründen und noch mehr

# Prolog

Rosemarie spürte die Kälte nicht. Nicht den eisigen Wind, der durch die Häusergerippe pfiff und in den klaffenden Löchern spielte, als wären sie nur zu seinem Vergnügen in die Fassaden gebombt worden. Nicht die Nässe des Schnees, die sich schon nach wenigen Minuten in das viel zu dünne Leder ihrer Schuhe gefressen hatte. Nicht die bläulich verfärbten Lippen, die nur einen winzigen Spalt geöffnet waren, gerade so weit, dass der Atem wie milchig weißer Rauch hinausströmen konnte.

Einzig das Metall in ihren Händen spürte sie. Trotz der Kälte brannte es unter ihren Fingern wie glühende Kohlen. Schon der Besitz der Waffe konnte sie ihre Freiheit kosten. Dazu musste sie nicht einmal abdrücken.

Sie presste ihren Körper dicht an die kalte Mauer und lauschte. Noch war alles still um sie herum, nur in ihrem Kopf wurde Silkes Stimme immer lauter. *Willst du alles aufs Spiel setzen, was wir bisher erreicht haben?*

Rosemarie schüttelte kaum merklich den Kopf. Es ging nicht darum, was sie erreicht hatten, sie musste dort hinsehen, wo das Unrecht geschah. Schon wieder. Als wäre nicht bereits genug geschehen.

Genug für die ganze Menschheit. Genug für alle Zeiten.

Leise knirschten Schritte durch den Schnee. Fieberhaft sah sie sich um, die Hand um die Waffe gekrampft. Der Gedanke, dass sie tatsächlich abdrücken müsste, ließ sie zittern.

Aus dem Schneegestöber schälte sich Milas zierliche Gestalt. Mit leichten, schnellen Schritten näherte sie sich, das für ihre einundzwanzig Jahre kindliche zarte und gleichzeitig so erwachsene Gesicht wirkte noch angespannter als sonst.

»Das Schwein ist da.« Mila bleckte die Zähne. »Er hat ein Mädchen dabei. Vierzehn, fünfzehn, höchstens.«

Rosemaries Hand schloss sich fester um die Pistole.

Sie spürte, dass heute ein Scheidetag in ihrem Leben sein würde.

Vielleicht der wichtigste von allen bisher. Den Abschieden, den Todesfällen, der Flucht. Heute würde *sie* die Richtung bestimmen – und einen Weg betreten, von dem es kein Zurück gab.

Sie stieß sich von der Mauer ab und folgte Mila durch den Schnee zu dem Eingang, der versteckt inmitten der Trümmer lag. Es war kaum zu erkennen, dass sich darunter ein vollständig erhaltener Keller befand.

Mila wandte sich zu ihr um und legte einen Finger auf die Lippen.

Rosemarie nickte. Lautlos überwand sie die Trümmer. Sie brauchten das Überraschungsmoment, mit der Stärke und Waffenmacht der Männer in dem Keller konnten sie nicht mithalten. Wobei – trotz der Anspannung stahl sich ein grimmiges Lächeln auf ihre Lippen –: Mila und sie würden die da drin ganz bestimmt nicht erwarten.

Wer rechnete schon damit, dass Frauen sich bewaffneten und wehrten?

# 1

Silke zog an der verdorrten Pflanze und legte sie zur Seite. Die Kartoffeln darunter schob sie auf einen Haufen, wühlte in der Erde nach mehr und befreite sie vom groben Schmutz. Erst dann warf sie die Knollen in den Kartoffelkorb. Aber nicht alle. Nie alle. Eine, manchmal zwei Knollen pro Pflanze beließ sie in der gelockerten Erde, gerade so tief, dass sie geschützt waren vor Licht, vor Tieren und vor den Augen des Bauern.

Ein Tropfen benetzte ihre Hand. Sie blickte zum Himmel. Dunkle Wolken zogen gen Norden. Mehr als einen kurzen, heftigen Schauer würden sie nicht hergeben. Viel zu wenig für das vertrocknete Land, jedoch genug, um ihre Kleider zu durchnässen und sie die nächsten Stunden jeden Zentimeter des nassen Stoffes auf ihrem dürren Körper spüren zu lassen.

Die Tropfen fielen nun schneller, sie prasselten auf ihren Kopf, ihren Rücken, auf die Erde um sie herum. Die Wolle ihrer groben Arbeitsbluse sog sich unerbittlich voll und klebte schwer und kratzig auf ihrer Haut. Sie stieß die Harke zurück in den bereits gelockerten Boden und spürte, wie der Regen ihn verdichtete. Spürte die feuchte, lehmige Erde, roch den schweren, modrigen Dunst. Schon erwachten in ihr die Bilder, die sie jeden Morgen so sorgsam wegsperrte wie früher die Tageseinnahmen nach Ladenschluss.

Unaufhaltsam marschierten die Toten vor ihrem inneren Auge. Alte, Junge, Kinder, so viele Kinder, links und rechts der Straße, zurückgelassen, schutzlos der Natur übergeben, ohne Sarg, ohne Priester, ohne ordentliches Grab, oft nackt auf dem brachen Boden der wüsten Äcker. Sie sah die wachsig-gelben Hände des Vaters, so real, als beugte sie sich gerade erst über ihn, um auf immer Abschied zu nehmen.

Sie verharrte in ihrer Bewegung, das verdorrte Kartoffelkraut in ihrer Hand wie einen Blumenstrauß.

»Silke? Was ist los?« Rosemarie ließ ihre Grabgabel ebenfalls ruhen. »Schmerzt dein Rücken? Soll ich alleine weitermachen?«

Silke schüttelte den Kopf. Natürlich schmerzte ihr Rücken. Aber wie sollte sie genug Kartoffeln beiseiteschaffen, wenn sie jetzt aufhörte? Wovon sollte sie dann die Extraportionen bezahlen, ohne die sie nicht überleben würden?

»Alles gut.« Sie spürte Rosemaries prüfenden Blick. »Alles gut, habe ich gesagt!« Unwirsch bohrte Silke die Harke in den Boden.

Rosemarie zuckte die Schultern und drückte die Grabgabel hoch. Summend lockerte sie die Erde um die nächste Kartoffelpflanze, die immer gleiche Bewegung, das immer gleiche Geräusch. Nur die Melodien, die Rosemarie vor sich hin summte, wechselten. Stetig arbeiteten sie weiter. Ein eingespieltes Team. Schwestern, die niemand für Schwestern hielt.

Silke, blond, blauäugig, schmallippig, die Ältere, die seit ihrem sechzehnten Lebensjahr im elterlichen Betrieb gearbeitet hatte, die erste und letzte Frau, die den Familienbetrieb führte, die immer alles unter Kontrolle hatte, sogar den Diebstahl erdiger, mickeriger Kartoffeln, denen der Hitzesommer die Kraft geraubt hatte.

Und Rosemarie, dunkelhaarig und braunäugig, mit ihren vierundzwanzig Jahren fast zwölf Jahre jünger. Die Singende, die jeden Tag so nahm, wie er eben kam.

Silke hob den Kopf und beobachtete ihre Schwester. Sie beneidete Rosemarie um die Leichtigkeit, mit der sie die Grabgabel bediente, obwohl sie genauso hungrig und müde und unterkühlt sein musste wie sie selbst. Es wirkte, als wöge die Gabel kaum mehr als ein paar Gramm, als wäre die Erde federleicht und locker. Alles wirkte bei Rosemarie leicht und locker und spielerisch. Selbst die nassen Strähnen, die sich aus ihrem dichten Zopf gelöst hatten und ihr Gesicht umrahmten, als wären sie Teil einer besonders extravaganten Frisur.

»Wie es Anna jetzt wohl geht?«, fragte Rosemarie unvermittelt.

Anna. Ob Rosemarie jemals aufhören würde, sich diese Frage zu stellen?

»Wir hätten sie nicht dieser schrecklichen Frau überlassen dürfen.« Rosemarie zog eine Grimasse.

»Mit vierzehn kann sie nicht für sich selbst sorgen«, sagte Silke. »Diese Frau hat nur ihre Pflicht getan. Und wir ebenso. Anna gehört ins Waisenhaus.«

»Pflicht!« Rosemarie spie das Wort regelrecht aus. »Ich kann es nicht mehr hören! Wir erschießen Menschen und sagen, es ist unsere Pflicht als Soldat, wir verraten Freunde und sagen, es ist unsere Pflicht als Patriot, wir schicken verängstigte Kinder zu schrecklichen Frauen in noch schrecklichere Heime und sagen, es ist unsere Pflicht. Pfeif auf die Pflicht! Sie bringt nichts als Elend!«

Silke presste die Lippen zusammen. Was sollte sie darauf auch sagen?

»Du hättest sie als deine Tochter ausgeben können.«

»Rosemarie!« Silke erhob sich. Ihre Knie knackten, ihr Rücken war so steif, dass sie ihn nach dem langen Bücken kaum strecken konnte. »Du weißt nicht, was du da sagst!«

»Ich hätte es getan.« Rosemarie stieß die Grabgabel bis zum Stiel in den Boden. »Du bist sechsunddreißig, du könntest ihre Mutter sein. Ich nicht.«

»Es wäre nicht recht gewesen.« Silke sah zu Boden. Es stimmte. Sie hätte Anna als ihr Kind ausgeben können, zumal das Mädchen keine Sekunde gezögert hätte, um sie als Mutter zu bestätigen. Sie hätte nur sagen müssen, dass sie die Papiere auf der Flucht verloren hatte. Hätte ... Aber sie hatte nicht. Weil es nicht recht gewesen wäre? Weil sie Angst gehabt hatte, für noch eine Person mehr verantwortlich zu sein? Oder war es die harsche Autorität der resoluten Frau in dem strengen Kostüm aus derbem Leinen gewesen? Silke nickte, als müsste sie es sich selbst bestätigen. Keinen Moment hatte sie daran gezweifelt, dass es richtig war, Anna in ihre Obhut zu geben, so wie es das Gesetz vorsah.

»Ein Kind vor dem Heim zu bewahren ist also falsch, dem Kind seine Eltern zu nehmen Soldatenpflicht.« Rosemarie schüttelte verächtlich den Kopf. »Es wäre nur eine winzige weitere Lüge in dem Meer von Lügen gewesen, in dem wir seit Jahren schwimmen.« Ihre Augen wurden feucht. »Aber du hast dich ja so gerne belügen lassen! Du hast ihm sogar noch zugejubelt, diesem Verbrecher und seinen Verbrecherschergen!«

Silke umklammerte die Grabgabel. Ja, Rosemarie hatte recht. Sie hatte Hitler und den Seinen zugejubelt, war stolz gewesen, wenn die Frauen der hohen Nationalsozialisten zu ihnen ins Geschäft kamen. Sie hatte den Führer gefeiert. Als Erlöser aus der Not, als Retter vor den immer dreister werdenden Annexionsdrohungen der Polen, als Befrieder des Chaos, das die Roten in der Stadt anrichteten. Sie hatte ihm geglaubt, ihm und Reichsminister Dr. Goebbels, als er ihnen unter wehenden Fahnen bei der Feier der Gaukulturwoche im Juni 1939 auf dem Theaterplatz Zuversicht gab. Sie hatte Fahnen geschwenkt bei dem alle Herzen ergreifenden Freudenfest, als Danzig heimkehrte ins Deutsche Reich, und auch, als der Führer zu Besuch kam. Es war einer der aufwühlendsten Momente ihres Lebens gewesen, nie würde sie seine Worte vergessen: »Danzig war deutsch, Danzig ist deutsch geblieben, und Danzig wird von jetzt ab deutsch sein, solange es ein deutsches Volk gibt und ein Deutsches Reich.« Und nun, am Ende all dieser großen Ereignisse, die sie als richtig und gut empfunden hatte, stand schließlich die Katastrophe? Was war nur falschgelaufen, dass die Heimat nun verloren war?

»Silke?«, unterbrach Rosemarie ihre Gedanken.

»Niemand hat gewusst, niemand konnte wissen, dass sie am Ende das Gegenteil dessen bewirken, was sie uns versprochen hatten.«

»Silke, du bist den Nazis gram, weil sie den Krieg nicht gewonnen haben. Wann wirst du endlich einsehen, dass sie ihn gar nicht hätten beginnen dürfen? Wann gibst du endlich zu, dass sie Verbrecher sind, dass sie Millionen unschuldige Menschen auf dem Gewissen haben?«

Silke seufzte. Nein, das wollte sie sich einfach nicht vorstellen. Rosemarie war noch nie gut auf die Nazis zu sprechen gewesen, und das konnte doch nicht sein. Das hätte sich doch herumsprechen müssen! Hinter all diesen glücklichen Fügungen, hinter den Feierstunden des Reiches und der pompösen Fassade der Hakenkreuzbanner und der jubelnden Massen sollten unfassbare Gräueltaten verübt worden sein? »Nein, Rosemarie, ich kann mir das einfach nicht vorstellen. Das hätten wir doch wissen müssen. Niemand hat das gewusst.«

Rosemarie lachte verächtlich auf. »Noch so eine Lüge, die uns so leicht über die arischen Lippen kommt.«

»Ich habe es wirklich nicht gewusst.«

»Weil du es nicht wissen wolltest. Es wäre zu unbequem gewesen, dein Gewissen damit zu belasten – oder hättest du Gauleiter Forster und seine Frau auch so angehimmelt, wenn du gewusst hättest, wie viel Blut an ihren Händen klebt?«

»Ich weiß es nicht.« Silke trat einen Schritt auf Rosemarie zu. »Aber du hast recht, ich wollte es nicht wissen. Ich habe weggesehen, als immer mehr unserer jüdischen Kunden ausblieben. Das war eben so, und mit all den Geschichten über die Juden … Rosemarie, du weißt, ich habe noch nie einen Menschen beschimpft oder schlecht behandelt, auch keine Juden, aber nach allem, was man über sie gehört hat, waren sie mir auch nicht mehr ganz geheuer.«

Rosemarie sah sie spöttisch an. »Nicht ganz geheuer? War es nicht vielleicht eher praktisch, dass die jüdische Konkurrenz plötzlich einfach weg war und Vater ihre Bestände billig bekommen konnte?«

»Das … Das …« Silke rang um die richtigen Worte. »Hätte Vater sie der Konkurrenz überlassen sollen? Nicht er hat die Läden der Juden geschlossen. Als hättet ihr es besser gewusst, du und Malte. Habt ihr etwa geahnt, was wirklich passiert und wie das alles enden wird?«

»Hast du es schon vergessen? Malte hat uns bei seinem letzten Heimaturlaub am Mittagstisch erzählt, welche Verbrechen die Wehrmacht an der Ostfront angerichtet hatte. Vom Kommissarbefehl, alle zu erschießen, die sowjetische Agenten sein könnten, und von der Ermordung der jüdischen Kriegsgefangenen und von den Ghettos und der Vernichtung ganzer Dörfer. Vater hat ihm das Wort verboten, weil man an unserem hochanständigen Mittagstisch über so etwas nicht spricht! Und du wolltest es auch nicht hören.« Rosemarie schüttelte sich. »Malte hat nie weggesehen.«

Silke trat noch einen Schritt auf ihre Schwester zu. Zaghaft legte sie die Arme um sie und drückte sie an sich.

»Er ist den Heldentod gestorben. Du kannst stolz sein auf ihn.«

Durch die nasse Joppe fühlte sie Rosemaries Rippen. Auch sie war nur noch ein Hauch ihrer selbst. Aber wenigstens war sie noch hier. Im Gegensatz zu den Eltern, zu Hanno, Jette.

Rosemarie war noch hier. Bei ihr.

Und sie würde verdammt noch mal alles tun, damit sich daran nichts änderte.

Rosemarie riss sich los. »Malte ist in einem Krieg gestorben, den er sinnlos und verbrecherisch fand. Das ist alles von Grund auf falsch, falsch, falsch. Und du hast es bis heute nicht kapiert.«

# 2

Silke war immer noch hungrig. Ein Teller Brotsuppe, ein Apfel. Fallobst mit mehr fauligen als guten Stellen. Wie sollte sie davon satt werden?

Sie sah sich in der dunklen, muffigen Gesindeküche um. Der Tisch genauso wacklig und fleckig wie die sechzehn Hocker drum herum, die Wände so feucht, dass der gelblich graue Putz abblätterte, die Fensterscheiben ersetzt durch Drahtgitter, die Lampe über dem Tisch eine nackte Glühbirne. Der Ofen war alt und tückisch beim Anfeuern, aber wenigstens schenkte er ein wenig Wärme. Der Raum passte zu den Unterkünften, zumindest zu den Baracken, in denen die Flüchtlinge untergebracht waren. Klein, muffig, kalt. In jedem Zimmer vier schmale Stockbetten, kein Stuhl, kein Tisch, kein Schrank, aber Armeen von Flöhen und Wanzen.

Silke knabberte um die fauligen Stellen des Apfels, bis sie trotz aller Vorsicht eine erwischte. Angewidert legte sie die Reste in den zerbeulten Blechteller, als einer der neu angekommenen Männer nach Rosemaries Teller griff.

»Finger weg!« Silke klopfte ihm auf den Handrücken und zog Rosemaries Teller zu sich. »Wir stehlen uns hier nicht gegenseitig das Essen.«

»Was denn?«, beschwerte sich der Mann. »Da sitzt doch keiner! Schade um die Suppe.« Wieder streckte er die Hand aus.

Silke schob ihm den Teller mit den fauligen Apfelresten zu. »Regel Nummer eins: In den Baracken wird nie von etwas zu viel verteilt. Immer nur zu wenig. Regel Nummer zwei: Wenn eine von uns länger arbeiten muss, wartet ihr Teller auf sie, bis sie fertig ist.«

Der Mann wischte die Apfelreste so heftig zur Seite, dass der Teller scheppernd zu Boden fiel. Mit einem Mal war es totenstill im Raum. Alle Unterhaltungen verstummten, selbst das Schlürfen der Esser brach ab. Gebannt starrten dreizehn Gesichter auf Silke und ihren Widersacher.

»Bist wohl 'ne ganz Wichtige, was? Eine von den Feinen, die glauben, dass sie immer noch was Besseres sind.« Er sah sich Beifall heischend um, doch die Mienen blieben unbewegt. »Aber das bist du nicht. Und jetzt her mit der Suppe. Wer nicht kommt zur rechten Zeit …«

»Lass gut sein, Anselm«, mischte sich Helge ein, der Barackenälteste. »Das ist die Suppe von Fräulein Bensdorf, und niemand anders wird sie essen. Du hast es gehört, wir bestehlen uns nicht. Was du draußen tust, geht nur dich was an, aber hier drinnen hältst du dich an die Regeln. Wir alle haben unser Zuhause verloren. Wir sitzen im selben Boot, vergiss das nicht.«

Silke warf ihm einen dankbaren Blick zu. Helge nickte, fixierte dann den Neuankömmling. In dessen Gesicht arbeitete es, als schätze er ein, ob der Teller Suppe einen Revierkampf wert war. Schließlich kratzte er über die Flohstiche an seinem Arm. »Ist eh eine mickerige Portion. Was ist deine Schwester? Ein Zwerg?«

Silke atmete auf. Niemand brauchte Ärger in der Baracke, sie am allerwenigsten. Interessant jedoch, dass selbst dem Neuen sofort aufgefallen war, wie klein Rosemaries Portion war. Fast alle hatten zwei Stücke Obst zu ihrer Suppe bekommen. Nur sie nicht. Und Rosemarie.

Es war nicht recht.

Aber das interessierte keinen. Natürlich nicht. Jeder achtete nur darauf, dass der eigene Teller gefüllt war. Wegsehen, sich abwenden vom Leid der anderen. Darin waren sie Weltmeister. Genug. Wenn sie weiter wartete, dass die Menschheit sich änderte, würde sie beim Warten verhungern. Sie sah auf den kärglich gefüllten Teller.

Es war nicht recht.

Und genau das würde sie dem Bauern jetzt sagen.

Entschlossen stand sie auf und verließ die Gesindeküche. Sie überquerte den dunklen Hof, das Haupthaus mit seinen hell erleuchteten Fenstern und Vorhängen und ordentlich getünchten Wänden fest im Blick. Der Bauer saß in der Stube. Nur die Schultern und der mächtige Kopf mit dem schütteren Haarkranz waren durch das Fenster zu sehen, doch es reichte, um ihren Schritt zu verlangsamen, ganz zu stoppen.

Ihr Herz klopfte ihr bis zum Hals.

»Es ist nicht recht«, flüsterte sie sich zu.

Zaghaft klopfte sie an die Scheibe. Der Bauer drehte sich um und runzelte die Stirn, als er sie sah. Sie bedeutete ihm, dass sie ihn sprechen müsse, hoffte gleichzeitig, dass er sie abwimmeln würde. Was wollte sie ihm sagen? Sie hatte keinen Plan, keine sorgfältig zurechtgelegten Worte, mit denen sie ihm sein Unrecht vorhalten konnte. Sie hatte nur ihren Hunger. Und ihre Wut.

Der Bauer zeigte zur Tür, auf der Stirn verwandelte sich das Runzeln in tiefe Zornesfalten. Entschlossen drückte sie die schwere Holztür auf und lief durch den Flur in die Stube.

Der Bauer stand neben einer mächtigen Kommode, deren oberste Schublade er halb aufzog.

»Nun?«, fragte er. »Brennt's, oder warum störst du mich?«

»Ich …« Das respektlose Du verunsicherte sie.

»Du was?«

»Ich … habe Hunger.« Silke presste ihre Lippen zusammen.

Er starrte sie einen Moment fassungslos an, dann lachte er schallend los. »Hunger?« Das Lachen verstummte, seine Augen wurden eng. »Und deshalb störst du mich? Bist du verrückt, Frau?«

»Meine Schwester und ich bekommen weniger zu essen als die anderen. Jeden Tag stehen wir hungrig vom Tisch auf, und mindestens eine von uns hat Fauliges auf ihrem Teller.«

»Jedem, was er verdient.« Der Bauer drückte sein breites Kreuz durch, als wollte er Silke auch körperlich seine absolute Überlegenheit demonstrieren. »Ihr arbeitet schlechter und tragt die Nase höher. Soll ich das auch noch belohnen? Sei dankbar, dass ich dich und deine Schwester nicht schon längst vom Hof gejagt habe.«

»Nein.«

Sein Kopf lief rot an. »Was … nein?«

»Nein, ich bin nicht dankbar.« Silke stemmte ihre Arme in die Hüfte, wie sie es sonst nur bei ihren vielen Streitgesprächen mit Hanno gewagt hatte. »Sie haben kein Recht, uns grundlos vom Hof zu jagen. Wir wurden Ihnen zugeteilt. Wir arbeiten für Kost und Logis, und Sie wissen selbst am besten, dass Sie noch nie so billig Ihre Ernte eingefahren haben.«

»So ein ...« Der Bauer schnappte nach Luft. »Was fällt dir ein, du dreckiges Flüchtlingsgesindel!«

»Ich bin genauso deutsch und arisch wie Sie«, presste sie mit letzter Standhaftigkeit heraus. Sie spürte, wie sie vor Angst zu zittern begann.

»Ein Dreck bist du!«, brüllte der Bauer so laut, dass seine Stimme sich überschlug. Er griff in die halb offene Schublade, im nächsten Moment hielt er einen Ochsenziemer in der Hand, eine Elle lang und schmutzig braun. »Raus jetzt, bevor ich dir zeige, was man bei uns mit nutzlosen Weibsbildern macht!«

Sie starrte auf den Ochsenziemer. Drohend tappte er damit in seine offene Handfläche, bereit, ihr die Prügel zu verpassen, die er offenbar für gerechtfertigt hielt.

Rückwärts bewegte sie sich zur Tür. Erst als sie die Klinke hinter sich spürte, drehte sie ihm den Rücken zu. Hastig riss sie die Tür auf und rannte den Flur entlang hinaus in den Hof.

»Bensdorf!«, brüllte er ihr durch das Fenster hinterher. »Du hast Hunger? Da!« Er warf ihr einen abgenagten Hundeknochen nach.

Silke rannte weiter, über den Hof, an den Ställen vorbei zu den Baracken. Sie stolperte hinein und stürzte in die Schlafkammer. Sofort spürte sie die neugierigen Blicke der anderen auf sich. Mit zusammengepressten Lippen streckte sie sich: aufrechter Gang. Geradeaus schauen. Einen Rest von Würde bewahren. Einen winzigen, letzten Rest, an den sie in einem Winkel ihres Herzens noch verzweifelt glauben wollte.

Angezogen legte sie sich aufs Bett. Ihr Herz raste. So war das also, wenn man sich wehrte. Es machte alles noch schlimmer. Sie starrte an die Decke aus groben Brettern, an der die eindringende Feuchtigkeit dunkle Flecken gebildet hatte. Ein Schluchzen entfuhr ihrer Kehle. Sie presste die Hand auf den Mund. Nur keine Aufmerksamkeit auf sich ziehen. Nur keine Schwäche zeigen. Niemals. Schon gar nicht hier.

Ihr Blick fiel auf Rosemaries Bett. Es war so, wie sie es am Morgen verlassen hatte, sie war also noch nicht wieder hier gewesen. Wo steckte sie nur? Es war dunkel, und Rosemarie wusste, dass Silke keine Ruhe fand, solange Rosemarie nicht in ihrer Nähe war.

Ächzend stand sie auf und ging hinüber zur Gesindeküche. Schon von Weitem sah sie, dass dort Licht brannte. Vielleicht würde sie ihre Schwester dort finden. Als sie tatsächlich Rosemaries Stimme hörte, lief sie die letzten Schritte. Dann vernahm Silke eine zweite Stimme. Sie erstarrte. *Der Bauer!* Machte er Rosemarie Vorhaltungen, weil er sich über Silke geärgert hatte? Mit zitternden Händen drückte Silke die Klinke herab und stemmte sich gegen die alte Tür. Knarzend gab sie nach.

Der Bauer stand so nah bei Rosemarie, dass Silke das Herz stockte. Er streckte seine Hände aus und legte sie Rosemarie um die Taille. Silke erfasste die Situation sofort.

»Halt!« Sie rannte auf die beiden zu. »Lassen Sie sie los!«

Im selben Moment löste Rosemarie lachend die Hände des Bauern und drohte ihm scherzend mit dem Finger. »Na, na, Bauer, wenn das die Bäuerin sehen täte!« Sie trat von ihm weg und wandte sich an Silke. »Hast du mich gesucht?«

Silke nickte atemlos.

»Was soll die Bäuerin schon sagen?« Der Bauer kam ihr nach und klatschte seine feiste Hand auf Rosemaries Hinterteil. »Aber du könntest es richtig fein haben hier. Extra essen, zweimal die Woche Fleisch, ein Zimmer mit eigenem Waschtisch ...« Er starrte lüstern auf Rosemaries Brüste. »Na, wie klingt das?«

»Niemals!« Silke schnappte Rosemaries Hand und zog sie mit sich zur Tür.

»Denk drüber nach«, rief er ihr hinterher. »Wenn du schlau bist, hörst du nicht auf die biestige Jungfer neben dir!«

Silke knallte die Tür zu und zog Rosemarie hastig zur Baracke zurück.

»Mensch! Silke! Was machst du denn für ein Theater!«

»Theater? Siehst du nicht, was der Bauer von dir will?«

»Der probiert es halt. Nur heiße Luft.« Rosemarie grinste. »Hast du nicht gesehen, wie eifersüchtig die Bäuerin über ihn wacht?« Ihr Grinsen gefror. »Mein Mantel! Mist, der liegt noch in der Küche.«

»Wir holen ihn morgen früh«, sagte Silke in einem Ton, der keinen Widerspruch duldete. »Ich hatte heute schon einen Zusammenstoß mit dem Bauern, ich habe genug.«

Rosemarie schüttelte den Kopf. »Es ist zu kalt, um ohne Mantel zu schlafen.«

»Ich gebe dir meinen.«

Rosemarie zögerte. »Wir schlafen in einem Bett. Dann können wir deinen Mantel über unsere beiden Decken legen.«

Silke drückte die Klinke zur Schlafbaracke hinunter, öffnete die Tür jedoch noch nicht. »Wir können hier nicht bleiben. Der Bauer gibt uns Hungerrationen, und jetzt verstehe ich auch, warum.«

Plötzlich wurde ihr die Ausweglosigkeit ihrer Situation bewusst. Sie waren diesem Bauern zugeteilt. Niemand sonst musste sie aufnehmen. Dennoch. Am Sonntag würde sie losziehen und ein neues Zuhause für Rosemarie und sich selbst suchen. Und bis dahin würde sie auf der Hut sein müssen. »Ich … suche uns einen neuen Hof«, murmelte sie, mehr zu sich selbst denn zu Rosemarie, als könnten die Worte, einmal ausgesprochen, ihre Zweifel verscheuchen.

Rosemarie zuckte die Schultern, doch ihr Blick bestätigte, was Silke dachte. Wie sollten sie ein neues Zuhause finden?

# 3

Rosemarie zupfte das Laken glatt und stopfte die Enden säuberlich unter die Matratze. Dienst im Haupthaus. Der Befehl hatte sie gewundert, die Flüchtlinge verdingten sich zumeist auf den Feldern, in der Scheune, den Stallungen. Aber sie hatte nicht gezögert, ihm nachzukommen. Niemand bei rechtem Verstand hätte gezögert, die feuchte Kälte der Felder gegen die warme Sauberkeit des Hauses einzutauschen. Sie schüttelte das schwere Plumeau auf, legte es auf das Bett zurück und strich über den strahlend weißen, kunstvoll bestickten Baumwollüberzug. Auf dem feinen Stoff wirkte ihre Hand schmutzig und ungepflegt, der Dreck der Felder hatte sich wie eine Seemannstätowierung in die Rillen der neu erworbenen Hornhaut gegerbt. Sie wollte die Hand gar nicht mehr von dem Stoff lösen. Mit geschlossenen Augen spürte sie der Weichheit nach, der Sauberkeit, sog den Duft nach Seife ein. Wie sie es früher gehasst hatte, wenn sie Line beim Bettenmachen helfen musste … Wie Line sie gescholten hatte, wenn sie sich auf das frisch geschüttelte Plumeau warf. Sie verstärkte den Druck ihrer Hand, spürte, wie die Federn unter ihrem Gewicht nachgaben. Mit einem Mal hatte sie nur noch ein Verlangen: sich auf das Bett zu legen.

Schnell ergriff sie den Staubwedel und ließ ihn über die Nachttischlampe tanzen. Ein kleines Kunstwerk aus Bronze und Glas, eine Frau, die ovale Glasschale mit der Glühbirne wie ein übergroßer Hut auf ihrem Kopf. Eine ungewöhnliche Lampe für einen Bauernhaushalt. Was es der Bäuerin wohl wert gewesen sein mochte? Ein Kilo Schweinespeck? Zwei Sack Kartoffeln?

Ihr Blick wanderte zurück zum Bett. Ein paar Minuten Luxus.

Wen sollte das schon stören? Zumal nie jemand davon erfahren würde und überhaupt – nach all der Schufterei die letzten Monate hätte sie jeden Abend ein solches Bett verdient. Oder wenigstens ein sauberes Laken zu der kratzigen, verwanzten Decke.

Entschlossen öffnete sie ihre Schuhe, strich sie von den Füßen und legte sich auf das fluffig aufgeschüttelte Bett. Sie sank in die Decke hinein, spürte die Luft zwischen den Federn entweichen und roch die Waschseife noch intensiver als zuvor. Es war einfach herrlich.

Unvorstellbar, dass sie früher jeden Abend in so ein Bett gestiegen war. Und dabei nicht einmal gewusst hatte, in welchem Luxus sie sich Nacht für Nacht von Seite zu Seite wälzte. Aber eines Tages, nicht mehr lange, wenn sie dem Geschwätz der Männer in der Baracke glauben konnte, da würde das Blatt sich wieder wenden, da würde man jede einzelne Arbeitskraft zum Wiederaufbau benötigen, da würde –

Knarzend öffnete sich die Tür. Zu schnell, als dass Rosemarie noch unbemerkt aus dem Bett springen konnte. Der Bauer schloss die Tür wieder hinter sich.

»Habe ich doch gewusst, dass du klüger bist als deine Schwester.« Er kam näher.

Rosemarie erhob sich. Röte schoss heiß in ihre Wangen. Sie hätte den Bauern doch hören müssen!

»Es … es tut mir …«, stammelte sie.

»Aber nicht doch.« Der Bauer grinste, nun so nah, dass sie seinen Salamiatem riechen konnte. »Probier dein neues Bett nur aus.« Er streckte seine fetten Finger zu ihr. »Und wenn wir schon am Probieren sind …«

Erst jetzt begriff Rosemarie, worauf der Bauer anspielte. Ihr Arbeitsdienst war nicht von der Bäuerin, sondern von ihm angeordnet worden, und sie war wie ein dummes Schulmädchen in seine Falle getappt.

Doch es war bereits zu spät. Der Bauer stieß sie jäh zurück. Sie versuchte die Balance zu halten, auszuweichen, fiel nach hinten auf die zerdrückte Decke.

Der Bauer stand direkt vor ihr. Seine Beine pressten gegen ihre, sie spürte den Bettrahmen in ihren Kniekehlen.

»Ich … nein!«, rief sie, unfähig, einen klaren Gedanken zu fassen. Entsetzt starrte sie auf seine Hände. Er öffnete den Gürtel, die Hosenknöpfe, schob mit der einen Hand seine Unterhose nach unten und mit der anderen ihren Rock nach oben.

»Nein!« Sie presste verzweifelt ihren Rock auf die Schenkel, versuchte seine Hand von ihrem Bein zu schieben. »Das ist ein Missverständnis!«

»Oh, sicher nicht«, keuchte er. »Du bist in meinem Bett …« Seine Hand erreichte ihr nacktes Fleisch.

Sie schlug seine Hand weg, spürte, wie seine Finger sich fester in ihren Oberschenkel krallten. Sie versuchte ihre Beine zu befreien, schlug nach seinem Oberkörper.

Er lachte auf. »Eine Wildkatze, ja, fahr die Krallen aus, ich werde sie dir schon stutzen.« Plötzlich lag er auf ihr.

Sein Gewicht drückte sie tief in die Matratze, seine Hände fingen die ihren ein und drückten sie über ihren Kopf. Sie spürte, wie er mit seinen Beinen ihre auseinanderschob, spürte sein steifes Glied an ihrem Bein, spürte, wie er ihre Arme zusammenbog, bis die Gelenke übereinanderlagen, und sie dann mit einer Hand festhielt. Sie spürte den Schmerz in den Handgelenken und die freie Hand des Bauern, die wieder unter ihren Rock griff, brutal ihr Bein weiter nach außen drückte.

Verzweifelt wand sie sich unter ihm, versuchte die Beine zu bewegen, wieder zusammenzupressen, ihn wegzuschieben.

Die Hand des Bauern hatte ihre Unterhose erreicht, den letzten Schutzwall. Er riss und zerrte sie zur Seite, legte ihr Intimstes frei, schob sein Glied ihr Bein hoch.

Sie bäumte sich auf und riss einen Arm los, schlug nach dem Kopf des Bauern, riss an seinem schütteren Haar.

Wieder lachte der Bauer nur. Seine zweite Hand schnellte nach oben, tastete nach dem freien Arm. Sie schlug um sich, streifte die Nachttischlampe.

Instinktiv griff sie danach und schlug zu. Sie hörte sie splittern, hörte den Bauern aufheulen.

Panisch holte sie erneut aus.

Diesmal heulte er nicht mehr. Sein Kopf sackte auf ihre Brust, etwas Feuchtes, Warmes drang durch ihre Bluse.

Wie von Sinnen ließ sie die Lampe los. Sein Gewicht lastete nun noch schwerer auf ihr. Ächzend schob sie sich unter ihm heraus, sprang vom Bett, wich zur Wand, als könnte er sie erneut angreifen. Sie sah das Blut, überall Blut, auf ihrer Bluse, den Händen, dem Bett. Es sickerte in das frische, weiße Plumeau, als wäre der Schädel des Bauern ein Quell.

Sie müsste zurück zum Bett, dem Bauern helfen oder Hilfe holen oder fliehen …

Die Tür wurde aufgerissen, die Bäuerin stürmte herein. Ihr Blick fiel auf Rosemarie. Auf den Bauern. Sie schlug ihre Hände vor den Mund. »Um Himmels willen! Hure, du! Was hast du getan?« Schon stürzte sie zum Bett. Sie fühlte den Puls des Bauern. Besah sich die Wunde an seinem Kopf. »Reicht es nicht, ihn zu verführen? Musst du ihn gleich umbringen? Ins Zuchthaus gehörst du! Nun steh nicht so unnütz herum! Oder willst du als Mörderin am Schafott enden? Hol Birte! Sie soll ihren Korb mitbringen.«

Noch immer stand Rosemarie reglos da.

»Verdammt! Jetzt lauf endlich!«

Sie lief. Durch den Flur, die Treppe hinab.

»Birte!« Rosemarie stürmte in die Küche. Birte stand am Herd, zwei Helferinnen schälten Kartoffeln. Noch bevor Birte sich umdrehte, schrie eine der Helferinnen auf.

»Ein Unglück!« Sie zeigte auf Rosemarie.

Nun drehte Birte sich um. Sie riss die Augen auf. »Kindchen! Was ist passiert?«

»Der … der Bauer«, stammelte Rosemarie. »Sie sollen kommen … mit dem Korb, bitte …«

Ohne zu zögern, drückte Birte der erschrockenen Helferin den Kochlöffel in die Hand. Sie ging zügig zur Anrichte und holte einen Korb aus dem linken Seitenschrank. »Wo?«

Die Frage erreichte Rosemarie wie durch einen Wattebausch. Sie sah Birte, sie hörte Birte, aber es schien alles von weit weg zu kommen. Nicht von dieser Welt.

»Kindchen! Wohin soll ich kommen?«

Plötzlich stand Birte direkt vor ihr. Ihre Hand fuchtelte vor Rosemaries Gesicht herum.

»Nach oben …«, flüsterte sie und drehte sich um. Sie rannte aus dem Haus, zum Feld, zu Silke. Schon von Weitem winkte sie ihr zu, winkte sie panisch zu sich. Sie mussten hier weg. Egal wohin, Hauptsache weg, bevor die Bäuerin die Polizei holen konnte.

# 4

»Es tut mir leid.« Die Frau sah Silke bedauernd an. »Das Haus ist bis zum Dachboden voll.«

Silke nickte. Wenigstens war die Absage freundlich. Nicht versehen mit dem üblichen *Hau ab* oder *Gesindel* oder dem abschätzigen Blick über ihren mageren Körper, der nicht wirkte, als könnte er anständige Arbeit verrichten. Doch das konnte er sehr wohl, nur nicht an dem Ort, an dem Rosemarie gerade dem Bauern mit einer Lampe ein Loch in den Kopf geschlagen hatte. Sie konnten nicht dorthin zurück, weil Rosemarie ins Gefängnis kommen würde. Niemanden würde interessieren, dass es sich nur um Notwehr gehandelt hatte. Nicht bei einem Flüchtling. Und nicht im Zimmer des Bauern. Ihr Magen knurrte. Seit Stunden waren sie unterwegs, von Dorf zu Dorf, von Tür zu Tür. Eine die linke Dorfhälfte, eine die rechte, mit leerem Magen und all ihrem Gepäck.

»Warten Sie«, sagte die Frau und verschwand im Haus. Die Tür ließ sie offen, was ungewohnt war in diesen neuen, hungrigen, armseligen Zeiten, in denen sich jeder selbst der Nächste war und alle ums Überleben kämpften. Silke hörte ein Lärmen von drinnen. Kinderstimmen, viele Kinderstimmen, einen Bariton, der sie zur Ruhe mahnte, ein helles

Lachen, das einer jungen Frau gehören musste. Sehnsüchtig blickte sie nach drinnen. Es klang so voller Leben. Es roch nach Brot und Sauberkeit. Nach – sie schnupperte – frischer Wäsche! Unwillkürlich begann es sie zu jucken. So sehr sie versucht hatte, Rosemaries und ihr Bett von Wanzen zu befreien, es war ein Kampf gegen Windmühlen gewesen. Das Ungeziefer war der einzig wahre Herrscher der Baracke. Sie sog den Duft der Waschseife tief in ihre Lungen. Würde sie je wieder in einem eigenen Zimmer, einem eigenen Bett, in frisch gestärkter, ordentlich ausgekochter Bettwäsche schlafen?

Da kam die Frau zurück, in der Hand ein zerschlissenes Tuch.

»Nehmen Sie. Ich befürchte, dass im Dorf keiner mehr Platz hat. Seitdem die aus Hamburg all die armen Menschen herschicken …« Sie schüttelte traurig den Kopf. »Alles kaputt, heißt es, die ganze Stadt zerbombt und verbrannt. Wo sollen denn die Menschen alle hin?«

Silke nahm das Tuch. Sie roch das Brot, sie fühlte die Eier, die mit eingeschlagen waren, und eine Welle der Dankbarkeit durchflutete sie, so plötzlich, dass es ihr die Tränen in die Augen trieb.

»Ach«, sagte die Frau, »entschuldigen Sie, ich wollte Sie nicht traurig machen. Es muss schrecklich sein, alles zu verlieren.« Sie wischte sich verlegen die Hände an der Schürze ab. »Ich wünsche Ihnen viel Glück.«

»Danke, vielen Dank.« Die Tür fiel ins Schloss. Das Brot und die Eier wie einen wertvollen Schatz in den Händen, wandte Silke sich zum Gehen, als eine stämmige Frau sich ihr in den Weg stellte.

»Gesindel«, keifte sie Silke an. »Dreckiges Bettlergesindel!«

Erst auf den zweiten Blick erkannte Silke in ihr die Bäuerin aus dem Nachbardorf, die sie vor gut zwei Stunden mit dem Besen von ihrem Hof gejagt hatte. Im Gegensatz zu der groben Arbeitsjoppe trug sie nun einen feinen Wollmantel und einen vornehmen Hut. *Kleider machen Leute*, schoss es Silke durch den Kopf. Der Spruch hatte als gerahmte Stickerei in ihrem Laden gehangen, Tausende Male hatte sie ihn gelesen, und nie war ihr aufgefallen, wie grundverkehrt er war. *Güte macht Leute.*

»Ich bettle nicht«, sagte Silke spitz.

»Ha!« Die Frau zeigte auf das Tuch mit dem Brot und den Eiern. »Und das? Wenn es nicht erbettelt ist, dann hast du es wohl geklaut!«

Da ging die Haustür wieder auf, und die freundliche Frau erschien auf der Schwelle. »Gesine!«, rief sie. »Ich habe der Dame das Brot geschenkt. Lass sie in Ruhe!«

»Erst wenn du aufhörst, das Gesindel anzufüttern wie die Ratten!« Gesine wurde puterrot im Gesicht. »Wir haben schon genug davon im Ort! Diebisches Flüchtlingspack, nichts als Wanzen und Läuse im Gepäck.«

Hastig entfernte Silke sich. Flüchtlingspack … Wie konnte es sein? An einem Tag war sie noch eine angesehene Frau gewesen und am nächsten war sie Pack? Auf einer Stufe mit Landstreichern und Dieben? Wut kräuselte sich in ihrem Magen. Sie schnaufte gegen den Zorn an, den Blick starr auf den Boden gerichtet, bis sie den Dorfplatz erreichte. Er war verlassen, ihre Beine müde. Sie stellte den Koffer ab, nahm den Rucksack vom Rücken und setzte sich auf die steinerne Bank mit Blick auf den Brunnen. Ob Rosemarie mehr Glück hatte und deshalb noch nicht hier war? Oder war ihr etwas passiert? Silke beschlich ein ungutes Gefühl. Hatte es sich bereits herumgesprochen, dass eine Flüchtlingsfrau den Bauern angegriffen hatte? Wurde nach ihnen gesucht? Sie sah sich um – von wo würde Rosemarie kommen?

Da hörte sie Rosemaries Schritt. Müde und langsam wie ihr eigener. Sie stand auf und lief ihr entgegen. »Gib mir den Koffer«, sagte sie tröstend und ging die letzten Schritte voran zur Bank. Rosemaries Schweigen war so schwer wie ungewohnt. Mehr denn je wurde Silke bewusst, dass es keinen Weg zurück gab.

Kaum saßen sie auf der Bank, öffnete Silke das Tuch, langsam, als zelebrierte sie ein Ritual, bei dem jede hektische Bewegung das Ergebnis schmälern könnte. Zwei dicke Scheiben Brot, frisch und weich, bei deren Anblick Silke das Wasser im Munde zusammenlief. Daneben zwei gekochte Eier, bei einem war die Schale gesprungen, und das Innere quoll weich und weiß hervor. Vorsichtig zog Silke das überquellende Eiweiß ab und reichte es Rosemarie.

»Von einer freundlichen Frau. Es gibt sie noch, Menschen mit einem guten Herzen, sie sind nur rar geworden.« Behutsam legte sie das Ei zurück und halbierte eine Brotscheibe. Sie gab Rosemarie die größere Hälfte und legte ihre auf dem Schoß ab, während sie das Tuch wieder in ihrem Rucksack verstaute. Voller Vorfreude lehnte sie sich auf der harten Bank zurück und führte die halbe Scheibe zum Mund. Doch sie biss nicht ab. Sie sog den köstlichen Duft des Brotes ein, bis ihre Nase, ihr Kopf, ihre Lungen voll davon waren. Dann erst riss sie ein kleines Stück ab und legte es auf ihre Zunge. Langsam begann sie zu kauen, bis nur noch süßlicher Getreidebrei in ihrem Mund war.

Noch nie hatte Brot besser geschmeckt. Noch nie hatte *irgendetwas* so gut geschmeckt!

Sie brach ein weiteres Stück Brot ab, schloss die Augen und steckte es in den Mund. Sehnsüchtig dachte sie an die Mahlzeiten der Familie, das große, getäfelte Esszimmer, den langen, massiven Tisch mit der gestärkten Decke, den schneeweißen Servietten, dem feinen Porzellan. An Line, die den Braten servierte, zumeist von der falschen Seite, aber immer mit einem perfekt sitzenden Häubchen. Niemals hätte sie sich damals vorstellen können, bettelnd durch ein Dorf zu ziehen, um Rosemarie und sich selbst wie billige Waren anzupreisen.

»Darf ich mich zu Ihnen setzen?«

Eine müde Stimme katapultierte Silke abrupt in die Gegenwart zurück. Vor ihr stand ein dunkelhaariger Mann mit meerblauen Augen. Er sah etwas unbeholfen aus, als wüsste er nicht, was er als Nächstes tun sollte. Sich setzen? Gehen?

Die Verkäuferin in ihr erwachte. Sie betrachtete ihn einen Moment, länger brauchte sie nicht, um einen Menschen einzuschätzen. Jung, etwa Rosemaries Alter, Hosensaum und Schuhe voller Dreck, der Mantel jedoch eindeutig von guter Qualität. Er war groß gewachsen, mit einem hübschen, für einen Mann sogar sehr hübschen Gesicht, doch der Blick war so wachsam, wie sie ihn nur von Menschen kannte, die bereits vom Leben gezeichnet worden waren. Aber waren das inzwischen nicht die meisten?

Sie warf einen verwunderten Blick zu Rosemarie, die normalerweise schon längst Ja gerufen hätte, doch heute nur mit den Schultern zuckte.

»Bitte«, sagte sie freundlich und rutschte näher zu Rosemarie. »Setzen Sie sich ruhig, die Bank ist groß genug.«

Der Mann setzte sich, lehnte sich zurück und streckte die Beine von sich.

Silke riss ein weiteres Stück Brot ab und steckte sich es unauffällig in den Mund. Nur schloss sie diesmal nicht die Augen, sondern kaute verstohlen, als hätte sie sich plötzlich daran erinnert, dass es sich für eine Frau nicht ziemt, in der Öffentlichkeit zu essen.

»Genießen Sie Ihr Brot ruhig«, sagte der Mann grinsend. »Sie sehen aus, als könnten Sie ein paar ordentliche Bissen gut vertragen.«

Silke spürte, wie sie errötete. Sah sie so verhärmt aus, dass ein wildfremder Mann glaubte, sie einfach auf ihre magere Statur ansprechen zu dürfen?

»Könnten wir natürlich alle«, fuhr der Mann fort, »also einen Bissen vertragen, aber es gibt einfach verdammt wenig zu beißen die Tage.«

Also darauf wollte er hinaus. Er hatte ebenfalls Hunger. Sie brach ein Stück von ihrer Scheibe ab und reichte es ihm. »Möchten Sie?«

»Sind Sie sicher?« Er beugte sich vor.

Sie nickte, obgleich es ihr im Magen brannte, ihren unverhofften Schatz nun mit einem vollkommen Fremden zu teilen.

Der Mann griff gierig nach dem Stück Brot und stopfte es sich in den Mund. Dann schloss er die Augen und kaute ebenso bedächtig, wie sie selbst es getan hatte.

Sie seufzte und riss den Rest ihrer halben Scheibe in zwei Teile. »Bitte.«

Er öffnete die Augen und sah überrascht auf das Brot in ihrer Hand. »Für mich?«

»Sitzen wir nicht alle im selben Boot?«

Die Augen des Mannes verdunkelten sich. »Tun wir das?« In seiner Stimme schwang plötzlich so viel unterschwellige Wut, dass Silke unwillkürlich abrückte. »Wie kann es sein, dass im selben Boot die einen die anderen um ein Stück Brot oder ein paar Kartoffeln anbetteln müssen?«

Silke presste die Lippen aufeinander.

»Fast sechs Jahre«, fuhr der junge Mann fort, nun mit zornigem Ausdruck im Gesicht, »erst an der Front, dann in Gefangenschaft und dann, zurück in der Heimatstadt, muss ich um einen Schlafplatz betteln!« Er sprang auf. »Wir sitzen nicht im selben Boot. Die einen sitzen im Boot, die anderen kämpfen schwimmend darum, nicht in den tobenden Fluten zu ertrinken.« Er schnaubte heftig, setzte sich wieder. »Verzeihen Sie bitte, falls ich Sie erschreckt habe. Manchmal geht es einfach mit mir durch. Ganz besonders bei einer erfolglosen Hamstertour.«

»Ich …« Silke suchte nach den richtigen Worten. Ja, sein Ausbruch hatte sie erschreckt. Aber er hatte sie auch berührt. Der Mann hatte ja recht. Sie saßen nicht alle im selben Boot. Sie hatten noch nie alle im selben Boot gesessen. Aber sie selbst, sie hatte früher definitiv in einem Boot gesessen. Einem großen, komfortablen Ausflugsdampfer, und der Platz darin war ihr von Geburt an sicher gewesen. Das hatte sie jedenfalls gedacht.

»Hier. Essen Sie, das macht wenigstens ein bisschen glücklich.« Rosemarie reichte ihm das Stück Brot. »Sie brauchen das wohl mehr als wir. Wurden Sie auch vertrieben?«

»Nein, ausgebombt. Von der Wohnung meiner Familie steht noch genau eine Wand. Schwarz vom Feuer. Die Briten wollten mich aufs Land schicken.« Er lachte bitter.

»Die wollten mich aus meiner Heimatstadt werfen. Aber nicht mit mir.«

Schwarz vom Feuer, ja, natürlich. Die Nachricht war wie eine Welle über das ganze Reich geschwappt: Die Engländer hatten einen Feuersturm durch Hamburg gejagt. Alles hatte gebrannt, stunden- und tagelang, sogar im Hafen und in den Fleeten hatten die Flammen gelodert. Man konnte sich gar nicht vorstellen, dass überhaupt jemand dieses Inferno überlebt hatte.

»Unser Haus steht noch«, flüsterte Silke. »Und unser Geschäft. Zumindest stand es noch, letztes Jahr, als wir fortmussten.« Sie dachte an die unendliche Kolonne von Menschen, bepackt mit allem, was sie tragen konnten, an den monatelangen Marsch Richtung Westen, an Rosemarie, Vater, Anna … Schnell schüttelte sie die Erinnerung ab. »Meine Schwester und ich wurden einem Bauern zugeteilt, aber dort können wir nicht bleiben. In diesem Dorf gibt es nicht einmal eine Abstellkammer für uns.«

»Ich hole mir hier auch eine Abfuhr nach der anderen.« Er zeigte auf seinen Rucksack. »Und dabei will ich nur tauschen, nicht bleiben.«

»Ach? Ich hatte hier vor ein paar Wochen ganz gute Erfahrung mit dem Tauschen.«

»Denken Sie sich ja nichts dabei«, meldete Rosemarie sich zu Wort. »Sie ist Verkäuferin. Sie würde Ihnen einen kaputten Schuh in der falschen Größe andrehen, wenn Sie nicht aufpassen.«

»Da hat mein Vater wohl ausnahmsweise recht gehabt, als er meinte, ich solle lieber was Anständiges lernen.«

»Ach! Was haben Sie denn gelernt?«, fragte Rosemarie neugierig. Langsam erwachte sie aus ihrer Schweigsamkeit.

»Das, was die meisten in meinem Alter gelernt haben: Schießen.« Er formte eine Hand zur Pistole und drückte ab. »Zurzeit nicht gefragt.«

Silke wusste, wie geschickt junge Männer für den Krieg begeistert worden waren. Sie hatte es schließlich bei Hanno miterlebt. Und ihr Bruder war keineswegs mehr ein junger Mann gewesen, aber ein wütender, als er sich mit dem ersten Aufruf freiwillig für die Front gemeldet hatte. Silke betrachtete den Mann unauffällig von der Seite. Ob dieser hier ebenso vor etwas davongelaufen war? Direkt in die Arme des Krieges? So wie sie gerade davonlief, um Rosemarie vor dem Bauern und einer Strafe zu schützen. Sie sah zum Himmel, die Sonne war schon weit über den Zenit, sie mussten dringend weiter. Silke packte ihren Rucksack und erhob sich. »Wir müssen los. Ich wünsche Ihnen noch viel Glück.«

Rosemarie und der Mann standen gleichzeitig auf. Er reichte Silke die Hand. »Egon Tönnes mein Name. Falls es Sie doch noch nach Hamburg verschlägt – wenn Sie im St.-Georg-Viertel genug Leute nach mir fragen, finden Sie mich.«

»Silke Bensdorf.« Sie spürte seinen festen Händedruck. »Und das ist meine Schwester Rosemarie.« Sie schulterte ihren Rucksack und drehte sich zum Gehen. Langsam lief sie neben Rosemarie die Dorfstraße entlang. Die Fassaden der Dorfhäuser erschienen ihr nun noch abweisender als vor ihrer kurzen Pause.

Hamburg … Nur einmal war sie dort gewesen. 1933. Dreizehn Jahre war das her! Es fühlte sich an wie ein anderes Leben. Nein, es fühlte sich nicht nur so an, es war ein anderes Leben gewesen. Eines ohne Hunger und Schuldgefühle und Verlust und Kampf. Unvorstellbar, dass ihre größte Sorge damals gewesen war, ob ihr neues Kleid rechtzeitig zur Hamburgreise fertig sein würde. Sie erinnerte sich an die hohen, eleganten Häuserreihen der Elbchaussee, die Promenade entlang der Elbe, die pulsierende Geschäftigkeit des Hafenviertels. Abrupt blieb sie stehen und wandte sich noch einmal um. Egon Tönnes warf sich gerade seinen Rucksack über.

»Halt! Warten Sie!« Sie stellte den Koffer neben Rosemarie ab und lief zu ihm zurück. Atemlos stand sie vor ihm. »Bringen Sie uns nach Hamburg.«

»Was? Jetzt?«, fragte Tönnes und deutete auf seinen Beutel mit der Tauschware.

»Nein, nicht jetzt. Wenn Sie fertig sind. Ich will nach Hamburg ziehen. Mit meiner Schwester. Können Sie uns helfen?«

Inzwischen war auch Rosemarie wieder zu ihnen gestoßen und stellte die beiden Koffer ab. »Hamburg?« Das erste Mal, seit sie den Bauernhof fluchtartig verlassen hatten, leuchteten ihre Augen. »Oh ja! Bitte! Dort finden wir vielleicht Anna!«

Tönnes runzelte die Stirn. »Die lassen niemanden mehr rein, zu wenig Betten, zu wenig Essen. Hamburg ist dicht.«

»Schlupflöcher gibt es immer«, sagte Rosemarie, und auch ihre Stimme erklang wieder in ihrer alten Lebendigkeit.

Auch Tönnes schien das zu merken, er musterte Rosemarie, als sähe er sie gerade das erste Mal.

»Schlupflöcher kosten.« Tönnes schüttelte bedauernd den Kopf. »Sie müssen jemanden in der Verwaltung schmieren, wenn Sie in Hamburg ein Bett und Lebensmittelkarten wollen.«

»Dann werde ich das tun.« Silke strich ihren Mantel glatt und drückte den Rücken durch.

Tönnes musterte sie. »Sie meinen es ernst.«

»Ich meine immer ernst, was ich sage. Helfen Sie uns? Ich brauche nur ein paar Informationen.« Sie sah den Zweifel in seinem Blick. »Ich bin Geschäftsfrau. Ich werde Ihnen nicht zur Last fallen.«

»Geschäftsfrau?« Ihre Worte hatten ihn offenbar nicht überzeugt. »Ich dachte, Sie sind Verkäuferin?«

»Ich hatte mein eigenes Geschäft.«

Sein Blick war immer noch skeptisch.

»Die erste Adresse in Danzig, feinstes Tuch, neueste Schnitte –«

»Sie haben Kleider verkauft?« Seine Stimme verriet, dass er, wie so viele Männer, dieser Art von Geschäft keine große Bedeutung zumaß.

»Sie hat *Träume* verkauft«, sagte Rosemarie und zwinkerte ihm zu. »Sie hat Mauerblümchen in Prinzessinnen und verdruckste Bücklinge in strahlende Helden verwandelt.«

Tönnes grinste.

»Und damit mehr Geld im Monat verdient als manch ein Mann im Jahr«, fuhr Rosemarie fort.

Er grinste nicht mehr.

»Ich bin Geschäftsfrau«, wiederholte Silke. »Sie helfen mir jetzt, ich belohne Sie später. Vielleicht ist das heute nicht das beste Geschäft Ihres Lebens, aber sich nicht darauf einzulassen, wäre das schlechteste.«

Tönnes Blick wanderte zwischen Silke und Rosemarie hin und her. »Sie haben also eine besondere Begabung als Verkäuferin?« Er nahm seinen Rucksack ab, öffnete ihn, und hielt ihn Silke hin. »Machen Sie mir das zu Fett und Fleisch, und ich begleite Sie persönlich nach Hamburg und bringe Sie zum Krüppel.«

Zum Krüppel? War das ein Codewort? Silke beäugte das Durcheinander im Rucksack. Vorsichtig nahm sie eine Puppe heraus. Das blonde Haar war struppig, das aufwendig gerüschte Kleid eingerissen, aber das aufgemalte Gesicht noch immer von einzigartiger Anmut. Ein Kleinod – in Zeiten, in denen man sich den Luxus des Schönen leisten konnte. Darunter kam eine Schatulle zum Vorschein. Silke hob sie heraus und öffnete sie. Schmuck. Uhren. Sie sah auf den ersten Blick, dass es sich um bunt durchmischte Ware handelte, versilbertes Metall und Silber, Citrin, Chrysopras, Granat, Bergkristall, blauer Saphir, handgetriebener Pflanzendekor, Fensteremail, Lapis-Cabochons. Sie verschloss die Schatulle und legte sie zurück, erspürte die Weichheit des senfgelben Samtstoffes, der darunter lag. Schöne Dinge für Menschen, die mehr hatten, als sie zum Überleben brauchten. Die Sorte Mensch, von der es kaum noch welche gab. Kein Wunder, dass seine Tour bislang erfolglos verlaufen war. Niemand würde einfach so ein Stück Speck gegen eine einfache Silberkette mit Granatanhänger tauschen. Außer die Kette wäre viel mehr als nur eine Kette – ein Versprechen auf eine bessere Zeit … Behutsam legte sie auch die Puppe zurück in den Rucksack. »Sie begleiten uns nach Hamburg?«

»Und ich bringe Sie zum Krüppel.«

»Zum Krüppel?«, fragte Rosemarie, ihre Wangen gerötet vor Aufregung.

»Dem einzigen Mann in Hamburg, der Ihnen jetzt noch die notwendigen Papiere besorgen kann«, erklärte Tönnes.

»Die Briten meinen es verdammt ernst mit ihrem Zuzugs-stopp. Ist man nicht tot, wird man weitergeschickt. So krank und fertig kann niemand sein, dass sie eine Aus-nahme machen würden.«

Silke streckte ihm die Hand hin. Ihr Entschluss war gefasst. Hamburg. Auch wenn es ausgebombt war, der Glitzer verschwunden und die Situation schier ausweglos. Sie würden ihr Glück dort versuchen.

# 5

Der Nieselregen lag wie ein Schleier über dem nächtlich ruhigen Hafen. Dicht und grau und alles bis ins Mark durchnässend. Das war das Schlimmste an dem so scheinheilig harmlos daherkommenden Niesel. Die Kriechekälte. Die schleichende, nicht zu stoppende Nässe, die sich Schicht um Schicht erst durch den Stoff und dann in die Haut fraß, ganz durch, bis tief ins Innere.

Hans fröstelte. Er verzichtete darauf, den Mantel enger um seine hagere Gestalt zu schließen, er war bereits bis auf die Knochen durchnässt. Das Einzige, was eine Erkältung jetzt noch abwenden konnte, waren trockene Kleidung und ein heißes Fußbad. Ungeduldig starrte er zu der Lagerhalle. Warum dauerte das so lange? Eine halbe Stunde hatte ihm sein Kontakt gegeben, die war in fünf Minuten um. Wenn seine Männer die Ware bis dahin nicht gesichert und weggebracht hatten, würden sie den Briten direkt in die Arme laufen.

Am liebsten hätte er nachgesehen, was sich hinter dem hohen Tor abspielte, warum die Männer es nicht fertigbrachten, sich an die Zeitvorgabe zu halten. Mit jeder Sekunde juckte es ihn mehr in den Füßen, hineinzustürmen und seine Leute anzutreiben. Aber wer sollte dann eingreifen und Zeit herausschinden, falls sich jemand außerplanmäßig der Halle näherte? Also blieb er stehen. Genau hier. Hinter dem stinkenden Schutthaufen, der ihn versteckte und dabei den besten Blick auf die Halle gewährte.

Aus dem Nieselnebel löste sich eine Gestalt. Groß und schlaksig kam sie rasch näher, der Gang wippend und behände, unverkennbar Frieder, Anführer der kleinen Truppe, die er für heute angeheuert hatte.

»Ist verladen, Meister.« Frieder sprach leise, trotzdem hörte Hans seine Nervosität. Er war sich also bewusst, wie knapp die Zeit war. »Allerdings gibt es ein Problem, wir haben nicht einmal die Hälfte von dem gefunden, was –«

»Pssst.« Hans zog Frieder hinter sich und legte sich die Hand ans Ohr. Gebannt sah er in die dunkle Nacht. Die Schritte waren jetzt gut zu hören, schwere Stiefel, Soldatenstiefel. Es konnte nur die britische Patrouille sein, drei Minuten später als sonst.

Glück für ihn.

Ein Lichtkegel flammte auf, die Schritte stoppten. Ein Schlüsselbund klirrte, dann verjüngte sich der Lichtkegel auf dem Holz des Tors, es knarzte, das Tor schwang auf.

»Lass uns gehen«, flüsterte Hans und drückte Frieder nach hinten weg.

Eilig schlich Hans die von Schlaglöchern übersäte Straße entlang, um so schnell wie möglich Abstand zwischen sich und die beraubte Halle zu bringen. Trotz der Eile blieb er sorgsam darauf bedacht, nicht zu stolpern, sodass er die Gestalt erst wahrnahm, als Frieder ihn von hinten antippte und zum Kai zeigte. Ein Mann. Er bückte sich.

Hans verharrte im Schritt. Im schwachen Licht der Straßenlaterne erkannte er die britische Uniform. Der

Mann beugte sich erneut vor, klaubte etwas vom Boden auf und steckte es in seine Jackentasche, als verstaute er einen Schatz.

»Was steckt der Tommy da ein?«, fragte Frieder mit mehr Gier als Neugier in der Stimme.

Hans schüttelte den Kopf, Frieder verstummte.

Wieder bückte sich der Brite, doch diesmal versenkte er das Aufgehobene nicht in seiner Tasche, sondern warf es von sich. Mit einem Platschen landete es im Wasser. Das kurze, abrupte Geräusch ließ Hans erstarren, in seinem Kopf formte sich ein Bild. Ein Körper. Hart schlägt er auf der Wasseroberfläche auf, durchbricht sie, versinkt. Der Brite machte einen schnellen Schritt nach vorne.

»Nein! Nicht!« Hans rannte los, sah, wie der Brite einen zweiten Schritt machte, einen dritten, über den Rand des Kais. Schon hörte er ein dumpfes Platschen. Nur eines. Keine Hände, die panisch um sich schlugen. Keine Hilfeschreie.

Instinktiv riss Hans sich im Rennen den Mantel vom Leib. »Hol Hilfe!«, brüllte er Frieder über die Schulter zu.

»Aber … woher?«, rief Frieder.

»Ein Seil!« Hans hatte fast den Punkt erreicht, an dem der Brite verschwunden war. »Schnell!«

Dann sprang er.

Das Wasser krallte sich mit all seiner Eiseskälte in seinen Körper. Mit tausend Nadeln stach der Kälteschmerz in seine Arme und Beine, seine Brust, seinen Kopf, bereit, sein Opfer zu lähmen. Hans kämpfte dagegen an, tauchte mit kräftigen Zügen hinab. Er musste den Unbekannten finden! Zielstrebig durchpflügte er das nachtschwarze Wasser.

Je tiefer er tauchte, desto stärker wurde der Druck in seinem Kopf, seine Ohren dröhnten, seine Lunge schmerzte. Es war sinnlos. *Hör auf!*, schrie es in seinem Kopf.

In dem Moment streifte etwas Seidenweiches seine Hand. Hans griff danach. Haare!

Er machte eine letzte Anstrengung, ein letzter Stoß nach unten, dann spürte er eine Jacke unter seinen Händen. Der Mann darin rührte sich nicht.

Hans' Lungen jaulten um Luft. Ihm blieb keine Zeit. Er musste nach oben! Sofort!

Mit ungeahnter Kraft kämpfte er sich mit dem leblosen Briten durch das eisige Wasser. Hoch. Hoch. Hoch. Wo war nur die verfluchte Oberfläche?

Er spürte, wie seine Kräfte schwanden, seine Lunge schier barst.

Da teilte sich das Wasser über ihm.

Er riss den Mund auf. Atmete. Kalte Luft strömte in seine brennenden Lungen.

»Meister!«

Frieders Stimme schallte deutlich durch die Nacht.

»Hier!«, rief Hans.

»Achtung!« Keine Sekunde später platschte ein paar Meter neben ihm ein Rettungsring ins Wasser. Mit wenigen Zügen erreichte er ihn, griff mit einer Hand danach, mit der anderen hielt er den Briten über Wasser.

Er spürte, wie er sich schnell auf den Kai zubewegte.

»Gut festhalten!«, rief Frieder. »Ich ziehe Sie raus. Strecken Sie die Hand aus, da ist eine Leiter.«

Tatsächlich spürte Hans im nächsten Moment das glitschige Metall einer von Algen bewachsenen Sprosse. In Windeseile legte er das nun lose Seil um die Brust des Briten.

»Er ist bewusstlos!«, rief Hans. »Du ziehst, ich schiebe.«

Mit einer Hand hielt Hans sich fest, mit der anderen hievte er den Briten auf die Leiter. Ein Kinderspiel, solange dieser noch im Wasser steckte, doch mit jeder Sprosse, die sie gewannen, wurde er schwerer.

»Verdammt!«, rief Frieder. »Was ziehen wir da an Land? Einen Walfisch?«

»Klappe!«, keuchte Hans. Er stemmte mit seinem Körper den Briten nach oben und zerrte mit einer Hand die Steine aus dessen Manteltaschen. »Zieh!«

Da ließ das Gewicht nach. Sie hatten es geschafft! Mit zittrigen Armen und Beinen kletterte Hans die letzten Sprossen hoch und ließ sich neben den Geretteten fallen. Frieder beugte sich über den leblosen Körper und beatmete ihn, dann presste er ihm seine Hände in rhythmischen Abständen auf die Brust.

Hans schloss die Augen. Er konnte loslassen. Frieder kümmerte sich.

War es umsonst gewesen?

Der Niesel lief wie ein sanftes Streicheln über sein Gesicht. Plötzlich war er todmüde.

In dem Moment vernahm er ein heftiges Husten.

Hans öffnete die Augen. Mit einem Satz richtete er sich auf.

Der Brite lebte!

»Geht doch!« Frieder setzte den Briten auf und klopfte ihm auf den Rücken. »Mann, Mann!«

»What …« Der Brite sah von Frieder zu Hans. »Damn! What have you done?«

»Er hat Sie gerettet«, zischte Frieder, »etwas Dankbarkeit wäre angebracht.«

»Ich …« Weiter kam der Brite nicht. Sein Körper bebte unter einem nicht enden wollenden Hustenanfall. Wasser lief ihm aus Mund und Nase. Schließlich sackte er in sich zusammen und verlor erneut das Bewusstsein.

Hans rappelte sich hoch. »Wir nehmen ihn mit zu mir.«

Frieder sah ihn zweifelnd an. »Ist das eine gute Idee, Meister?«

»Er muss aus den nassen Kleidern raus.«

»Können wir ihn nicht bei den Briten abliefern?«

»Ohne zu wissen, warum er das gerade getan hat?« Hans schüttelte den Kopf. Was immer der Brite ausgefressen hatte, er war Brite. Und damit auf jeden Fall ein Trumpf – wenn er es schaffte, ihn auf seine Seite zu ziehen. »Nein. Wir bringen ihn an einen sicheren Ort.«

# 6

Rosemarie ging die Landstraße entlang, ihr Blick auf Silkes Schuhe gerichtet, die sie im Grau der Nacht mehr erahnte als tatsächlich sah.

Schritt.

Schritt.

Schritt.

Einen schmerzenden Fuß im nassen, kalten Schuh vor den anderen, immer weiter, auch wenn sie schon viel zu müde waren, um weiterzugehen.

Wie damals.

Nur waren sie damals aus ihrem Zuhause geflohen. Sie hatten großzügige, helle Räume mit stilvollen Möbeln und bequemen Betten hinter sich gelassen.

Diesmal ließen sie ein wanzenbevölkertes Drecksloch hinter sich. Diesmal lag ein neues Leben vor ihr. Nicht in Hamburg, auch wenn Silke dort ihre Zukunft sah. Nicht in Deutschland, nicht einmal in Europa. Sie würde nach Amerika auswandern. Zu Jette. Amerika … Leise summte Rosemarie die Melodie von *Unter der roten Laterne von St. Pauli* von Lale Andersen. Das letzte Mal hatte sie das Lied gesungen, als sie es Anna beigebracht hatte.

Der Gedanke an Anna zog an ihrem Herzen wie der Koffer an ihrem Arm. Vielleicht hatte die fiese Frau Anna nach Hamburg gebracht. Dort gab es Waisenhäuser, sicherlich mehrere. Sie könnten sie suchen, und selbst wenn Anna nicht in Hamburg war, vielleicht fanden sie dort eine Spur von ihr!

Rosemarie wechselte den Koffer in die andere Hand, doch der Rucksack drückte unverändert auf ihre Schultern.

Fast wie damals.

Allerdings waren sie damals nicht allein auf der Straße gewesen, sondern Teil eines nicht endenden Stroms: Junge, Alte, Kleine, Große – Flüchtende, so weit sie blicken konnte.

Es war schrecklich gewesen, das Haus, ihr Zimmer, ihre Kleider zurückzulassen. Sie lachte bitter auf. Ihre Kleider! Wie sie Silke beschimpft hatte, weil sie nur eines mitnehmen durfte! Hätte sie damals geahnt, wie ihr Leben als Vertriebene laufen würde, sie hätte nicht eine Sekunde darüber nachgedacht, welches Kleid sie wählen sollte. Sie hätte ganz andere Sachen in ihren Koffer gepackt. Eine Wolldecke und sieben Paar wollene Socken, wollene Strümpfe und Lederfett, um die Schuhe ein bisschen gegen das Wasser zu versiegeln. Sie hatte ja nicht gewusst, wie wichtig trockene Füße waren.

Sie löste den Blick von Silkes Schuhen und sah an ihr vorbei zu Tönnes. Rosemarie konnte ihn nur schwer einordnen. Sie schätzte ihn ein, zwei Jahre älter als sich selbst, fünfundzwanzig oder sechsundzwanzig, ungezähmte Locken, still, aber nicht schüchtern, sondern genau sein Gegenüber beobachtend, eher Typ Abenteurer als Typ Familienvater. Der erste Eindruck zählt, hatte ihre Mutter immer gesagt. Er bestimmt, wie dein Gegenüber dich wahrnimmt. Rosemarie hatte einen Abenteurer kennengelernt, was die Tatsache, dass Silke diesem fremden Mann so schnell vertraute, umso erstaunlicher machte. Rosemarie schüttelte nachdenklich den Kopf. Alleine mit ihm auf Tour zu gehen, das passte so gar nicht zu ihrer vorsichtigen Schwester. Noch weniger, sich einem Unbekannten auf einem Marsch durch die Nacht anzuschließen, ohne zu wissen, was für ein Mensch er wohl war. Verdiente er ihr Vertrauen? War er einer, der Frauen respektierte? Oder musste sie sich vor ihm ebenso in Acht nehmen wie vor dem Bauern?

Sie sah an Silke vorbei, doch Tönnes war nicht mehr als eine schwarze Kontur in der grauen Wolkennacht.

Schwarz wie seine Warnung vor Hamburg. Ob es wirklich so schlimm war? Oder hatte er sie nur abschrecken wollen, um sie nicht dorthin begleiten zu müssen?

Hamburg sei dicht, hatte er gesagt. Zerbombt und ausgeplündert. Lebensmittel gab es nur für Marken, Marken gab es nur für Registrierte, die Zuweisungen so mager, dass niemand je davon satt wurde. Neu Angekommene würden nicht mehr registriert, also hätten sie keine Bleibe und nichts zu essen. Ihnen blieb nur der Schwarzmarkt, das Einzige laut Tönnes, das in der Stadt wuchs und gedieh. Neben Mord, Totschlag und Prostitution.

Ob sie wirklich ein warmes, trockenes Dach über dem Kopf und regelmäßige Mahlzeiten aufgeben wollten, hatte Tönnes gefragt. Silke hatte sie kurz angesehen, dann ihre Hand genommen, ganz fest, wie früher ihr Vater, und dabei so energisch genickt, dass Tönnes nur die Schultern gezuckt hatte und losmarschiert war.

Sie beide wussten, in Hamburg erwartete sie Ärger.

Wahrscheinlich würden sie zurückgeschickt. Oder weitergeschickt. Oder wieder einer Gemeinde zugewiesen.

Und doch war es die bessere Wahl.

Nein, die einzige Wahl, denn bei dem Bauern zu bleiben war keine mehr.

Plötzlich kam die Erinnerung an seinen Angriff hoch. So real, dass sie glaubte, seine Hand auf ihrem Bein zu spüren, seinen schweren Atem zu hören, seinen Schweiß zu riechen. Sie schüttelte sich, wechselte wieder einmal den Koffer in die andere Hand und atmete scharf ein.

Er würde nie wieder in ihre Nähe kommen.

Weil sie so weit weg fliehen würde, wie es nur ging. Erst Hamburg. Dann Paris. Dann Amerika.

Philadelphia. Zu Jette. Der großen Schwester, die rechtzeitig nach Amerika ausgewandert war. Sie könnte Gesangsunterricht nehmen, hatte Jette geschrieben, sie könnte bei ihr wohnen, so lange sie wollte.

Sie könnte –

Die Schritte stoppten so abrupt, dass Rosemarie fast in Silke hineinrumpelte.

»Da«, sagte Tönnes aufgeregt und stellte sich vor Silke und sie auf die Straße. »Ein Transporter. Manchmal lassen sie einen ein Stück auf der Ladefläche mitfahren. Wenn wir Glück haben, nimmt er uns mit.«

Rosemarie sah die Straße zurück, die sie eben entlanggelaufen waren, und entdeckte zwei gelbliche Karbidlichtkegel. Nun hörte sie auch das Rattern des Motors, das Rumpeln des Lasters. Hoffnung keimte auf. Eine Mitfahrgelegenheit! Selbst für nur wenige Kilometer wäre es zu schön, um wahr zu sein. Ein gutes Omen für den Aufbruch in ihr neues Leben.

Der Laster kam näher. Tönnes stellte sich halb auf die Straße und winkte mit beiden Armen. Der Laster fuhr vorbei, die offene Laderampe ratterte und schepperte, dann bremste er, langsam, als wäre der Fahrer nicht sicher, was er gerade in der Dunkelheit gesehen hatte. Tönnes rannte voraus, Silke und Rosemarie hinterher, doch kaum hatte Tönnes den Laster erreicht, hupte der Fahrer und fuhr wieder los.

Tönnes fluchte, stellte seinen prall gefüllten Kartoffelsack ab.

»Ist das üblich?«, fragte Silke außer Atem.

»Üblich?« Tönnes schnaubte. »Wahrscheinlich wollte der Hund mich ausrauben, und als er gesehen hat, dass wir zu dritt sind, hat er es sich anders überlegt.«

Rosemarie stellte den Koffer ab. War es nun ein schlechtes Omen, dass sie weiter laufen mussten, oder ein gutes, dass sie nicht ausgeraubt wurden?

»Brauchst du eine Pause?« Silke streckte den Arm zu ihr aus und berührte sie zaghaft an der Wange.

Rosemarie schüttelte den Kopf. Wenn sie jetzt ruhte, könnte sie nicht mehr loslaufen.

»Ist ein guter Ort für eine Pause.« Tönnes zeigte auf einen Heuschober, der sich im Licht des Halbmondes schwarz von dem grauen Nachtbild abhob. »Wir können vier Stunden schlafen, dann sind wir zeitig wieder unterwegs und morgen immer noch früh genug in Hamburg.«

Er ging von der Straße ab und querfeldein auf den Heuschober zu.

Silke lief hinterher. Rosemarie zögerte. Sollten sie wirklich mit diesem fremden Mann im Heuschober schlafen? Würde er sie in der Nacht in Ruhe lassen?

Tönnes schob den Riegel auf und riss ein Zündholz an, um sich zu orientieren. Der Schober war fast leer. Dann wies er Rosemarie und Silke einen Schlafplatz auf einem spärlichen Rest Heu in einer Ecke zu und richtete sich selbst ein Lager aus Holzplanken direkt vor dem Scheunentor. Rosemarie atmete erleichtert auf. Tönnes schien das Vertrauen zu verdienen, das Silke ihm entgegenbrachte. Leise begann sie zu singen. »So oder so ist das Leben, so oder so ist es gut, so wie das Meer ist das Leben, ewige Ebbe und Flut …«

Silke stimmte ein, sogar Tönnes sang mit ihnen den Refrain in die Nacht: »… du musst entscheiden, wie du leben willst, nur darauf kommt es an …«

# 7

Hans zuckte zurück, dann tasteten seine Zehen sich in das Fußbad vor, das Gustav in den Friseursalon gebracht hatte. Es war so heiß, es verbrühte ihn fast. Aber eben nur fast. Das war die Kunst: genau die Temperatur zu erwischen, die die Füße krebsrot, aber ohne Blasen zurückließ. Nur dann wanderte genug Wärme durch den Körper und vertrieb jeden Anflug einer Erkältung.

»Sie müssen die Füße eintauchen, so lange das Wasser heiß ist«, erklärte er dem Briten im Stuhl gegenüber. Hans machte eine Sinkbewegung der Hand, die der Brite in dem fahlen Licht der zwei Kerzen wahrscheinlich kaum wahrnahm. »Damit Sie nicht krank werden.«

Der Brite sah skeptisch auf die Metallschüssel mit dem dampfenden Wasser vor ihm. Wie Hans selbst war auch er nur in Handtuch und Decke gehüllt.

»Es sieht aus sehr heiß«, bemerkte der Brite mit klappernden Zähnen. »Ihre Fuß guckt aus wie eine Hummer.«

Hans lupfte einen Fuß kurz aus dem Wasser. Er war wirklich krebsrot. »Dafür ist mir wieder warm.« Er zwinkerte dem Briten zu. »Wo bleibt der Mut? Wer im Oktober ins Hafenbecken springen kann, sollte nicht vor einer Wanne mit warmem Wasser kneifen.«

Der Brite steckte vorsichtig eine Zehe hinein, zuckte zurück, versuchte es erneut und senkte zuerst den linken, dann den rechten Fuß in die Wanne. Der angespannte Zug um seinen Mund löste sich, der gebückte Körper unter der Decke wurde gerader und länger.

»Wünschst du noch etwas?« Gustav trat mit einer Petroleumlampe in der Hand durch den Vorhang vom Hinterzimmer in den Friseursalon, blieb jedoch – wohl aus Rücksicht auf den nur spärlich mit Handtuch und Decke bekleideten Briten – in respektvollem Abstand stehen.

Hans sah zu dem Briten. »Ich denke, Sie könnten zu dem Tee auch etwas Stärkeres vertragen.«

Der Brite zuckte die Schultern, der Blick wanderte von Gustav zurück zu seinen Füßen.

»Eine Flasche von der Birne.« Hans nickte Gustav zu. Sogleich verschwand sein treuer Gefährte hinter dem Vorhang. Hans blickte ihm nach, lauschte den schlurfenden Schritten, dem Schlagen der Kellertür. In wenigen Minuten würde Gustav ihnen den Schnaps servieren, den besten Birnenschnaps, den man derzeit in Hamburg ergattern konnte. Die Flasche ohne Etikett.

Gustavs missbilligender Blick, als Frieder und Hans mit dem Briten in den Friseursalon gekommen waren, hatte Bände gesprochen: Gustav hielt Hans mal wieder für unvorsichtig, den Briten für ein potenzielles Problem, das Hans bei seinen Geschäften gefährlich werden konnte.

Ein Lächeln stahl sich auf Hans' Gesicht. Was täte er nur ohne Gustav und seine immerwährende Sorge um ihn?

»Ich denke, ich schulde Ihnen eine Dankeschön.« Der Mund des Briten war so spitz, als wollten die Lippen den Worten widersprechen.

Hans drehte sich zu dem Briten zurück. »Kommt darauf an, ob ich Ihnen einen Gefallen getan habe.« Er lächelte aufmunternd, doch der Brite blieb stumm. Wahrscheinlich hatte er ihm keinen Gefallen getan, und der Brite war nur zu höflich, um die Kritik an Hans' unaufgeforderter Rettungsaktion laut auszusprechen. »Auch wenn Sie das jetzt gerade nicht so sehen – es sind einfach schon zu viele Menschen gestorben.«

Wieder zuckte der Brite nur die Schultern und sah weiter auf seine Füße.

Im Kerzenschein beobachtete Hans die Mimik seines Gegenübers. Er sah, wie der Mann mit seinen Gefühlen kämpfte, wie er mit sich rang, nicht aufzuspringen und Hans an die Gurgel zu gehen. Weil er nicht dankbar war. Weil er Hans dafür hasste, dass er ihn aus dem Wasser geholt hatte.

»So viele Tote. Engländer und Franzosen und Russen und Deutsche und Amis und Polen und –« Hans brach ab. Soldaten und Zivilisten. Männer und Frauen. Kinder und Alte. Juden … Esther. Vor niemandem hatte der Krieg haltgemacht, und sein Volk hatte den Wahnsinn begonnen und immer weiter vorangetrieben. »Wir haben Tod und Leid über die Menschen gebracht, mehr als ich mir je hätte vorstellen können. Ist es nicht meine Pflicht, jedes Leben zu retten, das ich retten kann?«

Der Vorhang schob sich zur Seite. Gustav kam in den Salon und stellte eine unbeschriftete Flasche und zwei kleine Gläser auf einen Hocker zwischen Hans und dem Briten. »Ich habe deinem Gast trockene Kleidung ins Badezimmer gelegt. Ich denke, die Größe dürfte in etwa passen. Sonst noch etwas?«

»Nein, Gustav, danke.« Hans nahm die Flasche und schenkte zwei Gläser voll. Er schob eines über den Hocker zu dem Briten und nahm das zweite in die Hand. »Prost«, sagte er und setzte das Glas an die Lippen. Er kippte es in einem Zug hinunter. Heiß brannte es durch die Kehle bis in den Magen. Hans schüttelte sich und schenkte gleich nach. »Trinken Sie!«, forderte er den Briten auf. »Es wird Ihnen guttun.«

Zögerlich ergriff der Brite das Glas, nippte, schüttelte sich und kippte dann den Inhalt ebenfalls in einem Zug hinunter. Stumm hielt er Hans das Glas hin. Hans nickte und schenkte nach.

Der Brite trank. Erneut hielt er Hans das Glas hin. Hans lauschte dem Gluckern der klaren Flüssigkeit. In ihm breitete sich eine wohlige Wärme aus.

Der Brite hob sein Glas und hielt es Hans entgegen. »Mein Name ist Alan. Lieutenant Colonel Alan Wright, zweiter Sektorchef dieses Bezirks.«

»Hans«, sagte Hans. »Hans Meister, Barbier und Inhaber dieses Friseursalons.«

»Sie schneiden Haare?« Alan Wright sah sich um. Sein Blick blieb an dem einzigen unversehrten Schneidplatz hängen. Der üppige barocke Spiegel, der gepolsterte Stuhl, die verzierte Ablage – Reminiszenzen an ein früheres Leben, die erahnen ließen, wie vornehm der Salon gewesen war, bevor die Bomben über Hamburg niederregneten.

»Schneiden, waschen, färben, wellen, glätten, legen«, sagte Hans. »Immer am Zug der Zeit, wenn nicht einen Schritt voraus. Die Damen der Hamburger Gesellschaft wissen das zu schätzen.«

Alan fuhr sich durch die Haare. »Ich wüsste auch das zu schätzen. Unser Stabsbarbier ist eine Schlächter, kein Friseur.«

»Ich hoffe, das war nicht der Grund, warum Sie heute Nacht dieses unglückliche Bad genommen haben.« Hans hob das Glas und zwinkerte. »Kommen Sie das nächste Mal einfach in meinen Salon.«

Sie tranken ihre Gläser aus. Wortlos füllte Hans sie wieder auf. Er spürte den Schnaps in seinem Magen rumoren.

»Ich nehme an, ich schulde Ihnen eine Erklärung.« Alan stellte das Glas so heftig ab, dass Hans kurz befürchtete, es würde zerschellen.

Doch es blieb heil und Hans ganz still.

Weil gerade die größten Stürme die Stille brauchten, um sich sammeln zu können. Natürlich schuldete Alan Wright ihm keine Erklärung. Aber auf den Stühlen in seinem Salon hatten schon viele Kunden und Kundinnen gesessen, für deren Seele der Friseurbesuch wichtiger gewesen war als für ihre Haarpracht. Es war Alans Haltung, die Hans signalisierte, dass Alan ihn gerade zum Hüter seines Geheimnisses kürte. Der Zauber des Friseurgeheimnisses hing unzerstörbar in dem ramponierten Behelfsmobiliar des Salons.

Hans lehnte sich zurück und nippte an dem Schnaps. Er musste nur abwarten. Alan würde von ganz alleine zu reden anfangen.

»Ich hatte mal ein Leben. Eine Verlobte, ein Haus, vier Schlafzimmer …« Alan schenkte sich nach. »Mary wollte haben viele Kinder, sie … sie wollte haben am liebsten eine ganze Rugbymannschaft um die Küchentisch.«

Alan nahm einen Schluck. Er vermied es, Hans anzusehen. Auch daran war Hans gewöhnt. Ein guter Zuhörer wird mit jedem Satz unsichtbarer.

»Ich habe gekauft das Haus für sie, als Hochzeitsgeschenk.« Alan starrte auf das Glas in seiner Hand. »Am 12. Dezember 1940 wir wollten heiraten in Coventry, meine Heimatstadt.«

»Oh«, rutschte es Hans heraus. Die Bilder der brennenden englischen Industriestadt standen ihm vor Augen. Eine Orgie der Zerstörung, eindrucksvoll demonstriert von dem deutschen Fluggeschwader, gefeiert als siegreicher Angriff. Er konnte sich denken, warum Alan nicht geheiratet hatte: Seine Verlobte war wie so viele in dem Flammenmeer umgekommen.

Alan hob das Glas, setzte es an, doch er trank nicht. Er starrte über das Glas hinweg ins Leere, als wäre dort ein Bildnis seiner Liebsten.

Wie so oft, wenn er einem britischen Offizier gegenüberstand, überkam Hans ein ungutes Gefühl. Wie sehr ihre Besatzer sie hassen mussten.

»Gestern sie hat eine Tochter bekommen. Mavis.« Er kippte den Schnaps hinunter, als müsste er die Worte damit die Kehle hinabspülen. Hans horchte auf. Das war nicht der Verlauf der Geschichte, den er erwartet hatte. »Ich bin Onkel.« Alan lachte bitter auf. »Und now, ich soll gratulieren meine Bruder und meine Exverlobte zu der Tochter, die sein sollte meine.«

Wieder knallte er das Glas auf den Hocker. Wieder blieb es heil.

»Wir haben verschoben die Hochzeit, weil unser Haus war nur noch eine Schutthaufen, die Kirche kaputt, das

Standesamt abgebrannt. Dann ich bekam meine Marschbefehl. Zweimal ich bin zurück, und wir haben gemacht Pläne für unsere Zukunft.« Er schüttelte sachte den Kopf. »Ich dachte, sie liebt mich. Ich dachte, sie wartet auf mich, während ich diesen Krieg –« Wieder schüttelte er den Kopf. »Ich hatte gedacht falsch. Ich bin gewesen blind und dumm wie ein stupid idiot.«

Er schenkte erneut nach, erst sich, dann Hans. Hob das Glas und prostete Hans zu. »Und jetzt ich bin Onkel.«

»Es wird eine andere Mary kommen«, sagte Hans sanft. »Eine, die Sie wirklich verdient hat und mit der es sich lohnt, Vater zu werden.«

»Ach ja?« Alan zuckte resigniert die Schultern. »Keine zwei Jahre, dann ich bin vierzig. Wenn ich zurückkehre, ich bin eine alte Mann. Wie soll ich aufbauen meine Haus und finden eine Frau und eine Job, wenn ich hier manage das Elend der Feinde?«

Hans zuckte zusammen. Natürlich, sie waren der Feind. Sie alle. Auch er. Zu denken, die Tommys würden sie als etwas anderes sehen, war naiv. Auch wenn er die Tommys nicht als Feinde empfand. Wie auch? Ohne sie würde er immer noch bei jedem Klopfen zusammenzucken, fürchten, jemand hätte ihn verraten, fürchten, die Gestapo würde sie holen. Nein, er hatte die Tommys nie als Feinde betrachtet, nicht als sie Hamburg am 3. Mai 1945 kampflos eingenommen hatten, nicht als sie das Fraternisierungsverbot in Kraft gesetzt und ihre eigene Parallelwelt erschaffen hatten, eine Welt ohne Deutsche in Deutschland, eine Welt mit beheizten Wohnungen und vollen Tellern, eine Welt mit eigenen Läden und Kinos und Kneipen und S-Bahn-Waggons, zu denen Deutsche keinen Zugang hatten. Und auch jetzt nicht, als die Briten kein Erbarmen mit der zunehmenden Not der Deutschen zeigten.

Im Nachhinein klang es anbiedernd, dessen war er sich nur zu bewusst. Plötzlich wollte keiner mehr Hitler zugejubelt haben, keiner mehr Juden verraten, sich als Arier gebrüstet haben, plötzlich waren die Parteibücher verschwunden. Und doch hatte es auch diese Deutschen gegeben. Die heimlich im Radio BBC gehört und verzweifelt darauf gehofft hatten, dass jemand kommen und dem Wahnsinn ein Ende bereiten würde. Er hatte zu viele Menschen verloren, im Krieg oder von der SS ermordet. Nein, die Tommys waren keine Feinde. Auch keine Freunde, aber sie hatten die Macht, und als einer der Ersten auf der Weißen Liste hatte er schnell gelernt, dies für sich zu nutzen.

»Entschuldigen Sie«, sagte Hans. »Ich wollte nicht anmaßend sein. Es ist sicher nicht leicht, immer noch hier sein zu müssen. Der Krieg ist fast eineinhalb Jahre vorbei, fast alle Ihre Kameraden sind zurück in der Heimat …«

»Nein, entschuldigen Sie.« Alan richtete sich in seinem Stuhl auf. »Das war nicht angemessen. Sie haben sich gebracht in Gefahr, um mich zu retten. Egal ob ich finde das gut, es war eine gute Tat. Und vielleicht ich werde Ihnen eines Tages wirklich danken. Heute ich kann das nicht.« Abrupt stand er auf. »Ich denke, ich sollte langsam zurück ins Quartier.« Er zeigte Richtung Vorhang. »Meine Kleidung ist dahinter, korrekt?«

Hans erhob sich ebenfalls. »Ich zeige Ihnen den Weg.« Er ging voraus.

»Oh«, sagte Alan. »Haben Sie sich bei meiner Rettung verletzt?«

»Ich? Nein.« Hans ging weiter, seinen normalen, hum-
pelnden Gang, die Hüfte schief, das kürzere Bein immer
einen Tick zu langsam. »Ich wurde als Krüppel geboren.«

# 8

Das erste Licht des Tages offenbarte das Ausmaß der Verwüstung. Trotz all der Warnungen war es für Silke ein Schock. Endlose Schuttberge, gespenstische Häusergerippe, die steil in den Himmel ragten, Wohnungen, die wie offene Puppenhäuser nur Rück- und Seitenwände hatten. Schwarzverkohlte Skelette einer einst reichen, stolzen, blühenden Stadt, gebrandmarkt durch zahllose Bombenangriffe. Gebannt starrte sie auf das Haus, das sie gerade passierten. Im zweiten Stock lag ein Mann auf einem Sofa. Ein Arm hing auf den Boden, klobige Stiefel schauten unter der Decke heraus. Er rührte sich nicht. War er tot? In der Nacht erfroren … Oder lag er schon länger dort? Konserviert von der Kälte, vergessen von den Menschen, die so sehr mit dem eigenen Überleben beschäftigt waren.

Sie stolperte, versuchte sich zu fangen, doch der schwere Rucksack brachte sie vollends aus dem Gleichgewicht.

»Aaah!« Sie ließ den Koffer fallen und stützte sich mit den Händen ab. Steinchen und Dreck bohrten sich schmerzhaft in Hände und Knie. Scharf sog sie die Luft ein.

»Haben Sie sich verletzt?« Tönnes hockte sich neben sie. »Der Straßenbelag ist hier vollkommen zerstört, Sie müssen auf Ihre Schritte achten.«

»Es geht schon.« Sie hatte längst bemerkt, wie uneben die zuvor glatte Straße geworden war, und war vorsichtig auf ihr entlangmarschiert – bis der reglose Mann in dem Häuserskelett sie abgelenkt hatte. Silke richtete sich auf. Ein stechender Schmerz schoss in ihr Knie. Sie verbiss sich ein Aufstöhnen und rieb vorsichtig die Hände gegeneinander, als Rosemarie zu ihr trat.

»Lass mich mal sehen.« Rosemarie nahm ihre Hand. »Du blutest.« Sie zog ihr Tuch aus der Tasche und wickelte es um Silkes Hand. »Oje! Silke! Dein Knie! Das sieht ja noch viel schlimmer aus!«

Silke blickte auf ihr pochendes Knie hinab. Die Strümpfe waren zerrissen, ein roter Fleck sickerte warm und feucht in die Wolle. Rosemarie beugte sich über Silkes Bein und schüttelte besorgt den Kopf. »Wir müssen das verbinden, das ist ein fieser Schnitt.«

»Papperlapapp.« Silke löste das Tuch von ihrer Hand und band es um das Knie. »Das ist nur ein Kratzer.« Energisch hob sie ihren Koffer auf. Die Handfläche brannte, als sie den Griff berührte. Für einen winzigen Moment schloss sie die Augen und drängte die aufsteigenden Tränen zurück.

Sie hatten Hamburg erreicht.

Sie waren am Ziel.

»Willkommen in Hamburg«, sagte sie halblaut und fügte in Gedanken hinzu: *der Stadt, in der Neuankömmlinge unerwünscht sind.*

Tönnes stieß ein herbes Lachen aus. »Das ist gut! Wirklich. Ich mag Ihren Humor.«

»Das war kein Scherz«, sagte Rosemarie, kicherte jedoch, erst leise und dann immer unkontrollierter. »Wi…ll…

kom...men in Ham...burg«, wiederholte sie, die Worte unterbrochen von glucksendem Lachen.

Silke musterte Rosemarie besorgt. Der Lachanfall war selbst für Rosemarie unangemessen. Er klang mehr nach Verzweiflung als nach Heiterkeit, und er war sicher nicht ihren Worten geschuldet. Da spürte sie Rosemaries Hand auf ihrem Arm.

»Entschuldige, ich lache nicht über dich«, sagte Rosemarie und presste ihre Lippen zusammen, offenbar in dem vergeblichen Versuch, nicht wieder loszuprusten. »Soll ich deinen Koffer nehmen?«

Silke schüttelte den Kopf. »Trag du deinen.«

»Ich nehme ihn«, schritt Tönnes dazwischen. »Bis zum Salon ist es nur noch ein kurzer Marsch, keine halbe Stunde.«

»Salon? Treffen wir dort auf den ...« Silke zögerte. Ihre gute Erziehung verbat es ihr, einen Menschen, von dem sie nichts wusste, außer dass er ihre einzige Hoffnung war, als Krüppel zu bezeichnen.

»... Krüppel?«, vollendete Tönnes ihren Satz. »Vielleicht. Ich werde ein gutes Wort für Sie einlegen. Ob Sie ihn zu Gesicht bekommen, liegt nicht in meiner Macht.« Er nahm Silke den Koffer aus der Hand. »Versprechen Sie sich nicht zu viel. Sie flüchten vom Regen in die Traufe, und Sie wissen das.«

Silke nickte. Sie wusste, dass es in Hamburg nicht einfach sein würde – aber wo war es das schon für Vertriebene?

Schweigend gingen sie weiter, Tönnes voran, Silke und Rosemarie hinterher. Sie humpelte, die Augen achtsam auf den Boden geheftet. Inzwischen leuchtete das Tageslicht hell und offenbarte den desaströsen Zustand der Straße. Sie war übersät mit Schlaglöchern und losem Geröll, immer wieder verengt durch ausufernde Schuttberge. Im Kopfsteinpflaster klafften große Lücken. Erste Menschen verließen ihre Häuser, huschten über die Straße, die Blicke gesenkt oder sich ängstlich umsehend, bildeten Schlangen vor den wenigen Geschäften, die noch Waren zum Verkauf anboten. Was sich hinter den mit Brettern vernagelten Fenstern abspielte, wer vermochte es schon zu sagen.

Die Stadt erwachte, Gerippe aus Stein und Stahl, die Ruinen ebenso wie die paar intakten Gebäude überzogen mit dem Grauschleier der Brände. Sie hatte nichts mehr gemein mit der Stadt, die Silke damals so fasziniert hatte. Damals, 1933, bei ihrem ersten und einzigen Besuch in Hamburg anlässlich ihres Geburtstags. Hamburg war grün und faszinierend gewesen und die zwei Tage ihres Aufenthalts voller wunderbarer Überraschungen.

»Da sind wir.« Tönnes blieb vor einem nahezu unbeschädigten Haus stehen. Über dem Schaufenster, das durch ein dichtes Gitternetz repariert worden war, prangte ein durchlöcherter Schriftzug: *Schiefhannes' Friseursalon*.

Sie mussten im St.-Georg-Viertel sein. Dieses Friseurgeschäft kannte sie. Silke erinnerte sich, wie Mutter und sie über den Namen gescherzt hatten, bis Vater sie ob ihrer Albernheit gescholten hatte. Doch damals hatte der Salon ein großes, reichlich dekoriertes Schaufenster gehabt, durch eine hölzerne spanische Wand abgetrennt vom Ladenlokal. Angestrengt blickte sie durch das dichte Gitternetz und erkannte zwei Staffeleien mit Fotos von Damen und eine Vase. Tönnes öffnete die Tür, eine helle Glocke kündigte dem Inhaber den frühen Besuch an.

Silke trat hinter Tönnes in den Salon. Die bunt zusammengewürfelte Einrichtung erzählte von Plünderungen, die dunklen Flecken und Macken auf dem hell gekachelten Boden von Bombensplittern, denn für einen Brand war die mit gelb-blauen Blumengirlanden verzierte Tapete zu wenig beschädigt.

Nachdem auch Rosemarie den Raum betreten hatte, wurde hinter der Theke am Ende des Ladenlokals ein brauner Vorhang zur Seite gezogen, und ein Mann Mitte fünfzig mit graumeliertem Haar und fein geschnittenem Gesicht eilte auf sie zu.

»Guten Morgen, die Herrschaften, was kann ich für Sie –« Er brach ab, als sein Blick auf ihren Begleiter fiel. »Tönnes«, sagte er. »Ich habe dich für heute nicht auf dem Plan.«

»Ich komme wegen der beiden Damen.« Tönnes trat zur Seite und gab den Blick auf Silke und Rosemarie frei. »Sie brauchen seine Hilfe.«

Der Blick des Mannes fiel auf Silke. »Meine Güte!« Mit schnellen Schritten eilte er zu ihr und führte sie zu einem mit dunklem Leder bezogenen Stuhl vor einem weißen Keramikwaschbecken. »Setzen Sie sich! Ihr Bein!« Schon kniete er vor ihr und löste das blutgetränkte Tuch von ihrem Knie.

Kaum war der Druck von der Wunde, begann sie wieder zu pochen und bluten. Der Mann betrachtete sie und zog ein besorgtes Gesicht. »Das ist ein tiefer Schnitt. Wie ist das passiert?«

»Sie ist gestürzt«, antwortete Tönnes, bevor Silke reagieren konnte.

»Das muss gesäubert und genäht werden.« Er winkte Rosemarie zu sich. »Sie helfen der Dame aus dem Strumpf und säubern die Wunde, Wasser und Handtücher sind dort drüben.« Er zeigte auf einen Stapel Handtücher in einem Regal neben dem Waschbecken. »Ich hole derweil den Meister.«

»Ich muss leider weiter.« Tönnes deutete eine knappe Verbeugung vor Silke und Rosemarie an und ging zur Tür. »Meine Damen, es war mir eine Ehre.« Er wandte sich an Silke. »Falls Sie je auf die Idee kommen, Ihr Talent als Verkäuferin auf dem Schwarzmarkt zu testen, dann wenden Sie sich an mich. Wir wären ein gutes Team.«

Er drehte sich um, als Rosemarie ihm nachrief: »Und wo finden wir Sie?«

»Überall und nirgendwo, schöne Rosemarie«, rief er und zwinkerte. »Aber wenn Sie im Viertel nach mir fragen, dann finde ich Sie, so wahr ich Egon Tönnes heiße!«

Dann öffnete er die Tür und verließ zum hellen Ton der Glocke das Ladenlokal.

Silke schüttelte den Kopf. Was für eine absonderliche Idee. Schwarzmarkt! Er konnte doch nicht annehmen, dass sie dafür geeignet wäre, nur weil sie für ihn ein paar Schmuckstücke gegen Essbares getauscht hatte!

»Zieh den Strumpf aus«, wies Rosemarie sie an und wusch das blutige Tuch im Waschbecken aus. Das Wasser färbte sich rot. Silke wurde übel. Der Hunger, die Müdigkeit, der Geruch nach Blut. Sie würgte, doch es kam nichts hoch, es gab nichts, was ihr Magen hätte hergeben können.

»Dein Strumpf«, wiederholte Rosemarie und wrang rosa gefärbtes Wasser aus dem Tuch. »Was meinst du, ist der Meister der Krüppel?«

»Ich weiß es nicht.« Silke rollte den Strumpf über den Oberschenkel, zog ihn vorsichtig über die Wunde und streifte ihn dann vom Fuß. Sie hängte ihn sorgfältig über die Lehne des Stuhls, als sie Stimmen hörte. Schritte, die sich langsam näherten. Schritte, die eigentümlich klangen. Sie blickte gespannt zu dem braunen Vorhang. Er wurde zur Seite geschoben, der freundliche Mann mit dem grau melierten Haar kehrte zurück, hinter ihm ein weiterer Mann. Sie schätzte ihn auf etwa Mitte dreißig. Schwarze, zerzauste Haare, spitze Nase, überhaupt ein spitzes Gesicht, alles etwas zu feingliedrig, dafür der Blick grimmig, als hätte Silke ihn gerade bei etwas Wichtigem gestört.

»Ist sie das?«, fragte er knapp.

»Jawoll«, sagte der Graumelierte und trat zur Seite. Der Spitzgesichtige ging an ihm vorbei, und erst jetzt bemerkte Silke sein Humpeln. Ein Bein war verkürzt, bei jedem Schritt beugte sich der Oberkörper des Mannes leicht zur Seite. *Schiefhannes* ging es Silke durch den Sinn, der Name, über den sie mit ihrer Mutter so gelacht hatte, war ernst gemeint! Sie errötete unwillkürlich. Wie konnte jemand ein Geschäft nach seiner Behinderung benennen? Oder der seines Kindes, denn 1933 war der Salon vermutlich noch von seinem Vater geführt worden.

»Guten Morgen.« Der Spitzgesichtige blieb vor ihr stehen. »Hans Meister mein Name. Und Sie sind?«

»Silke Bensdorf, das ist meine Schwester Rosemarie.« Silke zeigte auf ihr Knie. »Es tut mir leid, dass ich Ihnen Unannehmlichkeiten bereite.«

Ohne darauf zu antworten, beugte er sich über ihr Knie. »Jod, Nadel, Faden.« Er zog einen Hocker heran und setzte sich. Dann hob er Silkes Bein an und legte es auf seinen Schoß. Silke zuckte zusammen. Die Männerhand an ihrem nackten Bein fühlte sich schrecklich peinlich an. Doch Meister schien ihr Unbehagen nicht zu bemerken. Seine Hand lag nun oberhalb des Knies, sein Blick war auf die Wunde gerichtet.

»Hier, bitte sehr.« Der Graumelierte reichte ihm ein Fläschchen. Meister nahm es und träufelte etwas davon in ihre Wunde. Es brannte höllisch, bräunliche Flüssigkeit rann über ihr Bein.

»Das wird jetzt schmerzen.« Meister nahm dem Graumelierten den Faden und eine Nadel ab, die Silke an einen Angelhaken erinnerte. Er tunkte den Faden in das Jodfläschchen, entzündete ein Streichholz und hielt die Nadel über die Flamme. »Brauchen Sie einen Schnaps? Oder etwas, um daraufzubeißen?«

Silke schüttelte den Kopf. »Nur ein Dach über dem Kopf. Für meine Schwester und mich. Es heißt, nur Sie könnten mir noch Papiere besorgen.«

»Heißt es das?« Meister zog seine Brauen kurz nach oben, dann stach er ohne weitere Vorwarnung zu. »Ich kann Ihnen einen guten Rat geben: Glauben Sie nicht alles, was Sie hören.«

Silke sog scharf die Luft zwischen den Zähnen ein. Der Schmerz und die Enttäuschung trieben ihr die Tränen in die Augen. Wenn er ihr nicht helfen wollte und konnte, wo sollten sie dann hin? Weiterlaufen, bis sie an einem Ort landeten, an dem sie willkommen sein würden? Wieder verspürte sie einen Stich. Aber sie zuckte nicht einmal. Meister verknotete mit feingliedrigen Händen flugs die Fäden und verband die Wunde mit dem frischen Verbandszeug, das der Graumelierte ihm hinhielt. Dann richtete er sich auf. »Wechseln Sie den Verband in zwei Tagen.«

Aus den Augenwinkeln sah Silke, wie Rosemarie zu ihm ging. Sie reckte sich und hauchte ihm einen Kuss auf die Wange. »Danke.«

Mehr sagte sie nicht, ließ den überraschten Meister stehen und kniete sich vor Silke.

»Ich helfe dir mit dem Strumpf. Ich bin ganz vorsichtig, aber ohne ist es zu kalt.« Damit zog sie den zerrissenen, blutigen Strumpf über Silkes Fuß. Die Wolle war feucht und kalt und kratzig, und Silke wünschte, sie könnte einfach in diesem Stuhl sitzen bleiben, bis alle Probleme sich in Luft aufgelöst hatten. Sie befestigte den Strumpf, wartete, bis Rosemarie ihren Schuh gebunden hatte, und stand auf.

»Danke für Ihre Hilfe.« Behutsam setzte sie den Fuß auf den Boden, zog ihren Rucksack zu sich und öffnete ihn. Kurz kramte sie darin herum, dann zog sie eine aufwendig gearbeitete Haarnadel hervor und reichte sie Meister. »Ich hoffe, das entschädigt Sie für Ihre Mühe.«

Wieder schien Meister überrascht. Er nahm die Haarnadel entgegen, betrachtete sie eingehend und gab sie ihr dann zurück. »Das ist zu viel.«

»Dafür, dass ich hoffentlich keine Blutvergiftung und außerdem eine kleinere Narbe bekommen werde?«

»Ich hätte dafür nichts verlangt.« Er warf einen weiteren Blick auf die Haarnadel. »Exquisite Arbeit. Woher haben Sie sie? Ein Erbstück?«

»Sie gehörte meiner Schwester.«

Meister blickte zu Rosemarie. »Ihnen?«

Rosemarie schüttelte den Kopf. »Einer anderen Schwester. Wir sind die Einzigen, die noch hier sind.«

»Hans!«, drängte der Graumelierte leise. »Kannst du nicht …«

Meister hob seine Hand, der Graumelierte schwieg. »Sie suchen also eine Unterkunft? Warum hier?« Er musterte sie abschätzend. »Sie kommen vom Land. Dort ist die Versorgungslage deutlich besser.«

»Das mag für manche zutreffen. Für uns nicht.« Silke knöpfte ihren Mantel zu. »Unsere Zukunft ist hier.«

»Waren Sie schon bei der Verwaltung?«

»Um von einem britischen Offizier dorthin zurückgeschickt zu werden, wo wir herkommen?«, fragte Rosemarie mit sarkastischem Tonfall. »Wäre das dann Ihr zweiter Ratschlag an uns, oder testen Sie, ob wir Ihren ersten befolgen?«

Er sah sie verwirrt an.

»Sie haben uns geraten, nicht alles zu glauben, was wir hören«, erinnerte sie ihn. »Falls Sie uns nun raten, zur Verwaltung zu gehen, werden wir uns also an Ihren ersten Rat halten.«

Meister sah Rosemarie einen Moment sprachlos an, dann begann er schallend zu lachen.

»Ganz schön gewitzt für ein junges Fräulein«, sagte er schließlich.

»Das halten Sie für ein junges Fräulein für gewitzt?«, konterte Rosemarie. »Dann hätte ich einen Ratschlag für Sie: Achten Sie bei Damen weniger auf die Haare, sondern mehr auf das, was sich darunter verbirgt. Sie werden überrascht sein.«

Meister starrte Rosemarie an. Silke sah, wie der Graumelierte gespannt zu Meister blickte.

»Danke nochmals für Ihre Hilfe«, sagte sie schnell und schulterte ihren Rucksack. »Rosemarie, wir müssen weiter.«

Da zuckte es um Meisters Mund.

»Auf Wiedersehen«, sagte Silke und griff nach ihrem Koffer. Der Henkel drückte in die Wunde. Sie ignorierte den Schmerz. »Rosemarie? Kommst du?«

Erneut schallte Meisters Lachen durch den Raum.

Rosemaries Lippen wurden schmal. Sie nickte Meister und dem Graumelierten gnädig zu, schulterte ebenfalls ihren Rucksack und packte ihren Koffer.

Der Graumelierte lief zur Tür und öffnete sie mit einem bedauernden Blick. »Ich wünsche Ihnen viel Glück«, murmelte er kaum hörbar unter dem feinen Klingeln der Türglocke und in seinen blauen, freundlichen Augen sah sie, dass er dies wirklich meinte.

»Gustav!«, rief da Meister. Der Graumelierte drehte sich um, dann schloss er die Tür, bevor sie hinausgehen konnten.

»Warten Sie.« Er eilte zu Meister zurück, wechselte ein paar leise, für Silke unverständliche Sätze mit ihm, dann winkte er sie zu sich.

Meister saß noch immer auf dem Hocker, einen amüsierten Zug um seinen Mund.

Silke und Rosemarie näherten sich. Silke spürte, wie sehr es ihrer Schwester widerstrebte, noch einmal zurückzugehen. Dabei war es offenbar Rosemaries ungestüme Art gewesen, die ihnen nun eine Chance gab, das Ruder doch noch herumzureißen. Sie nahm ihre Hand und drückte sie, hoffte, dass Rosemarie ihr diesmal das Reden überließ.

»Sie möchten also in Hamburg bleiben?«, fragte Meister.

»Das ist unser Wunsch.« Silke nahm Gewicht von ihrem verwundeten Bein, als Meister auf den lederbezogenen Friseurstuhl zeigte.

»Setzen Sie sich.«

Sie legte den Rucksack ab und ließ sich auf den Stuhl sinken.

»Angenommen, ich wäre in der Lage, Ihnen zu helfen, wären Sie in der Lage, dafür zu bezahlen?«

Silke nickte.

»Ohne Berechtigungsscheine geht nichts mehr in Hamburg.« Meister hob die Hand und zählte an den Fingern ab. »Keine Unterkunft, keine Lebensmittelkarten, keine Arbeit … Das kostet.«

Silke öffnete ihren Rucksack. Sie wühlte sich bis tief nach unten durch und holte eine weiche Brokatbörse heraus.

»Silke!«, rief Rosemarie.

»Für unsere Zukunft.« Silke reichte Meister die Börse.

Meister öffnete sie und sah hinein. Er zog die Brauen hoch, nickte und reichte sie an Gustav weiter. »Das dürfte reichen.«

Er erhob sich und hielt Silke die Hand hin. »Kommen Sie in einer Woche wieder.« Dann wandte er sich erneut an den Graumelierten. »Bring sie nach Altona in die Wolldeckenallee. Brenner soll sie die nächsten Tage in seiner Unterkunft aufnehmen.«

Silke schüttelte seine Hand. Sie versuchte zu lächeln, doch sie schaffte es nicht. Ihr Blick haftete auf der Brokatbörse in Gustavs Hand. Sie hatte gerade alles auf eine Karte gesetzt. Auf eine Zukunft, die ungewisser nicht sein konnte.

# 9

*Abwärts geht es immer ganz leicht.* Vaters Stimme hallte Rosemarie im Ohr, als sie die Kaserne betrat. Sie schlug ihr Halstuch vor die Nase. Der Geruch in der hallenartigen Unterbringung war überwältigend. Schweiß, Schmutz, Essensdünste. Dazu der Lärm, helle, dunkle, laute und leise Stimmen, Geklapper und Geklopfe. Das also war ihr neues Zuhause?

Rosemaries Magen zog sich zusammen. Angestrengt versuchte sie im Halbdunkel der Halle mehr zu erkennen. Ein wirres Drunter und Drüber, mannshohe Schnüre, über die Stoff drapiert war, braune Armeedecken, offenbar um die Halle in unzählige kleine Bereiche zu unterteilen. Nun verstand sie auch den Namen: *Wolldeckenallee.*

Beim näheren Hinsehen erkannte sie dahinter winzige Wohnparzellen, in denen kaum mehr als ein Stockbett und ein kleiner Tisch mit Stühlen Platz hatte. Sie bemerkte, wie sie angestarrt wurde. Ein Junge, vielleicht sechs oder sieben Jahre alt, stand am Eingang zu einer der Armeedeckenparzellen und bohrte in der Nase.

Sie zwinkerte ihm zu. Er nahm den Finger aus der Nase, betrachtete ihn und steckte ihn dann in den Mund.

Rosemarie schnitt eine angeekelte Grimasse, als Silke mit einem unrasierten Mann auf sie zutrat.

»Das ist meine Schwester, Rosemarie Bensdorf«, stellte Silke sie vor.

Rosemarie streckte die Hand aus. Der Mann nickte jedoch nur, ohne sie zu ergreifen. Wahrscheinlich hatte er schon zu viele Popelfresser beobachtet, dachte Rosemarie und zog ihre Hand zurück.

»Brenner.« Er nickte ihr kurz zu und wandte sich ab. Schlurfend ging er einen schmalen Gang zwischen den Deckenparzellen und der Hallenwand entlang, schlug dann einen Haken und verschwand in dem Drunter und Drüber der herabhängenden Armeedecken. Silke humpelte ihm nach und winkte Rosemarie mit einer ungeduldigen Bewegung hinter sich her, mitten durch die parzellierten Wohnbereiche und ihre Bewohner.

»Entschuldigen Sie«, murmelte Rosemarie den neugierigen Blicken entgegen. Sie fühlte sich wie ein unhöflicher Eindringling, der es nicht einmal für nötig befand, sein Eintreten anzukündigen. Doch im Gegensatz zu ihr schien das niemanden hier zu stören. Da blieb Brenner stehen. Soweit Rosemarie erkennen konnte, war es der letzte abgetrennte Wohnbereich am hinteren Ende der Halle. Ein Stockbett, ein Feldbett, ein Tisch, zwei Stühle, ein kleiner Ofen mit einem Kochring, dessen Rohr in ein größeres Rohr an der Decke mündete. Ein Mädchen mit schwarzen Locken saß am Tisch und stopfte eine Socke.

»Das sind eure neuen Mitbewohner.« Brenner nickte Richtung Silke und Rosemarie, dann Richtung Stockbett. »Ihr teilt euch das untere Bett.«

Silke stellte den Koffer ab und trat auf das Mädchen zu. »Ich bin Silke Bensdorf«, sagte sie freundlich und zeigte zu Rosemarie, »das ist meine Schwester Rosemarie.«

»Schwestern?« Das Mädchen ließ die Socke auf den Tisch sinken. »Wir sind auch Schwestern. Aber Mila ist noch auf Arbeit.«

»Und wie heißen Sie?« Silke lächelte.

»Ruth.« Das Mädchen lächelte so schüchtern zurück wie Anna damals, als sie ihnen das erste Mal begegnet war. Rosemarie versetzte es einen Stich. Wie sehr sie Anna noch immer vermisste! Dabei hatte ihre Anhänglichkeit ihr am Anfang den letzten Nerv geraubt. Wo sie jetzt wohl war? Hier in Hamburg?

»Aber Sie müssen mich nicht siezen, ich bin erst siebzehn.« Das Mädchen sah von Silke zu Rosemarie, und ihr Lächeln wurde misstrauisch. »Sind Sie wirklich Schwestern?«

»Ja.« Rosemarie grinste. Anna hatte es auch kaum glauben können. Silke, die Blonde, Große. Und sie dagegen, die fast einen Kopf Kleinere, die Haare braun, die Haut zwei Töne dunkler. »Glaubt nur niemand, weil ich so viel älter bin als Silke.«

»Ä … älter?«, stammelte Ruth. Sie starrte von Silke zu Rosemarie. »Aber …«

»Nur ein Spaß.« Rosemarie lachte. »Sie ist älter. Und du? Bist du die Jüngere oder Ältere?«

»Die Jüngere.« Ruth nahm ihre Socke wieder auf und setzte die Nadel an. »Aber Mila ist nur zwei Jahre älter als ich. Die Koffer schiebt ihr am besten unter das Bett. Sonst fällt man immer drüber.« Sie zeigte zum Stockbett. »Ich schlafe oben, Mila auf dem Feldbett.«

»Danke Ruth.« Silke schob den Koffer mit dem Fuß unter das Bett und setzte sich dann auf die mit einer braunen Armeedecke bedeckte Matratze. Vorsichtig zog sie ihr verletztes Bein an, stöhnte leise auf und streckte es dann auf dem Bett aus. Sie legte sich zurück, komplett bekleidet mit Mantel und Schuhen, und schloss die Augen. Besorgt sah Rosemarie zu ihrer Schwester. Sie musste extrem erschöpft sein. Mit Schuhen! Im Bett! Und ohne die Decke auszuklopfen! So hatte sie bisher nur auf der Flucht geschlafen.

»Ist sie krank?«, fragte Ruth.

»Verletzt.« Rosemarie setzte sich zu Silke auf das Bett. Sie zog ihren Koffer zu sich heran und schubste ihn neben Silkes. Stumm sah sie sich um. In der Halle herrschte kaum mehr als ein Dämmerlicht, wie Ruth hier einen Faden durch das Nadelöhr fädelte, war ihr schleierhaft. Es miefte. Nach was wollte Rosemarie sich erst gar nicht vorstellen. Mit einem Mal überkam sie bleierne Müdigkeit. Der wenige Schlaf, der lange Fußmarsch, der Bauer … seine feisten Hände, sein Atem. Sie erstarrte.

Nein! Sie wollte diese Bilder nicht in ihrem Kopf! Nie wieder. Sie wollte seine schweißigen Hände nicht spüren, seinen Geruch nicht riechen. Krampfhaft suchte sie nach einer anderen Erinnerung, als sich das Bild des kleinen Jungen mit dem Finger in der Nase vor ihr inneres Auge schob.

Plötzlich kam ihr die Unterkunft nicht mehr so stickig und dunkel vor. Sie waren in Hamburg, weit weg. Sie teilten sich diesen kleinen, nur durch Decken getrennten Raum mit zwei Schwestern, es gab keine Türen, die ein Bauer hinter ihr schließen konnte.

Langsam streckte sie sich neben Silke aus. Das Bett war hart, die Matratze durchgelegen, die Armeedecke fühlte sich unter ihrer Hand kratzig und verschmutzt an.

Sie wartete auf das Gefühl der Fremde, das nach ihrer Ankunft in Wulfskate wochenlang ihre Kehle blockiert hatte und sie kaum atmen ließ. Doch es blieb aus. Sie lag ganz still, so still wie ihre Schwester. Zaghaft tastete sie nach Silkes Hand. Silke öffnete ihre kalte Faust und verschränkte die Finger mit ihren.

Rosemaries Blick verfing sich in den Latten des Bettes über ihr. Die braunen Holzlatten vermählten sich mit der grauen Matratze zu einem schmutzigen Streifenmuster. Sie vernahm Stimmen und Klappern und Husten und Schnarchen, die einzelnen Geräusche verwoben sich zu einem dichten Klangteppich. Ihre Lider wurden immer schwerer, sie schloss die Augen und versank in der beschützenden Kakofonie ihres neuen Zuhauses.

# 10

Der Staub in dem halb eingestürzten Keller kitzelte Rosemarie in der Nase, reizte ihre Kehle. Sie band sich ihr Kopftuch über Mund und Nase, wie sie es sich in den letzten Tagen von Mila abgeguckt hatte. Seit Stunden schon waren sie auf Beutezug, durchforsteten einen Keller nach dem anderen in diesem Trümmerfeld, dessen Betreten genauso strikt verboten war wie das Plündern der dort verborgenen Schätze. Es war zu dunkel, um zu sehen, wo Mila war, aber sie hörte das Rumpeln und Schleifen der Trümmer, die Mila wegräumte, um nach Dingen zu suchen, die sich für den Schwarzmarkt eigneten. Rosemarie betrat den nächsten Raum, er war deutlich heller, Tageslicht schien durch die beschädigte Kellerdecke, direkt auf eine mit der Vorderseite am Boden liegende Anrichte. »Mila!« Aufgeregt versuchte Rosemarie, die umgestürzte Anrichte hochzustemmen. Sie bewegte sich keinen Millimeter. Frustriert ließ Rosemarie von dem Möbel ab. »Mila!«, rief sie erneut. »Ich habe was!«

Schon sah sie Mila herbeieilen, zunächst nur ihre Kontur, die durch das Dunkel des noch intakten Kellers hastete, dann ihre drahtige Gestalt, als sie in den Lichtstrahl trat, der durch die eingestürzte Kellerdecke das Trümmerfeld darunter in sanftes Licht tauchte. Die dünnen Beine in verstaubten Männerhosen, der Oberkörper in einem zur Jacke gekürzten Wehrmachtsmantel, dem man nur noch an Farbe und Material seine ursprüngliche Herkunft ansah. Dann stand Mila vor ihr, ihr Kopftuch als Maske vor dem Gesicht, die schwarzen, immer wilden Locken grau von Staub.

»Zeig.«

Rosemarie klopfte auf das massive Holz hinter sich. »Ich kann sie nicht alleine aufstellen.«

Gemeinsam stemmten sie sich gegen das schwere Möbelstück, hievten es ächzend nach oben, es klirrte und schepperte, das Holz knarzte, dann stand die Anrichte verstaubt und zerkratzt vor ihnen.

Schwer atmend betrachtete Mila das ramponierte dunkle Holz, oben eine Reihe Schubladen, darunter Schranktüren. Sie zog an der ersten Schublade. »Mal sehen, was du Schönes für uns versteckt hast ...«

Die Schublade ging leichter auf als erwartet, darin waren Fotos und Briefe, umschlungen von einem fliederfarbenen Band. Mila kramte in dem Stapel, schüttelte den Kopf und schloss die Schublade wieder. Sie öffnete die nächste. Mehr Briefe. Hastig durchwühlte Mila sie, dann knallte sie die Schublade wieder zu. Die nächste. Sie klemmte, Mila rüttelte, zog, hämmerte mit der Faust dagegen. Endlich ging sie auf.

»Na, das sieht doch mal vielversprechender aus ...« Mila griff in die Schublade und holte eine flache, dunkle Holzkiste heraus. Ungeduldig öffnete sie die Verschlüsse und klappte den Deckel hoch.

»Rosemarie! Was für ein Glück du hast!« Sie hielt eine silberne Gabel in die Luft.

Aufgeregt nahm Rosemarie Mila die Gabel aus der Hand. Ein Silberbesteck! Wie es Lina früher jeden Tag auf ihrem Esstisch aufgedeckt hatte. Wer wohl gerade von ihrem alten Besteck aß? Sie legte die Gabel zurück in die Kiste und verschloss sie wieder. Was würden sie dafür bekommen?

Mila hob die Kiste heraus und verstaute sie in ihrem Rucksack. »Mensch, so ein Treffer, und das nach gerade mal einer Woche!«

Rosemarie bückte sich und öffnete die linke Schranktür der Anrichte. Sie grinste in den Schrank hinein, darauf bedacht, Mila nicht sehen zu lassen, wie stolz sie auf ihren Fund war. Nach Tagen des Buddelns in den kalten, einsturzgefährdeten Trümmern hatte endlich auch sie etwas geborgen, das mehr brachte als eine Tasse Gerste.

»Porzellan, in tausend Stücken.«

»Hier auch«, sagte Mila und warf die Schranktür wieder zu. »Ein paar Teller und Tassen sind noch intakt. Holen wir morgen, wir haben mehr als genug erbeutet für heute.« Sie richtete sich auf und schulterte ihren Rucksack. »Auf zum Hauptbahnhof, mal sehen, was wir alles dafür kriegen!«

***

Wie jeden Tag tummelten sich zahllose Händler rund um den Vorplatz des Hauptbahnhofs, eingewoben in das stete Kommen und Gehen der anonymen Reisenden. Vorwiegend Männer, junge, alte, aber auch Frauen und Kinder, die mal mehr, mal weniger unauffällig versuchten, ihre Tauschwaren an den Mann zu bringen. Mila nahm das Besteck aus dem Kasten und stopfte sich je drei Gabeln, Löffel und Messer in die speziell eingenähten Gummibänder ihrer umgearbeiteten Wehrmachtsjacke. »Ich verkaufe sie einzeln, das bringt mehr.« Sie hielt Rosemarie den Rucksack hin. »Du weißt, wo du dich hinstellen musst. Wenn Wachtmeister kommen, brüll, so laut du kannst, und renn.«

Rosemarie nickte. In den Trümmern hatte Mila ihr in der letzten Woche schon die wichtigsten Tricks gezeigt, aber hier, am Umschlagplatz der ergatterten Tauschwaren, durfte sie nicht mitmischen. Schmiere stehen, sagte Mila, sei mindestens genauso wichtig, wie das Zeug zu verscherbeln.

War es das? Bisher war es noch nie nötig gewesen, Mila hatte ihre Beute immer ohne Zwischenfall verkauft. Manchmal mussten sie noch zu einem der anderen Umschlagplätze, wenn sie hier nicht alles losbrachte. Aber nie waren sie von der Polizei umkreist worden. Langsam klangen Milas Warnungen wie das Seemannsgarn, das gerne gesponnen wurde, um banale Dinge wie große Abenteuer erscheinen zu lassen. Ob Mila einen anderen Grund hatte, die Sachen selbst zu verkaufen? Traute sie ihr nicht?

Lautes Motorengeräusch ließ Rosemarie hochschrecken.

Ein Mannschaftswagen!

»Mila«, brüllte sie und rannte zum Bahnhofsplatz. »Mila!« Schon sah sie ihre Freundin, die gerade mit einem älteren Mann verhandelte. »Mila!« Rosemaries Stimme überschlug sich.

Hastig steckte Mila etwas in ihre Jackentasche und rannte auf sie zu. Inzwischen war der Mannschaftswagen am Bahnhofsplatz angekommen.

»Renn!«, brüllte Mila.

Hinter ihr sprang ein Dutzend Wachtmeister mit Tschakos auf dem Kopf und Schlagstöcken in der Hand von dem Wagen und stürzte sich in die Menge der Händler, die panisch ihre Waren in ihren Taschen und Mänteln versteckten.

Die Hölle brach los.

Rufen, Brüllen, Rennen. Es war, als explodierte der Platz in ein wildes, undurchschaubares Getümmel.

Mila überholte Rosemarie, packte kurz ihre Hand. »Renn!«

Rosemarie rannte. Der Rucksack mit der sperrigen Holzkiste schlug ihr bei jedem Schritt ins Kreuz, ihr Atem wurde kürzer, die eisige Luft schmerzte in ihren Lungen. Wo war das verdammte Versteck? Hinter sich hörte sie Pfiffe, Befehle, Trampeln. Sie wagte nicht, sich umzusehen, ob einer der Polizisten sie verfolgte. Stur lief sie Mila hinterher.

Plötzlich schlug Mila einen Haken und verschwand in einer Gasse, schlug kurz darauf einen zweiten, diesmal in einen verlassenen Hinterhof. Rosemarie kletterte über die Trümmer, es machte ihr Mühe, bei Milas Tempo mitzuhalten.

»Hier!«, rief Mila leise und winkte sie in eine der vier Ruinen, die vormals den Hinterhof umrandet hatten.

Rosemarie kletterte zu ihr in die Überreste eines weitläufig gestalteten Hochparterres.

Keuchend setzte sie sich auf den Boden. »Verdammt! Das war knapp!«

»Knapp?« Mila lachte. »Knapp ist, wenn du dich von dem Polizisten losreißen musst und deinen Rucksack verlierst. Das heute war ein leichter Übungslauf.«

Sie öffnete ihre große Jacke. »Schau nur. Zigaretten. Kaffeebohnen. Gerste. Zucker und ein Stückchen Schweinefett. Und das waren nur die Gabeln!«

Rosemarie sah bewundernd zu ihrer neuen Freundin. Wo hatte Mila das nur gelernt? Sie war so unerschrocken, so stark und wendig, konnte verhandeln und wusste genau, was wie viel wert war. Das konnte sie kaum in dem Heim gelernt haben, in dem sie und Ruth bis kurz vor Kriegsende untergebracht gewesen waren, nachdem ihre Eltern im großen Feuersturm von 1943 umgekommen waren. Es musste schlimm gewesen sein, so schlimm, dass Mila immer ganz verschlossen wurde, wenn Ruth es erwähnte.

Ob Anna auch in so einem Heim untergebracht war? Rosemaries Kehle wurde eng. Nun war sie schon eine Woche in Hamburg, und sie hatte noch keinen Versuch gemacht, Anna zu finden. Nichts hatte sie bisher gemacht, außer in Ruinen zu klettern und in Trümmerhaufen zu wühlen oder Eingänge zu verschütteten Kellern freizulegen.

»Mila?«

Mila verschloss ihre Jacke und sah zu Rosemarie. »Ja?«

»Ich habe dir doch von Anna erzählt.«

»Das Mädchen, das euch auf der Flucht begleitet hat.«

»Ich glaube, sie könnte in einem Heim hier in Hamburg sein. Kannst du mir helfen, sie ausfindig zu machen?«

Mila versteifte sich, ihr eben noch lächelndes Gesicht nahm einen harten Zug an.

»Mila? Was ist?«, fragte Rosemarie besorgt.

»Nein.« Mila schüttelte vehement den Kopf. »Wir gehen nicht mal in die Nähe von einem Heim.«

»Aber Mila! Wir fragen doch nur.«

Mila sprang auf. »Du hast doch keine Ahnung, was die da mit dir machen!«

»Deshalb will ich Anna ja herausholen!« Rosemarie sprang ebenfalls auf.

»Aber nicht mit mir. Wenn die mich finden, finden sie Ruth und stecken sie wieder in die Fürsorge.« Mila verschränkte die Arme vor der Brust. Ihre Augen waren zu Schlitzen verengt, die Lippen zu einem schmalen Strich aufeinandergepresst.

»Wen haben wir denn da?« Plötzlich stand ein Mann mit offenem Armeemantel vor ihnen. Drohend kam er näher, den Blick auf den Rucksack mit dem Silberbesteck gerichtet, der einen guten Meter vor Mila am Boden lag.

»Hau ab«, zischte Mila, »das ist unser Platz.«

»Jetzt nicht mehr, Kleine. *Du* haust jetzt besser ab und lässt mir deinen Rucksack da.«

»Nur über meine Leiche.« Mila sprang zu dem Rucksack und riss ihn an sich. Der Mann machte einen Satz auf Mila zu. Mit einem Mal hatte er ein Messer in der Hand.

»Mila!«, schrie Rosemarie. »Pass auf!«

Doch es war schon zu spät. Der Mann stürzte sich mit dem Messer auf Mila. Geschickt wich sie aus und schleuderte den Rucksack zu Rosemarie. »Lauf!«

Aber Rosemarie blieb stehen. »He!«, rief sie, »du kannst ihn haben, komm, hol ihn dir.« Sie schwenkte den Rucksack hin und her.

Der Mann ging erneut auf Mila los. Wieder wich sie aus, zu knapp diesmal, wehrte das Messer ab. Rosemarie sah das Blut aus Milas Hand sprudeln.

Im nächsten Moment schleuderte sie den Rucksack gegen den Mann.

Er schrie auf, das harte Holz musste ihn schmerzhaft im Rücken getroffen haben. Ruckartig wandte er sich mit gezücktem Messer Rosemarie zu.

»He!«, brüllte er, im nächsten Moment knallte ein Stein

an seine Stirn. Er torkelte zurück, da sprang ein weiterer Mann auf das Hochparterre. Noch bevor der Angreifer sich wieder gefangen hatte, traf ihn ein Faustschlag ins Gesicht, einer in den Magen, wieder im Gesicht. Der Angreifer sackte zusammen, das Messer fiel klirrend zu Boden.

Rosemarie stürzte zum Messer und schleuderte es außer Reichweite, lief weiter zu Mila, die sich die blutende Hand hielt. Sie riss ihr Tuch vom Kopf und legte es zu einem dicken Wulst zusammen, den sie auf die klaffende Wunde in Milas Hand drückte.

Erst dann sah sie sich nach ihrem Retter um. Über den Mann gebeugt, schüttelte er verärgert den Kopf.

»Egon Tönnes!«, rief Rosemarie überrascht.

Tönnes sah von dem Mann hoch. Ein Grinsen zog sich über sein Gesicht. Er schnellte nach oben und kam behände auf sie zu. Strahlend streckte er ihr die Hand hin. »Rosemarie! Na, Sie hatte ich hier nicht erwartet. Was für eine Freude in solch garstiger Szenerie. Wie geht es Ihrer Schwester? Tummelt sie sich auch in den Trümmern unserer schönen Stadt?« Er sah zu Mila hinüber, als wollte er sich vergewissern, dass sich hinter den schwarzen Locken nicht doch Silke verbarg.

»Nein, nein, Silke versucht eine ordentliche Arbeit zu bekommen, wenn wir endlich die entsprechenden Papiere haben.«

»Das kann dauern.« Tönnes hielt ihre Hand noch immer fest. Rosemarie spürte den festen Händedruck, trotz der Kälte fühlte er sich warm an.

»Beeindruckend, wie Sie sich gerade gegen diesen Irren gewehrt haben. Sie werden keine Probleme haben, sich hier zu behaupten.«

»Hat sie auch nicht«, mischte Mila sich nun von hinten ein. »Aber danke für die Hilfe. Wir kommen jetzt wieder gut alleine zurecht.«

Tönnes ließ Rosemaries Hand los und wandte sich Mila zu. »Es war mir eine Freude.« Er musterte Mila, als versuchte er, sie einzuordnen. »Sie sollten sich auch eine Waffe zulegen, und wenn es nur ein Stein ist. Diese Übergriffe werden in letzter Zeit immer mehr.« Er tippte sich an die Stirn und wandte sich zum Gehen. Viel zu schnell, wie Rosemarie fand.

»Auf Wiedersehen, schöne Rosemarie«, sagte er mit einem Augenzwinkern. »Ich bin schon gespannt, wo unsere Wege sich das nächste Mal kreuzen werden.«

Er sprang von dem Hochparterre auf das Trümmerfeld. Rosemarie sah ihm nach, bis er um die Ecke bog und Richtung Straße verschwand. Auch sie war gespannt auf ihre nächste Begegnung.

Wo, war ihr egal, Hauptsache, es war schon bald.

# 11

Silke löste ihren Blick von der zurückgeschobenen Decke am Eingang ihres Wohnbereichs. Den Geruch nach altem Schweiß, nasser Wolle und verkochtem Kohl konnte sie inzwischen gut ausblenden, ebenso die heisere Sinfonie der Armut, das Hüsteln und Husten und Rotzen und Schniefen und Tuscheln und Reden und Rufen. Nur das Warten, das hielt sie mit jedem Tag schlechter aus. Das Warten auf die versprochenen Berechtigungsscheine für Lebensmittelkarten, das Warten auf den nächsten Tag, bis sie erneut ihr Glück bei der Suche nach Arbeit probieren konnte, das Warten auf Rosemarie, die mit Mila die nötigsten Dinge zum Überleben organisierte.

»Sollten sie nicht längst zurück sein?« Nervös tanzten Silkes Finger auf dem zerkratzten Tisch.

»Manchmal dauert es eben länger.« Ruth sah kurz von ihrer Näharbeit hoch. »Eine gute Gelegenheit lässt Mila sich nicht durch die Lappen gehen.« Mit ruhiger Hand stach sie die Nadel durch die rosa Stoffblüte und zog den Faden straff.

»Nur vier Stiche, nicht mehr, damit muss die Blüte am Kragen sitzen«, mahnte Silke und wandte sich der gelben Stoffblüte zu, die gerade unter ihren Händen entstand.

*Eine gute Gelegenheit.* Mila entpuppte sich jeden Tag mehr als Meisterin der guten Gelegenheiten, sie dagegen sammelte eine Absage nach der anderen. Manche so brüsk, als würde sie betteln und nicht nach Arbeit suchen. Geschickt formte sie ein weiteres Blütenblatt und steckte es fest. Zusammennähen würde sie die Blüte erst am Schluss, das sparte Faden, der kaum zu bekommen war.

Schweigend arbeiteten sie weiter. Silke fertigte zarte, bunten Blüten, Ruth nähte sie an die Kostümjacke. Ruth war geschickt, selbst Silke, verwöhnt von der jahrelangen Zusammenarbeit mit gelernten Schneiderinnen, musste das zugeben. Sie lernte schnell und ging behutsam mit dem Material um, das Silke ihr anvertraute. Material, das Mila und Rosemarie von ihren Streifzügen mitbrachten, wie die halb verkohlte Seidenstola, aus der gerade die bunten Blumenrosetten entstanden. Schließlich war auch die letzte befestigt, und Silke besah sich das kleine Meisterwerk.

»Das sieht wunderschön aus«, flüsterte Ruth ehrfürchtig, als könnte sie kaum glauben, dass sie gerade eben noch daran mitgewirkt hatte.

»Es ist tatsächlich nicht schlecht.« Silke prüfte die Innenseite. Kein einziger Durchstich, Ruth hatte sauber gearbeitet.

»Nicht schlecht?« Mit einem Mal stand Rosemarie vor Silke. Sie war außer Atem, das Gesicht gerötet. »Das ist bei Silke ein großes Kompliment. Soll heißen, hast du gut gemacht.«

Ruth sah Rosemarie dankbar an. Silke unterdrückte ein Lächeln. Ob Rosemarie merkte, dass sie bei Ruth immer in den Verteidigungsmodus schaltete? Wie damals bei Anna. Dabei hatte Ruth in Mila bereits eine starke Beschützerin an ihrer Seite. Diese trat nun hinter Rosemarie in ihren kleinen Bereich. Ihr schwarzes, lockiges Haar war wie immer wild durcheinander, durchzogen mit Staub- und Schmutzstreifen, ihre Hose verdreckt wie die eines Bauarbeiters, die Jacke am Ärmel zerrissen.

»Mila«, entfuhr es Silke. »Was ist mit der Jacke passiert?«

»Nur ein Riss.« Mila schwang den Rucksack von ihrem Rücken und öffnete ihn umständlich mit der linken Hand, während die rechte, zur Faust geballt, auf einer der ausgebeulten Seitentaschen ruhte.

»Was ist mit deiner Hand? Bist du gestürzt? Immer sage ich, ihr sollt aufpassen, die Schuttberge sind gefährlich!« Mit einem Schritt war Silke bei Mila und nahm ihre Hand.

Mila zuckte zusammen. Versuchte die Hand zurückzuziehen, doch Silke hielt sie fest. Nun sah sie das zusammengeknüllte, blutige Tuch in der Faust und zog sanft die gekrümmten Finger auf. Sie nahm das Tuch weg, hörte, wie Mila zischte, als eine klaffende Wunde am Handballen zutage kam.

»Um Gottes willen!«, rief Ruth hinter ihr. »Du Arme!«

»Das ist ein Schnitt.« Silke kniff die Augen zusammen, um in dem schwachen Licht besser sehen zu können. Kaum lag das Tuch nicht mehr auf der Wunde, sammelte sich frisches Blut darin, doch um die Wunde herum war nicht eine einzige Verletzung zu sehen. Schnell drückte sie den Stoff wieder auf die Wunde und schloss Milas Faust. »Setz dich und halte den Arm über Kopfhöhe.« Dann wandte sie sich an Ruth. »Ich brauche sauberes Wasser, Jod und einen frischen Verband. Kannst du das besorgen?«

Ruth nickte eifrig und eilte davon.

Silke wartete, bis sie außer Hörweite war, erst dann sah sie Mila und Rosemarie streng an. »Das kommt nicht von einem Sturz. Was ist passiert?«

»Einer von diesen Irren wollte meinen Rucksack stehlen.« Milas Augen blitzten wütend. »Er ist einfach aus dem Nichts aufgetaucht und hat uns den Weg versperrt …«

»Was für ein Irrer?«, fragte Silke verwirrt.

»Na, einer von den Heimkehrern«, erklärte Rosemarie, »du weißt schon, von denen, die jetzt meinen, mit der ganzen Welt im Krieg zu sein. Wie Olrik vorne am Platz, der immer vor sich hin schimpft und die Kinder verjagt, sobald sie ihm zu nahe kommen.«

»Der verwirrte Mann, der mit den Tauben redet?«, fragte Silke nach.

»Ja, genau der.« Rosemarie nickte. »Nur schlimmer. Er war aggressiv, und er hat uns angesehen, als …« Sie schüttelte sich, plötzlich zwei Nuancen blasser.

»Als wären wir nur ein ärgerliches Hindernis zwischen ihm und dem Rucksack.« Mila schüttelte den Kopf. »Ist das nicht verrückt? Erst tötet er fürs Vaterland die Feinde, und dann tötet er die Menschen, für die er in den Krieg gezogen ist … Für einen Rucksack, von dem er nicht mal weiß, was drin ist«, fügte sie hinzu.

»Was?«, rief Silke. »Tötet? Wen?«

»Niemanden.« Rosemarie ließ sich neben Mila auf dem Stuhl nieder. »Mila übertreibt mal wieder.«

»Ach ja?«, trumpfte Mila auf und wackelte mit der verletzten Faust über dem Kopf. »Wäre dieser Freund von dir nicht aufgetaucht, wären wir nicht so glimpflich davongekommen.«

»Freund?« Silke runzelte fragend die Stirn.

»Egon Tönnes«, sagte Rosemarie. »Er kam uns zu Hilfe.«

»Tönnes war auch dort?« Silke runzelte die Stirn noch mehr.

»Ja, ganz schöner Zufall, nicht?«, fragte Rosemarie.

»Also so zufällig ist das nicht«, warf Mila ein. »Der Hinterhof ist ein beliebtes Versteck bei einer Razzia, und Tönnes treibt sich genauso oft am Schwarzmarkt herum wie ich.«

»Immerhin haben wir euch heute wahre Schätze mitgebracht!« Rosemarie leerte Milas Mantel aus und breitete ihre Tauschwaren auf dem Tisch aus.

Silkes Herz krampfte sich zusammen. Sie sollte Rosemarie und Mila loben, sich freuen über die Extralebensmittel – sogar Fett! –, die Mila nur brauchte, weil sie und Ruth ihre kargen Rationen vollkommen selbstverständlich mit Rosemarie und Silke teilten. Doch kein Wort kam über ihre Lippen. Sie hatte Vater geschworen, auf Rosemarie aufzupassen. Wie sollte sie diesem Versprechen gerecht werden? Wie sollte sie Rosemarie in Hamburg beschützen, wenn sie dies nicht einmal auf dem Bauernhof in Wulfskate geschafft hatte? Wenn Rosemarie nun auch noch die Rolle der Versorgerin übernahm und für etwas Mehl und ein paar Kartoffeln ihr Leben riskierte!

So ging es nicht weiter.

Sie brauchte endlich diese verdammten Berechtigungsscheine.

# 12

Das feuchte Wetter machte Hans dieses Jahr noch mehr zu schaffen als sonst. Vielleicht lag es an den ungewöhnlich kalten Oktobernächten, in denen sich die Wohnung selbst mit den Extrarationen Kohle nicht warmheizen ließ. Besonders morgens, bei den ersten Schritten in den neuen Tag, knirschte die Herbstfeuchte wie Grit in den Gelenken.

Vielleicht aber war es auch einfach der Lauf der Dinge, die natürliche Verschlechterung einer ohnehin schon schlechten Ausgangslage. Ein verkürztes Bein war kein Todesurteil, aber es brachte deutlich mehr Probleme mit sich als nur ein Humpeln. Eine Schiefstellung, die seinen ganzen Körper in Mitleidenschaft zog und von Jahr zu Jahr mehr Spuren hinterließ. Allerdings hatte sie ihm auch einen unbezahlbar wertvollen Vorteil beschert: Als Soldat war er ausgemustert worden – obgleich er Jiu-Jitsu beherrschte. Das Wehramt hatte ihn ebenso unterschätzt wie fast alle Menschen in seinem Umfeld. Es war ein Paradoxon: So auffällig er durch seine Schiefstellung war, so unauffällig flog er unter dem Radar seiner Mitmenschen hindurch. Er schien keine Bedrohung in einer bedrohlichen Welt. Als Mann war er unsichtbar, als Schiefhannes weckte er Mitleid und Hohn, je nachdem wie üppig oder mager sein Gegenüber mit Empathie ausgestattet war, und als Friseur erleichterte er jede Kundin und jeden Kunden um ihre Geheimnisse, so ehrlich und detailliert, als wäre sein Friseursessel ein veritabler Beichtstuhl.

Mit einem entschiedenen Ruck schlug er die Decke zurück und setzte sich auf. Die Wärme des Bettes verpuffte schneller, als er die Beine über die Holzkante schwingen konnte. Er massierte das Knie des verkürzten Beines und streckte und beugte es zehn Mal. Mit jeder Bewegung reduzierte sich der Schmerz ein wenig – als zermalmten die Gelenke den störenden Grit zu feinem Sand. Immer in Bewegung halten, hatte der Arzt gesagt, beugen, schwingen, belasten, sonst wird es steif.

Mitten in den Übungen klopfte es an der Zimmertür. Verwundert nahm Hans seinen Morgenmantel vom Lesesessel und warf ihn sich über.

»Ja?«

Die Tür öffnete sich, und Gustav schlüpfte herein. Wie jeden Morgen sah er bereits frisch und munter aus, die Haare ordentlich, das Hemd frisch gestärkt.

»Verzeih die frühe Störung, unten wartet eine Dame auf dich.«

»Eine Dame?« Hans sah Gustav fragend an. »Eine Kundin des Salons? Gib ihr einen Termin.«

»Nein, Hans, es ist die Dame von letzter Woche, erinnerst du dich? Das verletzte Knie.«

»Ja, ich erinnere mich. Das war der einfache Teil, der anstrengende kam, nachdem du mich dazu genötigt hast, ihr Papiere zu versprechen, die es in Hamburg nicht mehr gibt.«

Gustav errötete leicht. »Wer könnte das jetzt noch organisieren, wenn nicht du?«

»Was in etwa die Schwierigkeit der Lage zusammen-fasst.« Hans vollführte fünf Kniebeugen. »Sag ihr, ich bin gleich da.«

Gustav nickte und schloss behutsam die Tür hinter sich. Seine Schritte eilten den Flur entlang und dann die Treppe hinab zum Salon. Hans humpelte nachdenklich zu seinem Kleiderschrank und wählte frische Wäsche und ein saube-res Hemd aus den penibel geordneten Fächern. Er hätte Gustav auch bitten können, ihr die Papiere auszuhändigen, die er für sie besorgt hatte. Sie hatte ihn bereits bezahlt, der Handel war mit Übergabe der Dokumente abgeschlossen. Aber stattdessen hatte er Gustav angewiesen, sie auf ihn warten zu lassen.

Warum?

Er streifte sich das Hemd über und schloss die Knöpfe. Weshalb wollte er ihr die Papiere persönlich überreichen? Weil er sie attraktiv fand? Er schlüpfte in die Hose. Nein, es war nicht ihr Aussehen, das ihn beeindruckt hatte, sondern ihre Haltung. Die Entschlossenheit, ausgerechnet in Ham-burg einen Neuanfang zu versuchen, obwohl das der schwierigere Weg war, viel schwieriger als die Verbringung aufs Land. Und dann ihre Schwester, Rosemarie. Mit ihren langen, dunklen Haaren, den hohen Wangenknochen und den wachen, braunen Augen hatte sie ihn schon an Esther erinnert, bevor sie ihn mit ihren vorwitzigen Antworten überrumpelt hatte. *Achten Sie bei Damen weniger auf die Haare, sondern mehr auf das, was sich darunter verbirgt. Sie werden überrascht sein.* Hans grinste. Nach dieser Be-merkung hätte er ihnen auch ohne Bezahlung geholfen.

Am Waschtisch gab er eine Prise Zahnpulver auf die Zahnbürste und putzte sich die Zähne. Er goss etwas Wasser über die Hand und wusch sich das Gesicht. Zum Schluss befeuchtete er den Kamm und zog ihn durch die Haare. Das musste für einen so frühen Besuch reichen. Offenbar war Silke Bensdorf eine Frühaufsteherin. Das letzte Mal hatte Gustav ihn auch vor seiner Morgentoilette aufgescheucht.

Im Salon saß Silke Bensdorf in dem braunen Ledersessel, in der Hand ein Glas Wasser. Über dem Arm trug sie denselben verschlissenen Mantel wie bei ihrem letzten Besuch, dazu jedoch diesmal ein Kostüm, das aus einem Pariser Modemagazin hätte stammen können. Nachtblaues, feines Wollgemisch, bestickt mit hauchzarten pastellbunten Seidenblüten, wie er sie noch nie auf einem Kleidungsstück gesehen hatte. Und ganz sicher nicht bei einer Vertriebenen, deren Habe sich in nur einem Koffer und einem Rucksack verstauen ließ.

»Herr Meister, verzeihen Sie, komme ich zu früh?« Sie erhob sich und kam ihm entgegen.

Hans hielt ihr die Hand hin. »Eine so entzückende Dame kann gar nicht zu früh erscheinen.«

Er bemerkte, dass sie leicht errötete, und ging schnell weiter zum Tresen. Den Umschlag mit den Papieren hatte Gustav schon bereitgelegt. Hans nahm ihn und reichte ihn Silke. »Willkommen in Hamburg. Sie und Ihre Schwester haben ab sofort Anrecht auf eine Hungerration und einen Schlafplatz.«

Silke nahm den Umschlag. Doch sie sah nicht hinein, starrte nur darauf, als überlegte sie, ob sie den Inhalt nicht besser wieder zurücktauschen sollte.

Schließlich verstaute sie den Umschlag in einer ramponierten Handtasche.

»Nun denn, Fräulein Bensdorf«, sagte Hans und hielt ihr die Hand hin, »ich wünsche Ihnen viel Glück. Meine Empfehlung an das Fräulein Schwester.«

Silke ergriff seine Hand, doch sie schüttelte sie nicht, sondern hielt sie nur fest, während sie ihn ansah. »Sie brauchen keine Hilfe in Ihrem Salon? Ich kann Ihnen die Bücher führen. Anmeldung. Einkauf. Verkauf. Ich könnte Ihnen helfen, hier wieder das Schmuckstück zu errichten, das es vor dem Krieg gewesen ist.« Abrupt ließ sie seine Hand los.

»Fräulein Ben–«, begann Hans.

»Ich kann nicht frisieren, aber ich kann Ihnen das Geschäft führen.« Sie sah sich hektisch um. »Ich bin sehr gut darin, ein Geschäft zu führen. Und ich bin eine sehr gute Verkäuferin. Wir könnten Ihr Angebot erweitern. Maniküre für die Gattinnen der britischen Offiziere.« Sie zeigte zu dem vom Laden abgeschirmten, nur mit zwei vom Wetter vergilbten Fotos verzierten Schaufenster. »Wir könnten –«

»Fräulein Bensdorf«, fiel Hans ihr sanft ins Wort. »Ich glaube Ihnen, dass Sie das alles können, aber was soll dann der gute Gustav den ganzen Tag tun?«

Diesmal überzog keine leichte Röte ihre Wangen, sondern leuchtendes Rot. Sie drehte sich schnell zu Gustav um. »Oh … bitte, entschuldigen Sie! Ich wusste nicht, dass … Wirklich, ich wollte Ihnen auf keinen Fall …« Sie machte einen Schritt auf ihn zu. »Sie waren sehr freundlich zu uns, wirklich, hätte ich gewusst, dass Sie –«

»Schon gut«, sagte Gustav. »Der Salon könnte wirklich eine weibliche Hand gebrauchen.«

»Nein, nein!« Silke schüttelte vehement den Kopf. »Sie machen das sicherlich ganz wunderbar, es sind eben schwierige Zeiten. Ich ... ich war noch nie hier, wenn der Salon geöffnet war, ich weiß nicht, was mich geritten hat, diesen Vorschlag ... Es war vermessen.« Sie klammerte ihre Handtasche an sich, als müsste sie sich daran festhalten, und trat den Rückzug an.

»Vermessen?« Hans zog die Brauen hoch. »Wie kann es vermessen sein, um Arbeit zu bitten? Spricht es nicht eher für Sie?«

»Nicht, wenn ich dabei einem Freund in den Rücken falle.« Sie sah verzagt zu Gustav. »Wir kennen uns kaum, aber im Moment der Not waren Sie uns ein Freund.« Plötzlich huschte ein Lächeln über ihr Gesicht. »Wissen Sie was, lassen Sie mich Ihnen zur Hand gehen, zum Dank. Es wäre mir eine Ehre, wenn ich mit Ihnen gemeinsam den Salon ein wenig dekorieren dürfte.« Sie kniff die Augen etwas zusammen, sah sich um. »Für den Tresen könnte ich einen rosafarbenen Seidenblumenstrauß anfertigen. Das wirkt immer freundlich und feminin.« Sie zeigte auf die Blumen auf ihrer Kostümjacke. »Die Blüten wären in dieser Art, ich habe noch genug Reste in Rosa für einen kleinen Strauß.«

»Sie haben das genäht?«, fragte Hans überrascht.

»Aus kaputten Seidentüchern.«

Hans wechselte einen Blick mit Gustav, sah sein Nicken. »Gut, mein Vorschlag: Sie lassen uns die Jacke hier, wir stellen sie aus und bieten unseren Kundinnen an, ihre alten Kostüme und Pullover mit Seidenapplikationen zu verschönern. Dafür gibt es sicher einen Markt.«

»Wirklich? Das würden Sie tun?« Silkes Augen leuchteten auf. »Ich kann auch Schmetterlinge nähen. Oder Katzen. Oder ... Ach, ich bringe Ihnen morgen einfach eine

Auswahl an Applikationen, die können Sie ausstellen.« Sie legte die Handtasche auf den Stuhl, den Mantel darüber und zog die Kostümjacke aus.

Hans betrachtete die hellblaue Bluse aus feinem Kreppstoff, die darunter zum Vorschein kam. Sie hatte offenbar ein gutes Händchen für Stoffe und – in einem anderen Leben – die Mittel gehabt, um sich beste Stoffe leisten zu können.

»Was für Geschäfte haben sie geführt?« Hans nahm die Kostümjacke entgegen.

»Tuchwaren.« Ihr Blick verlor sich einen Moment im Nichts, dann schüttelte sie kaum merklich den Kopf, als wollte sie einen Gedanken fortscheuchen. »Wir waren bekannt für die beste Qualität am Platz.«

Sie schlüpfte wieder in ihren Mantel. Hastig knöpfte sie ihn zu und schlang den Gürtel um ihre Taille. »Dann … mache ich mich an die Arbeit.« Sie trat einen zaghaften Schritt auf Gustav zu und streckte ihm die Hand hin. »Sie sind mir nicht böse?«

»Kein bisschen. Ich freue mich auf unsere Zusammenarbeit, Fräulein Bensdorf.« Er nahm ihre Hand und lächelte, als würde er meinen, was er sagte.

Silke verließ den Laden aufrecht, die Schritte leicht. Die Tür fiel hinter ihr ins Schloss, doch ihre Begeisterung hing wie ein Lichtstrahl weiter im Salon.

Ein leises Lächeln schlich sich auf Hans' Lippen. Gustav hatte vollkommen recht. Schon viel zu lange fehlte hier die weibliche Hand. Natürlich würde er Gustav niemals ersetzen, dennoch freute auch er selbst sich über die Gewissheit, Silke Bensdorf in Zukunft öfter zu sehen.

# 13

»Ich passe schon auf mich auf!« Rosemarie winkte Mila zum Abschied beruhigend zu, obwohl sie selbst die Beruhigung sicher nötiger hatte als diese. Ein Besuch bei Egon Tönnes. Ganz allein. Um ein Zimmer in dem Keller anzusehen, in dem er wohnte. Ob er sie nur deshalb zu sich eingeladen hatte, als sie sich gestern am Bahnhof erneut über den Weg gelaufen waren? Er war so anders als die Männer, denen sie sonst begegnete. Allein die Art, wie er seinen Kopf zu ihr neigte, bevor er ihr ein unerwartetes kleines Kompliment machte. Oder die lässige Selbstverständlichkeit, mit der er immer wieder in ihr Leben trat, ihr ohne Gedöns aus der Patsche half und so plötzlich wieder verschwand, wie er gekommen war. Und doch hatte sie keine Ahnung, was für ein Mensch sich wirklich hinter seinen so intensiv wasserblauen Augen versteckte.

Ein guter?

Rosemarie nickte. Ja, dessen war sie sich sicher. Selbst Mila schien ihn zu akzeptieren – und dabei war Mila immer skeptisch. Sie traute fast niemandem, außer Ruth natürlich. Und sogar das bisschen Vertrauen, das sie Rosemarie inzwischen entgegenbrachte, stand auf wackeligen Beinen. Noch nie hatte sie eine so rabiate und mutige Frau kennengelernt, so frei von jeder Angst – aber auch von jeder Hemmung. Ob das an den Jahren im Heim lag? Rosemarie kletterte über einen Schutthaufen und passierte einen schmalen Durchgang zwischen zwei halb skelettierten, vom Ruß geschwärzten Häuserruinen. Vorsichtig tastete sie sich an der Wand entlang, während unter ihr die Trümmer und das Geröll bei jedem Schritt bedrohlich nachgaben.

Dann stand sie in einem Hinterhof, dessen Zustand sich von der durchlöcherten Häuserfront an der Straße wie ein Kleinod abhob. Abgesehen von den notdürftig mit Drahtglas ersetzten Fenstern und der Rußschicht war die Fassade fast heil. In der Mitte des Hofes blieb sie stehen und sah sich um. Den zweiten Eingang, hatte Egon gesagt.

Vor der Tür spielten zwei Jungen mit Holzstücken, die sie wie Pistolen auf den jeweils anderen richteten. Als sie Rosemarie erspähten, unterbrachen sie ihr Spiel und liefen auf sie zu. Fordernd streckten sie die Hände aus.

»Haben Sie ein Herz für zwei hungrige Kriegswaisen!«

»Bitte«, flehte der zweite, »wir haben seit Tagen nichts gegessen.«

Verwirrt sah Rosemarie von einem zum anderen. Kriegswaisen? Sie waren sauber, das Haar gescheitelt, die Kleidung ordentlich – deutlich ordentlicher als die der Kinder in der Wolldeckenallee. Sie dachte an Anna, an das Heim, in dem sie nun ihr Dasein fristete, und ein Stich ging ihr durchs Herz.

Da öffnete sich die Haustür, und Egon erschien auf dem Eingangspodest.

»Rosemarie«, sagte er mit einem breiten Lächeln. »So was, pünktlich wie ein Maurermeister, wer hätte das erwartet von einem hübschen Fräulein, wie Sie es sind?« Er grinste verschmitzt. Dann bemerkte er die beiden Jungen. Sein Grinsen verschwand. »Haben die beiden Sie belästigt?«

»Nein, um Himmels willen, sie haben nur –«

»Sich als Waisenkinder ausgegeben?« Ohne Rosemaries Antwort abzuwarten, zog er den einen am linken und den anderen am rechten Ohr. »Ihr sollt meine Gäste nicht behelligen, wann kapiert ihr das endlich?«

»Aber ...«, weiter kam Rosemarie nicht. Über ihr brüllte eine schrille Stimme zwei Namen.

Egon zog ein letztes Mal an den Ohren, die Buben neigten ihre Köpfe mit einer schmerzverzerrten Grimasse in Zugrichtung. »Eure *Mutter* ruft euch.« Er ließ die beiden los und schubste sie Richtung Tür. »Haut schon ab!«

»Aber ...«, wiederholte Rosemarie und starrte den beiden Buben fassungslos nach. War sie gerade auf zwei Hochstapler reingefallen, die nicht einmal halb so alt waren wie sie selbst?

Egon vollführte eine galante Armbewegung in Richtung des Hauseingangs. »Schönes Fräulein, dort entlang, wenn ich bitten darf.«

Zögernd machte Rosemarie einen Schritt. Wenn sie sich so leicht von zwei Kindern täuschen ließ, sollte sie dann wirklich einem Mann, den sie erst dreimal in ihrem Leben gesehen hatte, in einen Keller folgen?

»Ich beiße nicht«, interpretierte er ihr Zögern korrekt. »Und bin auch sonst eher ungefährlich. Wenn Sie aus dem Wolldeckenparadies rauswollen und sich das Kellerzimmer ansehen möchten, müssen Sie mir wohl vertrauen.«

Ertappt schritt Rosemarie die drei Stufen hoch zur Haustür und über die Schwelle. Sie folgte Egon einen unbeleuchteten, düsteren Gang entlang zu einer braunen Tür. Kaum öffnete er sie, schlug ihnen leichter Modergeruch entgegen. Etwa auf halber Höhe des Treppenabgangs brannte eine Lampe, doch ihr Licht war so schwach, dass es nicht einmal die Stufen ausleuchtete.

»Vorsicht, die Stufen sind ziemlich ausgetreten.« Egon ging voraus. Rosemarie blieb dicht hinter ihm. Unten angekommen, führte Egon sie ein kurzes Stück durch einen Flur, dann zog er einen Schlüssel hervor. Sekunden später stieß er eine Tür auf, es machte *klick*, und Licht flammte auf.

»Willkommen in meinem bescheidenen Zuhause.« Mit einer angedeuteten Verbeugung zeigte er ins Innere des Raumes.

»Das ist ja … Egon!« Mit großen Augen sah Rosemarie sich um. Der Raum war geräumiger, als sie ihn sich vorgestellt hatte, vielleicht zwanzig Quadratmeter, gut doppelt so groß wie die Parzelle, die sie sich mit Silke, Mila und Ruth teilte. Der Fußboden war mit schweren bunten Teppichen ausgelegt, und auch die Wände waren zum Teil mit Teppichen behängt. Erst beim genaueren Hinsehen erkannte sie, dass die Teppiche alle Brandlöcher oder zumindest Brandflecken hatten. Bei manchen fehlte auch ein Stück. In einer Ecke des Raums stand ein Schrank, daneben ein Bett, ein stummer Diener sowie ein Waschtisch mit Schüssel. Gegenüber, direkt neben einem kleinen Ofen, waren ein Sofa und ein niedriger Tisch, auf und neben dem sich Dutzende von Büchern und Zeitungen stapelten. In der Mitte des Raumes stand ein Tisch mit einem silbernen Kerzenständer, drum herum drei Stühle.

Näher beim Eingang war ein niedriges Waschbecken, daneben ein mit einer Schnur und Decken abgetrennter

Bereich. Er war nicht richtig geschlossen worden, und Rosemarie erkannte durch den großen Schlitz, dass es sich um ein kleines Lager handelte. Es gab bunte Stoffe, Schuhe, Töpfe, mindestens vier übereinandergestapelte Hocker, eine ganze Kiste voller Kerzenständer, Armeemäntel lagen auf einem Haufen. Was er noch dort aufbewahrte, konnte sie durch den Schlitz nicht erkennen, doch es reichte, um zu wissen, dass dort mehr lagerte, als Egon für sich benötigte.

»Wo haben Sie das alles her?«

Egon zuckte die Schultern. Lächelte verschmitzt. »Von denselben Orten, an denen Sie mit Ihrer furchtlosen Freundin Ihre Taschen füllen. Fand ich übrigens sehr beeindruckend, wie Sie beide sich gegen den Irren gewehrt haben. So viel Mut hätte ich Ihnen nach unserem ersten Zusammentreffen nicht zugetraut.«

»Tja, erste Eindrücke können täuschen«, sagte Rosmarie. Sie schauderte. Was für ein grässlicher Tag das gewesen war. Der Bauer. Die Zurückweisung der Dörfler, der lange Marsch nach Hamburg. »Ich war an dem Tag nicht in bester Verfassung.«

»Und dabei hat mich schon diese Verfassung auf das Höchste entzückt.« Er grinste. »Oder glauben Sie, ich habe Ihnen nur wegen der Tauschkünste Ihrer Schwester den Weg nach Hamburg geebnet?«

Rosemarie spürte, wie sie errötete.

»Wobei diese tatsächlich hervorragend sind.« Er neigte den Kopf so nah zu Rosemarie, dass seine Nähe sie wie eine elektrische Ladung durchzuckte. Er senkte seine Stimme. »Aber nicht zu vergleichen mit Ihrer Schönheit. Sie sind ein Juwel, Rosemarie, das wissen Sie ja sicherlich.«

Rosemaries Wangen wurden immer heißer. Sie war sonst selten um eine Antwort verlegen, doch jetzt stand sie da und wusste nicht, was sie darauf sagen sollte.

»Nur schön zu sein ist allerdings schnell langweilig«, flüsterte Tönnes, sein Mund direkt an ihrem Ohr, sodass seine Lippen ihre Haut berührten und den nächsten Stromstoß durch ihren Körper jagten. Sie schloss die Augen und stellte sich vor, es wären Maltes Lippen, und er würde sie jetzt küssen, streicheln, in die Arme nehmen. Sie hielt den Atem an. Ihr ganzer Körper war gespannt, wartete darauf, dass seine Lippen von ihrem Ohr zu ihrem Mund wandern, er seine Hände über ihren Nacken gleiten lassen würde.

Doch nichts geschah.

»Schön *und* mutig dagegen ist etwas Besonderes ...« Egon Tönnes' Stimme rief sie in die Gegenwart zurück.

Er ging zum Tisch und zog einen der Stühle zurück. »Setzen Sie sich, erzählen Sie mir, wie es Ihnen seit Ihrer Ankunft in Hamburg ergangen ist.«

Rosemarie folgte ihm, enttäuscht und erleichtert zugleich. Sie räusperte sich. »Nicht viel anders, als von Ihnen vorhergesagt.« Sie nahm auf dem Stuhl Platz. »Hamburg hat sich von seiner harschen Seite gezeigt. Ohne Papiere keine Arbeit, keine Lebensmittelkarten, keine reguläre Wohnung. Aber«, fuhr sie nach einer kurzen Pause fort, »in der Wolldeckenallee habe ich Mila kennengelernt, und das ist das Beste, was mir seit Langem passiert ist.«

»Mila?« Egon beugte sich über den Tisch näher zu ihr und sah ihr direkt in die Augen. Der Blick war so intensiv, als versuchte er mit den Augen eine zweite Konversation zu führen, die nichts mit der zu tun hatte, die sein Mund formulierte. »Ist das die Freundin, mit der Sie unterwegs waren? Die habe ich schon öfter gesehen. Sehr waghalsiges Mädchen.«

»J...j...ja«, stammelte Rosemarie, gefangen von seinem Blick, der sie ebenso fesselte wie verwirrte, »sie ... sie ist manchmal ... etwas verrückt. Aber ich ... ich mag Menschen, die ein wenig verrückt und waghalsig sind.«

»Na dann«, er brach den Blickkotakt ab, grinste spitzbübisch und zeigte dabei eine Reihe perfekt stehender Zähne, »sollte ich Sie vielleicht auch beeindrucken können.«

Rosemarie spürte, wie ihre Handflächen schwitzig vor Nervosität wurden. »Das haben Sie doch bereits, als Sie uns geholfen haben. Wer geht schon auf einen Irren mit Messer los? Und das unbewaffnet.«

»Ein Soldat.«

»War der Irre nicht auch mal Soldat?«

»Eher ein Narr.« Tönnes machte eine wegwerfende Handbewegung. »Aber lassen Sie uns lieber über die Zukunft reden. Wie geht es bei Ihnen weiter? Jetzt, da Sie die Papiere von Meister haben, was machen Sie damit? Was sind die Pläne?«

Rosemarie zuckte die Schultern. »Mir geht es wie Ihnen. Anstelle meiner Ausbildung habe ich in einer Fabrik Feldflaschen für den Einsatz an der Front verpackt. Während Sie schießen gelernt haben, wurde ich Meisterin des Packpapiers. Und jetzt stehen wir hier in den Trümmern und lernen stehlen. Ich weiß nicht, für welchen Beruf das dereinst nützlich sein wird.«

»Hatten Sie denn mal Pläne?« Tönnes lehnte sich in seinem Stuhl zurück.

»Äh ... ja, schon.« Rosemarie lehnte sich ebenfalls zurück. Sie brauchte dringend etwas Distanz, um klar denken zu können. »Ich wollte Sängerin werden. Ich habe früher häufig in einer Bar gesungen. Silke hat das gehasst, sie findet, es ziemt sich nicht für eine junge Frau. Am liebsten hätte sie es mir verboten, in ihrer Welt hatte ich als Frau in einer Bar ohnehin gar nichts verloren. Aber ich habe das geliebt.«

»Sängerin …« Egon sah sie entzückt an. »Ich kenne einen Barbesitzer in Hamburg, der sucht gute Sängerinnen.«

»Wirklich?« Rosemarie strahlte, dann schüttelte sie den Kopf. »Silke braucht mich, damit ich ihr Stoffe besorge. Sonst kann sie die Aufträge für Hans Meister nicht erledigen.«

»Ihre Schwester arbeitet für Meister? Respekt.« Egon zeigte zu dem Minilagerraum. »Ich habe Stoffe. Sehen Sie sich um.«

»Wirklich?« Rosemarie ging zu dem Lagerraum und zog die Decke so weit zurück, dass genügend Licht einfiel. Die Stoffe waren ordentlich gefaltet und lagen gestapelt auf einer verschlossenen Truhe. Rosemarie befühlte jeden einzelnen, dann zog sie vier Stoffe hervor. »Was möchten Sie dafür?«

»Ein Lied. Nur für mich.« Er griff nach ihrer Hand und führte sie an seine Lippen. Zart berührte er sie und ließ sie dann wieder los. Er drehte sich um und zog wahllos drei weitere Stoffe aus dem Haufen. »Warten Sie, die lege ich noch drauf. Lassen Sie mich Ihnen Hamburg zeigen, schenken Sie mir Ihre Zeit, ich schenke Ihnen die Stoffe für Ihre Schwester.«

»Da… danke«, stammelte Rosemarie, »das ist viel zu großzügig!«

Wieder bohrte sich sein Blick in den ihren. »Ein geringer Preis für Ihre Gesellschaft.«

»Da… danke nochmals.« Rosemarie nahm die Stoffe an sich.

Da löste er den Blick. »Nicht der Rede wert.« Er wandte sich zur Tür. »Kommen Sie, Ich zeige Ihnen das freie Zimmer. Das Bad wird im Erdgeschoss mitbenutzt.«

Rosemarie nickte, überwältigt von seiner Großzügigkeit. Seinem Charme. Er schenkte ihr Stoffe, damit sie Zeit für ihn hatte? Die hätte sie auch so gefunden. Garantiert.

# 14

Es war immer dasselbe mit Peters. Ärger, Ärger und noch mehr Ärger. Hans wich einem kratergleichen Loch im Kantstein aus und bog in Peters' Hofeinfahrt ab. Vor dem Krieg war das Verwaltungsgebäude der ehemaligen Spedition ein Schmuckstück gewesen, heute war es löchrig wie Schweizer Käse. Von den fünfzehn Lastwagen hatten sie ihm keinen einzigen gelassen, von den Lagerhallen existierten nur noch die gemauerten Laderampen. Flink überquerte Hans den Hof und öffnete die Tür zu dem zerschossenen Bürogebäude. Die große Klingel schräg über der Tür schlug an. Hans ging weiter, mit ungleichem, aber festem Schritt. Peters durfte ruhig an seinem Gang hören, dass er nicht zum Spaßen aufgelegt war. Vor der Tür mit dem goldumfassten Schild *Vorzimmer – Direktion* stoppte er. Ohne zu klopfen stieß er die Tür auf, durchschritt das verwaiste Vorzimmer und trat gegen die angelehnte Tür von Peters' Heiligstem. Sie flog krachend auf und schwang zurück, allerdings hatte Hans damit gerechnet und stoppte die Tür mit einem gezielten Schlag seines Gehstocks.

»Meister.« Peters blieb demonstrativ in seinem Ledersessel hinter dem massiven Nussbaumschreibtisch sitzen. »Welch unerwarteter Besuch.«

»Unerfreulich, meinen Sie wohl eher.« Aufrecht stellte Hans sich vor den Schreibtisch und legte beide Hände auf den Gehstock, den er exakt mittig vor seinen Füßen platzierte. »Unerwartet kann mein Auftauchen nicht sein – oder sind Sie so naiv zu glauben, ich merke nicht, wenn man mich bescheißt?«

»Na, na, kommen Sie, Meister, bescheißen …« Peters schnalzte tadelnd mit der Zunge. »Harsche Worte. Wollen Sie wirklich diesen Pfad beschreiten? Sie wissen, wie schwierig die Zeiten sind.« Er sah ihn so direkt an, dass der Blick seine abwiegelnden Worte Lügen strafte. Peters war ein falscher Hund. Hans war vor ihm gewarnt worden, und dass er sich trotzdem auf ihn eingelassen hatte, machte ihn nur noch wütender.

»Bescheißen«, beharrte Hans. »Wenn jemand eine für mich bestimmte Schanklizenz an einen anderen verhökert und mich hinhält, anstatt Butter bei die Fische zu geben, dann nenne ich das Bescheißen.«

»Na, na, jetzt mal halblang. Ich habe Ihnen stattdessen Mädchen angeboten. Blutjung, bildhübsch, drei Stück zu einem sensationellen Preis.«

»Ich will keine Mädchen«, knurrte Hans, »ich will die Lizenz.«

»Sehr bedauerlich.« Wieder schnalzte Peters missbilligend mit der Zunge. »Prostitution ist ein krisensicheres Geschäft. Sie sollten es sich noch einmal überlegen. Schwenken Sie um, solange Sie noch können«, fuhr er fort, eine Nuance zu überheblich für einen Mann, der sein Wort gebrochen hatte und dabei erwischt worden war. »Sie wissen, wie es läuft, und manchmal läuft es eben nicht. Und in diesem Fall«, Peters' Ton wurde schärfer, »läuft es für Sie verdammt schlecht. Mann, Meister, wachen Sie auf! Der Krieg ist über ein Jahr rum, unsere Soldaten kehren nach Hause. Vaterlandshelden. Sie glauben doch nicht ernsthaft, dass unsere Kameraden sich nach all dem erlittenen Unrecht von einem Krüppel die Rosinen vom Kuchen picken lassen.« Peters lehnte sich siegesgewiss zurück. »Ihre Zeit ist um. Sie hatten Ihre Stunde, als die Männer im Krieg waren. Jetzt sind sie zurück, und Sie können sich in das Loch zurückziehen, aus dem Sie zu Anfang des Krieges herausgekrochen sind.«

»Ach wirklich?« Hans lupfte den Stock vom Boden. Noch ehe Peters begriff, was passierte, bretterte der Stock quer über die Schreibtischplatte. Scheppernd und krachend flog alles darauf zu Boden. Papiere wirbelten durch die Luft, das Tintenfass zerschellte, Tinte spritzte durch den Raum, an die Wand, bis hoch an die Decke, ein gläserner Stiftehalter und eine Statuette zerbarsten in tausend Splitter, Stifte rollten unter den Tisch.

Entgeistert starrte Peters auf das Chaos. Dann sprang er von seinem Ledersessel hoch.

»Sind Sie wahnsinnig?«, brüllte er und rannte um den Schreibtisch herum. Er kniete sich zu den Splittern der Statuette und setzte die größten zusammen. »Das ist unersetzlich!«

»Mit Menschenleben sind Sie nicht so zimperlich«, sagte Hans ungerührt.

»Sie sind erledigt!« Peters spuckte die Worte aus. Er kniete noch immer am Boden, als hinter Hans die Tür aufgerissen wurde und drei Männer in den Raum stürzten. »Packt ihn!«, keifte Peters. »Macht ihn fertig.«

Blitzschnell sprang Hans zur Seite. Der erste Häscher

griff in die Luft. Stolperte, verlor das Gleichgewicht und stürzte zu Boden – direkt in die Scherben des Stifthalters.

»Arrrgh!«, jaulte er auf und hielt sich die blutüberströmte Hand.

Ein zweiter Sprung, diesmal landete Hans direkt hinter Peters. Er riss den Degen aus seinem Gehstock und bohrte die Spitze in die oberste Hautschicht von Peters' Hals. »Halt. Wenn euch sein Leben lieb ist, verschwindet ihr jetzt besser. Sofort.«

Der blutende Mann erhob sich stöhnend, sah fragend zu seinen Kollegen, dann abwartend zu Peters.

»Haut ab!«, rief Peters, die Stimme hell von Panik. »Habt ihr nicht gehört, was er gesagt hat? Ich habe ein verdammtes Loch im Hals, wenn ihr euch nicht vom Acker macht!«

Die drei zogen sich zurück, blieben jedoch verunsichert bei der Tür stehen.

Hans erhöhte den Druck des Degens. Peters schrie auf. Die Haut platzte unter der Spitze des Degens, Blut quoll hervor. »Raus!«, kreischte Peters.

Diesmal hörten die drei auf ihn und traten tatsächlich den Rückzug an. Nicht weit, die Schritte stoppten ein paar Meter den Flur hinab. Hans wusste genau, dass dieser vermeintliche Rückzug ihnen nur Zeit kaufen sollte – weder Peters noch seine Männer hatten vor, ihn lebend vom Hof zu lassen.

»Das wirst du bereuen, du Schwein«, keuchte Peters.

»Fragt sich, wer hier das Schwein ist, Herr Obersturmbannführer«, sagte Hans ungerührt. »Ich für meinen Teil richte den Finger ganz klar auf Sie. Ich weiß nicht, wen Sie für Ihren Persilschein geschmiert haben, aber ich habe dafür gesorgt, dass die Briten jetzt wissen, wie viele Hamburger Sie aus ihren Wohnungen geprügelt und nach Neuengamme geschafft haben. Und …« Hans beugte sich näher zu Peters und senkte seine Stimme zu einem verschwörerischen Flüstern. »… wo Sie die gestohlenen Wertsachen verwahren.«

Peters versteifte sich. Schweiß rann über den Nacken in seinen Kragen. »Das … das wagst du nicht«, stammelte er. »Ein Kamerad wird nicht an den Feind verraten. Kein anständiger Deutscher macht das.«

»Da gehen unsere Ansichten von Anstand wohl ausein–« Lautes Hupen unterbrach seinen Satz. Hans hörte das Knirschen von Reifen, quietschende Bremsen, dann laute Befehle, englische Befehle.

Im Flur kam plötzlich Bewegung in Peters' Häscher. Panisch flohen sie Richtung Hinterausgang, während die Glocke der Vordertür warnend anschlug.

»Volksverräter«, zischte Peters. »Das überlebst du nicht, dafür werde ich persönlich sorgen.«

»Der Arzt hat mir bei meiner Geburt keine Stunde gegeben. Das war vor dreiunddreißig Jahren.« Hans steckte den Degen zurück in den Gehstock. Keine Sekunde zu früh – schon stürzte ein bewaffneter Tommy in den Raum.

»Hands up!«, brüllte er.

Folgsam hob Hans die Hände in die Luft. Peters, noch auf Knien, ebenso.

»Mr. Heinrich Peters?«, fragte der Tommy barsch. »You are arrested. Verhaftet.«

Peters zeigte auf Hans. »Da, da, das ist er. Er! Er!«

Zielstrebig ging der Soldat auf Hans zu, während Peters aufsprang und sich unauffällig an dem Soldaten vorbei zur Tür drückte.

»No, no, er ist Peters!« Hans zeigte zu Peters, wollte ihm nach, doch der Tommy richtete die Pistole auf ihn. »Keine Bewegung.«

Peters war bereits an der Tür. Verdammt! So war das nicht geplant gewesen!

Der Tommy streckte einen Arm aus. »Papiere.«

Hans griff in die Innentasche seines Mantels.

»Slowly«, forderte der Tommy ihn auf. Dabei war langsam genau das, was die ganze Operation Peters in Gefahr bringen würde! Und damit ihn und Gustav und alles, was er sich so mühsam aufgebaut hatte.

Kontrolliert zog er seine Papiere aus der Innentasche. Papiere, die nicht nur bewiesen, dass er Hans Meister war, sondern auch, dass er zu keinem Zeitpunkt der NSDAP oder einer anderen Naziorganisation angehört hatte. Er war »clean«, wie Alan Wright es ausdrückte, er stand auf der Weißen Liste der Tommys. Nur half ihm das bei Peters' Festnahme nicht weiter.

»Please, Sir, Ich bin der Falsche! I am the wrong man«, sagte er in bestem Englisch. »Peters is –«

»Papers.« Der Tommy nahm seine Papiere, die Waffe weiterhin auf ihn gerichtet. Umständlich öffnete er die Dokumente mit nur einer Hand, merkte, dass er sie falsch herum hielt, drehte sie noch umständlicher, ließ sie dabei fallen.

Nervös schielte Hans zur Tür. Bis das Missverständnis geklärt sein würde, wäre Peters über alle Berge.

»Sie haben den Falschen!« Hans erkannte die Stimme, noch bevor Lieutenant Colonel Alan Wright durch die Tür trat. »For heaven's sake, Smithe, Sie sind so inkompetent, Sie würden lassen Hitler passieren, wenn er steht vor Ihnen.

Geben Sie dem Mann seine Papiere, und bringen Sie den echten Nazi auf die Wache.«

»Sorry, Sir, yes, Sir.« Smithe gab Hans die Papiere und eilte aus dem Büro.

Alan Wright sah ihm kopfschüttelnd nach. »Er ist eine nette junge Mann, aber vollkommen unfähig …«

Hans steckte seine Papiere ein. »Sie haben Peters?«

»Wenn Smithe ihn auf dem Weg zur Wache nicht verliert – ja.« Alan Wright verzog angeekelt das Gesicht. »Ich habe gelesen die Bericht über ihn, wirklich eine widerliche Typ. Wissen Sie, Hans, das ist, warum ich bin so frustrated. Wir haben so hart gekämpft, um zu besiegen die Nazis, jetzt wir versuchen zu trennen die Nazi von die Mitläufer, aber es ist wie eine Geschwür.«

Hans nickte. Alan Wright wusste nicht einmal ansatzweise, wie recht er hatte. Mit jedem Tag, den der Krieg weiter in die Vergangenheit rutschte, schwemmten mehr alte Nazis wieder nach oben. Sie griffen ab, was es zu greifen gab, logen, betrogen, stellten sich gegenseitig Leumundszeugnisse aus und saßen sogar schon wieder in Positionen, in denen sie sich gegenseitig Vorteile zuschustern konnten.

Es war zum Speien.

Hans legte die Hand auf seinen Magen. Ihm war tatsächlich speiübel. Zu allem Überfluss begannen auch noch seine Beine zu zittern.

»My friend!«, rief Alan. »Was ist? Sie sind ganz blass.« Er schob Alan zu Peters' Ledersessel. »Setzen Sie sich, ich hole ein Glas Wasser.«

Hans sah Alan nach, als er den Raum verließ. Er atmete tief ein, um die Übelkeit zu vertreiben, er kannte das Gefühl, Unterzucker, er bräuchte nur ein Stückchen Schokolade.

Sein Blick wanderte über den Schreibtisch. Vielleicht hatte Peters etwas Essbares in seinen Schubladen. Er zog die erste auf. Schlagringe, eine ganze Sammlung, SS-Insignien, an einem klebte getrocknetes Blut. Hitze wallte in Hans hoch. Was für ein Feigling. Wahrscheinlich ließ er seine Opfer von seinen Häschern festhalten, während er mit einem Schlagring auf sie einschlug. Welchen davon hatte er wohl bei ihm anwenden wollen?

Angeekelt schob Hans die Schublade wieder zu und zog die nächste auf. Dokumente. Sein Blick blieb am obersten haften. Das war doch … Sein Herz schlug schneller, die Übelkeit verflog. Mit noch zittrigen Fingern hob er die amtlichen Dokumente aus der Schublade. Die Schanklizenz! Dann hatte Peters sie noch nicht weiterverkauft, vielleicht hatte er noch auf ein höheres Gebot gewartet. Oder der Käufer hatte von ihm verlangt, Hans erst aus dem Weg zu räumen, damit es keinen Ärger gab. Was die wahrscheinlichste Variante war. Noch hatte Hans den Ruf, dass man ihm besser keinen Ärger machte.

Er hörte Alans Schritte über den Flur kommen. Hastig faltete er die Lizenz und steckte sie in seine Manteltasche.

Eigentlich war sie für ein besonderes Tauschgeschäft gedacht gewesen: eine komplette Einrichtung für den Salon. Nun, das würde warten müssen. Wollte er herausfinden, wer die Ratte war, die ihn mit Peters gemeinsam aus dem Weg räumen wollte, gab es nur eine Wahl: Er musste die Schanklizenz selbst nutzen. Spätestens dann würde die Ratte aus ihrem Loch kriechen.

# 15

»Wat 'ne Murksbüddelei!«

Rosemarie schielte zu Gustav. Mit Zange und Schraubenzieher hantierte er an der Trennwand zum Schaufenster.

»Schrott«, murmelte er und warf den Schraubenzieher verärgert in die hölzerne Werkzeugkiste.

»Ich verstehe kein Wort, wenn Sie so reden!« Rosemarie drehte den Kopf zu Gustav.

Sogleich korrigierte Hans mit sanfter, aber bestimmter Hand die Stellung ihres Kopfes. »Bitte, Fräulein Rosemarie! Wenn Sie nicht endlich stillhalten, wird Ihre Frisur auch eine Murksbüddelei.«

»Ach, dann schneiden wir die Haare einfach ab, und Sie verpassen mir eine richtig schicke Kurzhaarfrisur.« Rosemarie blinzelte sehnsüchtig in den Spiegel. »Gestern, beim Anstehen für Brot, hatte die Frau vor mir ein Magazin dabei. Aus Paris. Sie können sich gar nicht vorstellen, wie hübsch diese Französinnen sind. Seien Sie ehrlich, Hans, so ein schnieker Kurzhaarschnitt, würde das nicht zu mir passen?«

»Was glauben Sie, würde Ihre Schwester mir erzählen, wenn ich Sie Ihrer wunderschönen Haarpracht beraube?«, konterte er mit einer – leider durchaus berechtigten –

Gegenfrage. Die sie jedoch ärgerte. Sie war mit vierundzwanzig Jahren schließlich alt genug, um selbst über ihre Frisur zu bestimmen.

Hans griff links und rechts in ihre Haare, hob sie an und rollte sie ein, bis nur noch eine Kurzhaarversion übrigblieb. Nicht so elegant im Schwung wie die Frisuren auf den Modefotos des Magazins, aber es reichte, um sich eine Vorstellung davon zu machen, wie sie mit kurzen Haaren aussehen würde.

»Wenn ich ganz ehrlich sein soll«, sagte Hans und ließ die Haare wieder weich über ihre Schulter fließen, »Sie würden auch mit einer Glatze aus der Menge herausstechen wie ein Schmetterling aus einer Kolonie Raupen.«

»War das ein Kompliment?«, fragte Rosemarie verwirrt. »Glatze und Raupen?«

»Ihre Schönheit strahlt aus Ihnen selbst, nicht aus Ihrem Haarschnitt«, erklärte Hans seine ungeschickte Schmeichelei. »Aus dem Leuchten Ihrer Augen, den Grübchen Ihres Lächelns, dem Strahlen Ihres Lachens. Sie verströmen etwas, das in der heutigen Zeit seltener ist als ein schwarzer Opal: Lebensfreude.«

Erstaunt suchte Rosemarie Hans' Blick im Spiegel. Meinte er das ernst? Solche Worte hätte sie aus seinem Mund nicht erwartet. Doch seine Augen waren auf ihre Haare gerichtet. Er schob sie hoch und zur Seite, rollte sie ein und wieder aus, dann erst stellte er sich ihrem Blick.

»Von einem Bob würde ich abraten, angesichts der schwierigen Pflegesituation, die Gesamtlänge allerdings kürzen«, sagte er geschäftig und so neutral, als hätte er ihr ein Glas Wasser angeboten und nicht das ungewöhnlichste Kompliment ihres Lebens gemacht.

»Wissen Sie was, Sie entscheiden, welche Frisur heute zu mir passt.«

»Freie Hand?« Hans hob den Kamm und lächelte sie herausfordernd an.

»Wo bliebe sonst das Abenteuer?« Rosmarie lehnte sich im Friseursessel zurück, bereit für eine Veränderung.

»Legen wir los.« Hans zögerte keine Sekunde. Sie spürte den leichten Zug an ihren Haaren, hörte das Schnipp–Schnipp-Schnipp der Schere.

»Hans?«, fragte Rosemarie nach einigen stillen Minuten.

»Ja?«

»Ich bin wirklich froh, dass Egon Tönnes uns zu Ihnen gebracht hat.«

»Hmmm.«

»Sie haben uns sehr geholfen«, fuhr Rosemarie fort. »Ohne Sie hätten wir keine Unterkunft, ich hätte Mila nicht kennengelernt, Silke könnte ihre Applikationen nicht so leicht verkaufen …«

»Hmmm«, brummte Hans erneut.

»Überlegen Sie nur, wir haben monatelang auf diesem Bauernhof für ein paar faulige Essensreste geschuftet und mussten uns immer nur anhören, was wir für ein schreckliches Gesindel sind, und dann kommen Egon Tönnes und Sie und Gustav in unser Leben, und alles wird anders. Egon tauchte sogar ganz zufällig auf, als ich vor zwei Wochen bedrängt wurde. Das muss doch Bestimmung sein, oder?«

Hans' Schere blieb plötzlich still.

»Wäre Egon nicht rechtzeitig dazugekommen, wer weiß, wie das ausgegangen wäre. Der Mann ist mit dem Messer auf uns losgegangen. Mila wurde sogar verletzt.«

Noch immer blieb die Schere still.

»Erst besorgen Sie uns eine Notunterkunft und die net-
testen Stubenkameradinnen der Welt, und jetzt hat Egon
Silke und mir ein Zimmer in demselben Keller vermittelt,
in dem auch er untergekommen ist. Ein eigenes Zimmer!«

Sie spürte Hans' Hände auf ihren Schultern. »Sie ziehen
zu Tönnes?«, fragte er, die Stimme plötzlich rau.

»Ja, ist das nicht großartig? Ein richtiges Zimmer, nur für
Silke und mich!« Rosemarie strahlte Hans im Spiegel an.
Verwundert bemerkte sie, dass sein eben noch so freundli-
cher Gesichtsausdruck plötzlich wie versteinert wirkte.

»Aber Hans«, sagte sie verwirrt, »freuen Sie sich gar
nicht für uns?« Sie legte ihre Hand auf seine. »Ein eigenes
Zimmer! Nur für Silke und mich. Ich kann es gar nicht erwarten!«

»In dem Keller bei Egon Tönnes?«, mischte Gustav sich
von hinten ein. »Das ist eine ganz und gar üble Gegend …
Da muss doch etwas Besseres für Sie und Ihre Schwester zu
finden sein!«

»Sehen Sie das auch so, Hans?«, fragte Rosemarie. Gut,
die Gegend wirkte nicht besonders vertrauenerweckend –
aber welche Gegend in dieser zerbombten Stadt tat das
schon? Und außerdem … Egon würde ihnen dort zur Seite
stehen. Ein warmes Gefühl durchfloss Rosemarie bei dem
Gedanken. Sie würden sich jeden Tag sehen können!

»Absolut.« Hans räusperte sich. »Ich verstehe nicht, wie
Tönnes Ihnen das anbieten kann.«

Sie runzelte die Stirn. »Sollen wir deshalb vielleicht in der
Wolldeckenallee bleiben? Ich bin den ganzen Tag in Gegen-
den unterwegs, die wahrscheinlich nicht die besten sind.«

Hans nahm das Schneiden wieder auf. Auf ihre Frage
reagierte er jedoch nicht.

»*Vielleicht* in der Wolldeckenallee bleiben? Natürlich sollen Sie das!«, schimpfte Gustav von der Seite. »Einen Deubel würde ich tun und Sie dort in einem Keller wohnen lassen!«

»Aber Gustav!«, rief Rosemarie. »Egon ist doch auch da, der wird schon auf uns aufpassen!«

»Sehen Sie es Gustav nach.« Hans beugte sich so über ihr Haar, dass ihr sein Gesichtsausdruck verborgen blieb. »Er hat eben ein großes Herz und macht sich schnell Sorgen.« Offenbar versuchte er, wieder zu der unbefangenen Stimmung von vorhin zurückzukehren – doch seine Stimme klang härter. Konzentriert sah er auf ihr Haar. Schnipp. Schnipp. Schnapp. Selbst die Schere klang schärfer als zuvor. Rosemarie beobachtete ihn im Spiegel. Sein Blick war weiter auf ihre Haare gerichtet. Was für ein Mensch versteckte sich hinter dieser undurchdringlichen Fassade? Er war ihr ein wahres Rätsel. Da war diese freundliche, sanfte Seite. Wenn er ihr zuhörte, wie so oft in den letzten Wochen, fühlte sie sich verstanden wie von keinem anderen Menschen der Welt. In seinen braunen Augen brannte Empathie, er interessierte sich für das, was sie zu erzählen hatte, über sich und die Flucht und den Bauernhof, es war, als könnte sie sich bei ihm alles von der Seele reden. Und dann war da dieser andere Hans. Der strenge, verschlossene, der nie über sich selbst redete, der keinen Fehltritt bei seinen Geschäftspartnern duldete, dessen Kontakte so verzweigt waren wie die Wurzeln eines hundert Jahre alten Baumes.

War es wirklich nur die Gegend, oder ärgerte er sich, weil sie zu Tönnes ziehen wollten?

# 16

»Danke, Gustav, Sie sind wirklich ein Segen!« Silke nahm
die Tasse dampfenden heißen Tees in beide Hände. Echter,
duftender Schwarztee, so etwas hatte sie seit ihrer Flucht
nur in Hans' Salon getrunken. Die Hitze prickelte schmerzhaft in ihren Fingern, doch Silke hielt die Tasse fest umklammert. Wenn das Prickeln erst einmal nachgelassen
hatte, wenn die Finger nicht mehr steif und blau gefroren
waren und das Blut wieder frei durch die Venen rauschte,
dann würde die Wärme ihren Weg durch den Körper finden, mit etwas Glück bis in die Zehen, die so blau gefroren
sein mussten wie ihre Finger.

»Ach, Fräulein Silke«, seufzte Gustav und setzte sich neben sie auf die kleine Wartebank neben dem Tresen. »Was
sind das nur für Zeiten.« Kopfschüttelnd sah er auf die
kümmerliche Ration, die sie nach fast fünf Stunden Warten
für ihre Lebensmittelkarten ergattert hatte. »'ne Humpe
Brood, twee Erdappeln, twee Plumen – dat geit doch nich.«

»Schlimmer als im Krieg.«

»Ach, Deern«, seufzte Gustav, doch diesmal war es ein
anderes Seufzen. Als wäre er von ihr enttäuscht, nicht von
der kümmerlichen Versorgungslage. »Der Hunger ist wohl
größer, aber die Lage gewiss nicht schlimmer.«

»Nein, nein«, Silke spürte, wie die Röte in ihr Gesicht schoss, »so meinte ich das nicht.« Sie hätte sich ohrfeigen können. Sie musste sich anhören, als würde sie Krieg der Besatzung vorziehen, aber das war nicht so. Nie wieder wollte sie einen Krieg erleben. »Die Rationen sind noch kleiner als im Krieg, nur das wollte ich sagen.«

»Und alles andere?« Hans trat durch den Vorhang, die Stirn gerunzelt. »Die Besatzung stört Sie nicht?«

»Doch, natürlich! Aber Besatzer sind nun einmal Besatzer. Wen würden sie nicht stören?«

»Mich«, sagte Gustav ungewöhnlich scharf. »Mir haben die Besatzer meine Freiheit wiedergegeben. Und jetzt geben sie mir die Sicherheit, dass nicht in ein paar Monaten wieder die Nazis über mich herfallen und mich in ein Lager stecken, weil ich anders denke als sie und andere Musik höre und andere politische Vorstellungen habe.«

»Oh, Gustav … Sie … Ich, ich wollte Sie auf keinen Fall verletzen. Mein Gott, Sie waren in einem Lager?« Sie umklammerte die Tasse noch fester. Spürte die Hitze in den Händen, und nur dort. Als hätte sie kein Passierrecht, um den Rest des Körpers zu wärmen.

»Nein, ich bin davongekommen, wegen Hans. Er hat für mich sein Leben riskiert. Über Jahre.« Gustav warf ihm einen dankbaren Blick zu. »Ich weiß nicht, wie Hitler es geschafft hat, die Menschen in einen solchen Sog der Begeisterung zu reißen. Aber für die, die sich dagegengestellt haben, war er zumeist tödlich.«

»Oder für die, die plötzlich unerwünscht waren in der Gesellschaft«, sagte Hans in einem Ton, der Silke aufhorchen ließ. Hart. Unversöhnlich. Als habe er noch eine Rechnung offen mit Hitler und allen Menschen, die seinen

Aufstieg ermöglicht hatten. Er setzte sich auf einen Hocker ihnen gegenüber und sah Silke unverwandt an.

Sie senkte den Blick. Sie gehörte zu den Menschen, die Hitlers großmäulige Versprechen geglaubt hatten, die ihm zugejubelt und das Gefühl für die Wahrheit dahinter verloren hatten. Mit jedem Tag begriff sie ein wenig mehr, wie falsch es gewesen war. Nervös rutschte sie auf dem Stuhl hin und her. Und nun? Sollte sie so tun, als hätte auch sie Hitler von Anfang an durchschaut? Verstohlen sah sie zu Hans, sah seine gerunzelte Stirn, den abwartenden Blick, sah Gustavs aufmunterndes Lächeln. Nein, sie würde die beiden nicht anlügen. Sie hatten die Wahrheit verdient. Sie rutschte auf der Bank so weit nach vorne, dass sie nur noch auf der Kante saß.

»Ich war im Sog«, sagte Silke so leise, dass es selbst für sie kaum hörbar war. »Ich habe geglaubt, nur Hitler kann uns beschützen vor einer Annektierung durch die Polen. Wir wollten nicht polnisch werden. Wer konnte ahnen, dass am Ende alles noch viel schlimmer würde als früher? Ich habe mich mitreißen lassen von der Idee, dass wir nur als ein vereinigtes Volk all die Probleme überwinden können.« Sie blickte zu Boden. Sollte sie wirklich weiterreden? Weder Hans noch Gustav wollten Ausreden von ihr hören, warum sie dem Mann zugejubelt hatte, der über Gustav und Millionen andere so viel Leid gebracht hatte. Sie sollte aufstehen. Sich bedanken und dann gehen.

»Sie waren eine von Millionen«, sagte Gustav sachlich, »aber so wie ich Sie bisher kennengelernt habe, kann ich mir kaum vorstellen, dass Sie Nachbarn denunziert und Menschen auf der Straße beschimpft haben.«

»Natürlich nicht!« Silke schüttelte entschieden den Kopf,

dankbar, dass Gustav ihr eine Brücke baute. »Das würde mir nie in den Sinn kommen, und außerdem – da hätte ich ja bei meinen eigenen Schwestern beginnen müssen!«

Hans horchte auf. »Warum? Ihre Schwester Rosemarie …?«

»Als Erstes Jette, die Mittlere. Sie hat Mathematik studiert und sich beim Studium mit ein paar Juden angefreundet. Als die Synagogen brannten, sind ihre Freunde emigriert. Jette wollte mitgehen und vom Vater ihren Erbteil ausbezahlt haben. Sie meinte, für Frauen wie sie gebe es in Deutschland keine Zukunft mehr. Aber«, Silke zuckte entschuldigend die Schultern, »für meinen Vater kam das natürlich nicht infrage. Dann hat sie den Großteil unseres Familienschmucks und alle unsere Golddukaten verkauft und die Wocheneinnahmen des Geschäftes entwendet und ist verschwunden. Es war schrecklich! Können Sie sich den Eklat vorstellen? Wer bestiehlt denn seine eigene Familie? Rosemarie sagt, sie habe mit unserem Geld für zwei ihrer Freunde die Überfahrt bezahlt. Meine Eltern haben sie aus ihrem Leben gestrichen, sie haben sogar ihre Briefe ungelesen verbrannt. Nur Rosemarie ist über Malte heimlich mit ihr in Kontakt geblieben. Rosemarie sagt, Jette habe in den USA fertig studiert und sei jetzt Lehrerin in Philadelphia.«

»Und wer ist Malte?«, fragte Hans neugierig.

»Das war Rosemaries Verlobter, er war immer gegen alles, auch gegen Hitler. Das hat auf Rosemarie abgefärbt.«

»Und was wurde aus ihm?«

»Er ist gefallen. An der Ostfront.«

»Und Sie selbst, wie denken Sie heute?« Hans fixierte sie mit seinem Blick, als wäre er ein veritabler Lügendetektor.

Silke führte die Tasse an die Lippen. Trank einen winzigen Schluck des kräftigen Tees. Vor ihrem inneren Auge erschien ihr Geschäft, die hölzernen Regale, die langen Stofftische, die Auslagen der Knöpfe und Schnallen und Gürtel. Unter ihrem Großvater war es das erste Geschäft am Platz gewesen. Bis die vielen jüdischen Kaufleute aus dem Osten zuzogen und ihnen Konkurrenz machten. Sie kauften und verkauften billiger, nahmen ihnen die Stammkunden, wuchsen ihnen über den Kopf. Was für eine Kränkung das für ihren Vater gewesen war! War es nicht verständlich, dass sie insgeheim ganz froh waren, als die unerwünschte Konkurrenz plötzlich verschwand?

Silke roch an dem Tee, trank mit den Augen seine köstliche goldene Farbe. Sprach sie ehrlich weiter, riskierte sie, die geschäftlichen Beziehungen zu Hans und Gustav abrupt zu beenden. Sagte sie stattdessen, was Hans und Gustav vermutlich hören wollten, würde sie damit erneut das Geschäft über den Anstand siegen lassen. Als hätte sie nichts gelernt in all der Zeit. Nein. Hans und Gustav waren gute Menschen. Sie hatten ein Recht darauf zu wissen, wem sie wieder und wieder halfen. Egal welche Konsequenzen das nach sich ziehen mochte.

»Nun, das Ergebnis des tausendjährigen Reiches ist millionenfaches Elend. So viel ist klar.«

Hans schaute sie mit unverhohlener Neugier an.

»Es ist viel Unrecht geschehen, auf allen Seiten. Ich habe es doch am eigenen Leib erfahren, wie es ist, von einem Tag zum andren von der angesehenen, erfolgreichen Geschäftsfrau zu einer Flüchtenden und Bettlerin zu werden. Ich höre schreckliche Dinge über Gräueltaten, die unsere Soldaten und die SS verübt haben, und ich versuche zu verstehen, wie das mit dem zusammenpasst, was ich so viele Jahre gehört, gelesen, geglaubt habe. Ich kann mich doch nicht all die Zeit getäuscht haben.«

»Vielleicht haben Sie sich gerne täuschen lassen, weil die Nazipropaganda Ihnen entgegenkam«, warf Gustav ein.

Silke nickte. »Ja, so sieht Rosemarie das auch. Sie sagt, ich wollte nicht hinsehen, weil ich von den Nazis profitiert habe, und langsam glaube ich, dass sie damit wohl recht hat.« Sie seufzte. »Aber was hilft es nun, zurückzuschauen? Ist es nicht besser, nach vorne zu sehen? In eine bessere Zukunft.«

»Sie finden also, wir sollten uns keine Gedanken mehr darüber machen, was passiert ist?«, hakte Hans nach. »Immerhin scheinen Sie sich Gedanken darüber zu machen, was im Dritten Reich passiert ist.«

»Rosemarie ist sehr leidenschaftlich, wenn es um Nazis geht. Wenn man so oft und hitzig auf seine Fehler aufmerksam gemacht wird, kann man irgendwann nicht mehr die Augen davor verschließen. Und dennoch … Wir können heute nicht mehr ändern, was gestern geschehen ist. Ist es angesichts der schwierigen Lage nicht besser, sich auf das Hier und Jetzt zu konzentrieren?«

»Sie meinen, einfach vergessen, was war, und weitermachen?« Hans zog die Brauen hoch.

»Oh, nicht vergessen. Historiker und meinetwegen Politiker und die Justiz sollen sich damit beschäftigen, aber ich glaube, wir brauchen auch Menschen, die einfach nur anpacken und nach vorne blicken. Ich gehöre zu den Menschen, die eher anpacken als nachgrübeln. Mein Vater nannte mich ›die Tüchtige‹.«

Gustav nickte zustimmend. »Wenn ich mir ansehe, was Sie die letzten zwei Wochen hier angeschleppt haben, dann trifft das wohl zu.« Er zeigte auf die frisch abgelieferten Applikationen, einen filigranen Schmetterling, eine Rose und ein halbes Dutzend einfache Blüten in Blau, Rot und Rosa. Alles Auftragsarbeiten für Kundinnen des Salons. Vorgestern bestellt, heute geliefert, in der Hoffnung auf neue Aufträge.

»Ehrlicherweise sind die Näharbeiten nicht von mir allein«, wehrte Silke ab. »Ruth hilft mir. Sie ist sehr geschickt mit Nadel und Faden und lernt sehr schnell.«

»Und Sie haben sie angelernt und sorgen dafür, dass Ruth ebenso von den Extrarationen Zucker, Fett, Schokolade und heute sogar Eiern profitiert.« Hans nahm die Tasse Tee entgegen, die Gustav ihm unaufgefordert reichte. »Sie sind vor etwa drei Wochen in Hamburg angekommen und haben bereits eine Mitarbeiterin und einen kleinen Handel, den Sie aus einem Zehn-Quadratmeter-Wohnbereich in einer Wolldeckenparzelle betreiben. Das nenne ich tüchtig.«

»Nun«, sagte Silke verlegen über das unerwartete Kompliment. »Rosemarie besorgt die Materialien.«

»Ja, sie erwähnte etwas in der Art, als sie heute zum Haareschneiden hier war.« Hans trank einen Schluck Tee, gemächlich, genüsslich, als wäre er sich ganz genau bewusst, welch seltenen Luxus er gerade zu sich nahm.

»Übrigens«, sagte er, »erwähnte Rosemarie auch, dass Sie vorhaben, bei Egon Tönnes einzuziehen.«

»Nicht *bei* ihm«, korrigierte Silke sogleich, peinlich darauf bedacht, kein falsches Bild aufkommen zu lassen. »In ein Zimmer im Keller des Hauses, in dem er wohnt. Es wäre im Vergleich zu der Unterkunft bei Brenner eine große Verbesserung.«

»Das wäre es mit Sicherheit.« Hans nickte und stellte seine Tasse neben sich am Boden ab. »Allerdings habe ich ein Angebot für Sie, das den Kellerraum neben Tönnes bei Weitem übertrifft.«

»Ein … Angebot?« Silke blinzelte verwirrt.

Hans zog ein Dokument aus der Innentasche seiner Jacke hervor. »Ich habe eine Barlizenz und die dazugehörige Bar mitsamt zwei … sagen wir … möglichen Wohnräumen.«

»Und die Wohnräume würden Sie an uns vermieten?« Silke lächelte erfreut. Vor ein paar Tagen hatten sie noch überhaupt keine Aussicht auf ein eigenes Zimmer, nun hatten sie die Auswahl zwischen zweien! Nicht die beste Auswahl, ein Zimmer lag im Keller, das andere neben einer Bar, aber es waren Zimmer mit Wänden und Türen, die man schließen konnte.

»Nun ja.« Hans legte seinen Kopf schief und lächelte ein Lächeln, das Silke nicht einordnen konnte. »Ich dachte eher daran, Ihnen die Bar mitsamt der dazugehörigen Lizenz und den zwei Wohnräumen zu verpachten.«

Silke sah ihn verständnislos an. Eine Bar? Was sollte sie mit einer Bar anfangen?

»Sie würden die Bar führen, ich wäre nur im Hintergrund.«

»Ich?« Silke zeigte überrascht auf sich. »Ich soll eine *Bar* führen?«

»Sie haben ein Ladengeschäft geführt, wenn nicht Sie, wer dann?«, fragte Hans.

»Aber … aber …«, stammelte Silke. Eine Bar? Das war doch kein Ort für eine Frau! Noch dazu als diejenige, die die Bar führte! Wie sollte sie sich denn bitte gegen angetrunkene, pöbelnde und grölende Männer durchsetzen? Das war doch nicht mit einem Konfektionsgeschäft zu vergleichen! »Was soll ich dort verkaufen? Auf legalem Weg bekomme ich nicht einmal eine Tagesration Lebensmittel für mich selbst!«

Hans winkte ab. »Die Tommys lassen ihre Jungs nicht verdursten, es wird Bier fließen, vertrauen Sie mir. Mehr brauchen wir nicht. Und was Ihre Erfahrung angeht … Sie haben ein Geschäft geführt, sind tüchtig und möchten sich von Ihrer Vergangenheit lösen. Das reicht mir als Qualifikation. Was sagen Sie?«

Eine Bar für die Tommys? Silke wurde bleich. Eine Bar für die Besatzer! Das konnte Hans ihr doch nicht ernsthaft vorschlagen! Das hieße ja … mit jenen zusammenzuarbeiten, wegen denen sie alles verloren hatte!

»Wäre das nicht eine wunderbare Gelegenheit, die Vergangenheit hinter sich zu lassen? Und«, Gustav schmunzelte leicht, »glauben Sie mir, Fräulein Silke, Sie werden entdecken, dass es unter den Tommys ganz wunderbare Menschen gibt.«

»Ich …« Silke schüttelte unwillkürlich den Kopf. Sie als Frau! Eine Bar führen! Für Tommys! Es war geradezu absurd! Und überhaupt … was wäre mit Rosemarie? Sie seufzte. Rosemarie würde das natürlich großartig finden. Wäre sie jetzt hier, sie hätte längst zugesagt. »Wie genau stellen Sie sich das vor? Wie soll ich mit Trunkenbolden fertigwerden?«

»Sagen Sie Ja«, soufflierte Gustav aufmunternd. »Hans würde Sie nicht fragen, wenn er nicht vollstes Vertrauen in Sie hätte, und«, er zwinkerte, »als Ihr Verpächter hat er ein gewisses Interesse, dass Sie die Bar erfolgreich führen.«

»Was nicht bedeutet, dass ich Ihre Arbeit mache. Aber Sie bekommen einen fairen Kredit, um den Laden herzurichten.« Hans warf Gustav einen Blick zu, den Silke nicht deuten konnte. So wie sie das Verhältnis von Gustav zu Hans nicht deuten konnte. Gustav war sicher zwanzig Jahre älter als Hans, die Schläfen grau meliert, die Furchen um Nase und Mund tief, die Hände rau und abgearbeitet. Er arbeitete für Hans, er war der Befehlsempfänger, Hans der Bestimmende, das war eindeutig, aber seine Beziehung zu Hans war nicht die eines einfachen Angestellten. Gustav mischte sich viel zu oft ein, mehr noch, er beeinflusste Hans, als besäße er eine besondere Stellung in Hans' Leben. Weil Hans Gustav das Leben gerettet hatte? Oder steckte etwas anderes dahinter?

»Was sagen Sie?«, drang Hans' Stimme durch ihre Gedanken. »Kellerloch und Kreuzstich oder ein helles Zimmer mit einer sicheren Einnahmequelle?«

»Rosemarie müsste nicht mehr jeden Tag Ruinen nach Stoffen durchforsten«, sagte Gustav. »Sie könnte –«

»Danke.« Silke biss sich auf die Lippe, suchte nach den richtigen Worten, um Hans und Gustav nicht zu verprellen. »Ich … ich schätze Ihr Angebot. Sehr sogar. Ihr Vertrauen. Ich weiß, das ist eine einmalige Chance. Und rein geschäftlich gesehen, würde ich das mir natürlich zutrauen. Aber …« Sie seufzte. »Ich … ich kann das nicht! Eine Barbetreiberin! Das ist fast so schlimm wie Bordellbesitzerin, das macht eine ehrbare Frau doch nicht! Bitte, lassen Sie mich einfach weiter die Stoffapplikationen bei Ihnen verkaufen.«

# 17

»Da wären wir.« Hans stieß die Tür zu dem heruntergekommenen Gastraum auf und ließ Alan den Vortritt, vom eisigen Graupelschauer direkt hinein in einen Schwall muffige Luft.

»Oh, my …« Alan hüstelte und wedelte den Mief beiseite. »Das sein große Überraschung?«

»Warten Sie nur, bis ich alles erklärt habe, Sie werden begeistert sein.« Hans wischte die Graupel von seinen Ärmeln.

»Erklärt was?« Alan trat weiter in den Gastraum. In der Mitte blieb er stehen und sah sich ratlos um.

Hans zeigte auf den in Teilen vorhandenen Tresen. »Hier kommt die Schänke hin, wir werden sie etwas umgestalten, genau wie in einem englischen Pub. Und dort«, er zeigte in den leeren Schankraum, »die Tische und Stühle und Bänke. Wir bringen englische Tapeten an die Wände, überziehen Bänke und Stühle mit englischen Stoffen, verlegen englische Teppiche und servieren englisches Essen. Ihre Männer werden es lieben! Wie zu Hause.«

Alan starrte Hans entgeistert an. »Ein Restaurant?«

»Ein Pub mit kleiner Küche speziell für Ihre Truppe«, sagte Hans.

Wieder ließ Alan den Blick durch den Raum schweifen. Langsamer, als versuchte er sich tatsächlich vorzustellen, wie der Raum mit blumigen Teppichen und Überzügen und gemusterten Tapeten aussähe. Dann schüttelte er den Kopf. »Nein, Hans, ich kann geben Ihnen keine Zuweisungen für eine Restaurant. Sie haben eine Lizenz für eine Bar. Getränke. Mit Alkohol. Ohne Alkohol. Warm. Kalt. Aber alles flüssig.«

»Können oder wollen?«, fragte Hans, den Ton bewusst neutral.

»Können.« Alan zeigte zum Fenster. Graupelschauer peitschten an der Fensterscheibe vorbei. »Erst Hitzesommer, jetzt Kältewinter, nicht nur in Deutschland, in England too, die Lage ist very schlecht. Ich habe nichts übrig, das ich kann zuteilen, nicht eine einzige Gramm Fleisch oder Fett oder Weizen oder Zucker. Nicht mal eine Kartoffel.«

»Ihre Leute müssen essen.«

»Yes, they do, und darum kümmern wir uns. Doch eine Restaurant ist keine efficient Ort zu ernähren eine Truppe.« Alan zuckte resigniert die Schultern. »Ich habe Anweisungen, zu reduzieren die Rationen für Deutsche.«

»Was?« Hans schüttelte entsetzt den Kopf. »Das könnt ihr nicht machen! Die Rationen sind jetzt schon viel zu wenig. Wissen Sie, wie wir sie nennen? Sterberation. Verhungern auf Raten. Die Menschen in Hamburg stehen fünf Stunden an, um ein paar Scheiben Brot mit nach Hause zu bringen.«

»Was ich soll machen?«, brauste Alan auf. »Wie soll ich verteilen etwas, das ist nicht da? Das englische Volk versteht sowieso nicht, warum sie ihre kleine Ernte müssen teilen mit der deutsche Feind.«

Hans humpelte zum Fenster und setzte sich auf das breite Fenstersims. Er winkte Alan zu, sich zu ihm zu setzen. »Vielleicht hätte Hitler es nie so weit gebracht, wenn nach dem ersten Weltkrieg die Nationalisten nicht die Propaganda hätten verbreiten können, der Feind knechte uns mit den Reparationen bis zum Tod.«

»Ist Hitler jetzt unsere Schuld?« Alan kam zögerlich näher, in seinem Gesicht erkannte Hans aufflackernden Ärger.

»Natürlich nicht«, wiegelte er ab. »Ich glaube nur an das Prinzip der Stabilität. Wenn ihr die Menschen jetzt verhungern lasst, schürt es wieder den Wunsch nach einem starken Mann, der sie aus der Hungersnot führt. Wenn ihr menschlich und großzügig seid, lehrt ihr sie einen neuen Weg.«

Alan setzte sich zu Hans auf das Fenstersims. »Ja, kann ich verstehen, die Logik. Aber trotzdem, ich habe den Befehl ganz klar, keine mehr Essen an Deutsche. Es wird ein Hungerwinter. Für uns alle. Für euch etwas schlimmer, aber ich finde, das nur sein gerecht. Ihr habt angefangen die Krieg, und ihr habt gemacht viele, viele schlimme Dinge. Schreckliche Dinge.«

»Haben wir«, gab Hans unumwunden zu. »Unfassbar schreckliche Dinge. Aber die Kinder, die heute hungern, haben das nicht getan.«

»Und die Kinder, die in den Lagern verhungert und vergast worden sind, haben auch nichts getan!«

»Soll wirklich Unrecht mit Unrecht vergolten werden?« Hans schüttelte den Kopf. »Ist das der Weg aus dem Dilemma?«

»I don't know.« Alan schüttelte ebenfalls den Kopf. »Natürlich es ist keine Lösung, aber ich habe keine andere. Ich kann nur verteilen, was ich bekomme, und mehr geht nicht.«

Hans nickte. Stumm ließ er seinen Blick schweifen. Der Raum war groß genug für fünfzig, sechzig Gäste, etwas weniger, wenn man eine Bühne aufbaute. Der Raum wäre voller Leben, voller Lärm, Reden, Lachen, Singen, Streiten. Es könnte eine Oase der Hoffnung werden, ein Raum, in dem irgendwann, wenn es denn erlaubt war, sogar Tommys und Deutsche miteinander ins Gespräch kommen, Feindschaften überwinden und Freundschaften schließen würden – so wie Alan und er.

»Tut mir leid, my friend«, sagte Alan, und Hans glaubte ihm, dass er es nicht nur als Floskel verwendete.

»Mir auch.« Schweigend starrte er zum Fenster hinaus, als läge dort die Lösung für sein Problem, besser noch, die Probleme der ganzen Welt. Schließlich zeigte er aus dem Fenster. »Ist das nicht der Ort, an dem das tote Mädchen gefunden wurde?«

Alan folgte Hans' Finger mit dem Blick und nickte. »Ja, sehr schlimme Sache.«

»Gibt es öfter solche Vorfälle? Haben Sie davon gehört, dass in der Stadt Mädchen verkauft werden?«

»Verkauft?« Alan runzelte die Stirn.

»Zum Zweck der Prostitution.« Hans' Lippen wurden schmal. Peters' Worte kamen ihm in den Sinn. *Prostitution ist ein krisensicheres Geschäft. Blutjung …*

Alan zuckte bedauernd die Schultern. »Wenn es ein Problem ist, dann ich weiß davon nichts.«

»Es ist ein Problem.« Hans wandte seinen Blick vom Fenster zurück in die Gaststube. »Da draußen sind eine Menge frustrierter, entwurzelter Männer, die keine Ablenkung von ihrer Wut haben.«

»Warum sind sie wütend? Sie haben den Krieg begonnen!«

»Ja, haben sie. Manche, viele haben daran geglaubt, andere wollten nie in den Krieg und mussten trotzdem, und alle haben verloren. Und damit meine ich nicht nur die Deutschen. Ihr habt auch viel verloren. Und jetzt seid ihr hier und bewacht uns, anstatt zu euren Familien zurückzukehren ...«

»Was soll ich dagegen tun? Essen vom Himmel zaubern, den Frust in Zuckerwasser ertränken?«

»Nein, aber«, Hans sprang vom Fenstersims und zeigte zur Bar, »in Bier! Wir machen kein Restaurant, wir machen eine Bar. Kein Essen, nur Bier.«

»Nur Bier?« Alan schüttelte energisch den Kopf. »Dann du machst aus Frustration Aggression. Nein, du brauchst Ablenkung. Ein Programm. Unterhaltung. Musik. Eine Sängerin, Tänzerin, Zauberer – egal, Hauptsache, es macht gute Stimmung.«

Unterhaltung? Hans schluckte. Das sprengte seine Pläne bei Weitem. Wo sollte er ein Unterhaltungsangebot hernehmen? Er konnte es sich schließlich nicht aus dem Hut zaubern – auch wenn Alan Zaubern offenbar als Unterhaltungsprogramm guthieß.

»Well, my friend.« Alan streckte die Hand aus. »Das ist mein Angebot: Ich besorge Bezugsscheine für Bier, Sie sorgen für Unterhaltung.«

Hans schlug ein. Ungefähr so hatte er sich das Treffen mit Alan erhofft. Erst das Unmögliche fordern und sich dann auf das Gewünschte einigen. Er würde zu seiner Lizenz das nötige Bier bekommen.

Wenn da nicht die Sache mit dem Unterhaltungsprogramm wäre.

»Ach, noch eine Frage«, sagte Hans, während er Alans

Hand weiter gedrückt hielt. Wenn einer ihm dabei helfen konnte, Silke Bensdorf endgültig die Augen zu öffnen, dann Alan. Eine freie und lebenswerte Zukunft würde es nur geben, wenn mehr und mehr Menschen bereit waren zu erkennen, dass sie einem Rattenfänger aufgesessen waren. »Gibt es in nächster Zeit wieder eine eurer Spezialkinovorführungen? Ich hätte da zwei Damen, die das unbedingt sehen sollten.«

# 18

*Ende* flimmerte über den Bildschirm, und das Saallicht ging
an. Mit der Hand vor dem Mund blieb Silke wie angepinnt
auf ihrem Platz sitzen. Tränen liefen über ihre Wangen. Wie
hatte das geschehen können?

Um sie herum verließen die Menschen mit gesenkten
Köpfen den Saal. Selbst die beiden Frauen in der ersten
Reihe, die zu Beginn der Vorführung ihr Entsetzen über die
unfassbare menschliche Grausamkeit mit blöden Bemer-
kungen zu überspielen versucht hatten, waren verstummt.
Niemand sagte etwas. Auch nicht der britische Offizier, der
die einleitenden Worte zu den Aufnahmen aus den von den
Alliierten befreiten Konzentrationslagern gesprochen hatte.
Er stand vor der Leinwand und beobachtete, wie die zu-
tiefst verstörten Zuschauer langsam und still den Saal verließen.

»Silke«, flüsterte Rosemarie und zupfte sie am Ärmel.
»Wir müssen gehen.«

Wie ferngesteuert erhob Silke sich von ihrem Platz. Auch
Rosemarie bewegte sich mechanisch vorwärts.

Der Film änderte alles.

Alles, was sie bisher geglaubt hatte, hatte in diesen end-
losen Minuten seinen Wert verloren. Es spielte keine Rolle

mehr, ob sie es gewusst hatte oder nicht. Für die Opfer hatte es noch nie eine Rolle gespielt.

Es schien ihr, als seien ihre Gesichtsmuskeln gelähmt, als würde sie nie wieder reden, lachen, sich freuen können. Wie kann man weiterleben mit dem Wissen, dass die eigenen Leute zu solcher Unmenschlichkeit fähig sind?

Mit einem Mal war ihr schlecht. Sie beschleunigte ihren Schritt. Sie musste hier raus, raus an die frische Luft.

Die Kälte umfing sie mit ihren eisigen Krallen, doch diesmal waren sie Silke willkommen. Alles war willkommen, um von dem Unfassbaren abzulenken.

Sie wollte sich waschen, als wären die entsetzlichen Bilder nur eine böse Schicht, die sich über ihre Augen gelegt hatte.

Sie war nicht freiwillig gekommen. Hans hatte es zur Bedingung dafür gemacht, um weiter ihre Stoffapplikationen auszustellen.

Er hatte recht.

Tüchtig sein und die Zukunft meistern war nicht genug.

Es war nicht genug, es anderen Leuten zu überlassen, sich darüber Gedanken zu machen, was passiert war. Wenn ihre Begeisterung für den Gauleiter Forster eines der Rädchen in dem Getriebe war, das die Todesmühlen der Lager in Gang gesetzt hatte, dann konnte sie nicht einfach weitermachen, ohne sich zu fragen, was sie falsch gemacht hatte.

Mechanisch lief sie neben Rosemarie zur Wolldeckenallee. Sie spürte die Kälte nicht, die nassen, eisigen Füße, die klammen Finger. Als wäre ihr Gefühl betäubt.

Sie hatte einen riesigen Fehler begangen. Sie hatte sich auf die falsche Seite gestellt. Falschen Propheten vertraut.

Sie hatte ein System unterstützt, das ein Jahrhundertverbrechen begangen hatte.

Ein Jahrtausendverbrechen.

Das Grausamkeiten verantwortete, die sie den barbarischsten aller barbarischen Völker nicht zugetraut hätte.

Und sie war mittendrin gewesen.

Ein Rädchen, das das System geschmiert hatte.

Nie wieder würde sie um eine Antwort verlegen sein, wenn es darum ging, wer am meisten Schuld trüge.

Die Nazis. Die Grausamen. Die Erbarmungslosen.

Und jetzt? Was sollte sie jetzt mit ihrer neuen Erkenntnis anfangen?

Wo sollte sie die entsetzlichen Bilder hinpacken? Wie sollte sie mit all den Leichen leben? Den Kindern und Frauen und Männern, bis auf die Knochen abgemagert, verbrannt, vergast, für Versuche missbraucht, zur Zwangsarbeit bis zum Zusammenbrechen geschunden.

Sie erreichten die Wolldeckenallee. Noch immer hatte keine von ihnen ein Wort gesagt.

Schweigend legte sie sich neben Rosemarie.

Doch an Schlaf war nicht zu denken.

Ob sie je wieder eine ruhige Nacht verbringen würde?

\*\*\*

Drei Tage lag der Kinobesuch nun zurück.

Drei Tage, die Silke in ihrem Bett verbracht hatte. Die ersten drei Tage ihres Lebens, die sie ohne Fieber einfach liegen blieb.

Wie viele mehr es wohl werden würden?

Was spielte es für eine Rolle.

»Silke?« Ruth hockte sich neben das untere Stockbett. »Du hast Besuch. Ein Herr. Möchtest du aufstehen?«

»Sag ihm, er soll gehen, ich bin unpässlich.« Silke drehte den Kopf zur Wand. Sie wollte keinen Besuch.

Sie hörte Holz über den Boden schrammen, dann Hans' Stimme.

»Fräulein Silke.« Er setzte sich auf den Stuhl, den er neben das Bett gezogen hatte. »Rosemarie sagte mir, Sie hadern seit dem Film mit Ihrem Leben.«

Silke hielt den Kopf zur Wand gedreht. Was wollte Hans hier?

»Das tut mir natürlich leid.« Hans machte eine Pause, als wüsste er nicht, was er weiter sagen sollte. »Aber es ist auch ein gutes Zeichen. Das ist der erste Schritt, um zu heilen.«

Zu heilen? Wie sollte das gehen? Bis vor drei Tagen hatte sie von dem Ausmaß dessen, was sie bejubelt und damit gestärkt hatte, noch nichts geahnt.

»Meine Verlobte«, sagte Hans leise, »sie ist im Lager umgekommen. Ich hätte es vielleicht verhindern können, wenn ich früher gesehen hätte, was wirklich um mich herum passiert.«

Seine Verlobte? Im Lager. Silke spürte einen Kloß in ihrem Hals. Langsam drehte sie den Kopf zu ihm.

»Können Sie sich vorstellen, wie schuldig ich mich gefühlt habe? Ich bin viele Tage nicht aufgestanden, bis jemand kam und mir gezeigt hat, wie ich heilen kann.«

»Das tut mir leid«, flüsterte Silke. »So leid.«

»Ja«, sagte Hans, »mir auch. Aber ich habe die Schuld nicht mein Leben bestimmen lassen. Ich bin aktiv geworden. Esther konnte ich nicht retten. Aber Gustav und einige andere schon.«

»Ich kann niemanden mehr retten. Sie sind alle tot.«

»Und für die, die noch leben, brauchen wir Menschen, die begreifen, dass sie einen schrecklichen Fehler gemacht haben, und alles dafür tun, damit sich so etwas niemals wiederholt.«

»Wie soll ich das denn machen?«

»Helfen Sie, Brücken zu bauen.« Hans lächelte. »Übernehmen Sie die Bar. Rosemarie, Mila und Ruth würden Sie unterstützen. Sie könnten gemeinsam dort wohnen. Springen Sie über Ihren Schatten und heißen Sie die Engländer willkommen. Wir brauchen die Tommys, wenn wir eine freie Gesellschaft aufbauen wollen.«

Silke schloss die Augen, horchte in sich hinein. Spürte sie immer noch Abwehr? Scham bei dem Gedanken, eine Bar zu führen?

»Was sagen Sie?«, fragte Hans.

»Legen Sie die Adresse auf den Tisch, wir treffen uns morgen vor Ort.«

# 19

Kritisch inspizierte Silke die Gläser. Niemals hätte sie gedacht, dass ihr die Arbeit in dieser Bar so wohltun würde. Gut, die Bar hatte noch nicht eröffnet, und sie war zwölf Stunden am Tag damit beschäftigt, alles auf Vordermann zu bringen, aber es lenkte sie ab, und mit jedem Tag verblassten die grauenvollen Bilder ein wenig mehr.

Ein Glas nach dem anderen wickelte sie aus dem Papier und stellte es auf die hochglanzpolierte Bartheke. Biergläser, Wassergläser, Schnapsgläser, verschiedene Formen, Stärken, Größen, die Hälfte mit Macken oder Rissen. Sie schüttelte verärgert den Kopf. Das war nun der dritte Händler an diesem Morgen, der glaubte ihr Schrott andrehen zu können. Trotz der großzügigen Bezahlung, die sie angekündigt hatte – für intakte Ware.

Sie sortierte die beschädigten Gläser aus und zählte die restlichen durch. »Sieben Zigaretten, mehr ist nicht drin.«

»Sieben? Soll das ein Scherz sein? Wo zum Henker ist der Meister?« Der Glatzkopf baute sich in voller Größe vor Silke auf und bleckte die gelblichen Zähne. Silke zwang sich, keinen Millimeter zurückzuweichen. Zum Glück garantierte der Tresen zwischen ihnen einen Puffer.

»Was tut das zur Sache?« Sie sprach langsam und achtete darauf, ihrer Stimme einen resoluten Klang zu verleihen.

Der Glatzkopf beugte sich drohend über den Tresen. »Wir hatten eine ganze Packung ausgemacht.«

»Für schadlose Ware. Von Ihren Gläsern ist die Hälfte angeschlagen. Bringen Sie mir intakte Gläser, dann können wir über eine ganze Packung reden.«

»Mit einer Frau verhandle ich nicht.« Er packte die Gläser klirrend in die Kartons zurück, ohne sie einzuwickeln, ohne Zwischenpapier. »Sie können Meister sagen, wenn er die Ware will, soll er einen Mann schicken.«

»Das werde ich sicher nicht tun.« Silke betonte jedes Wort einzeln. »Entweder Sie schließen das Geschäft mit mir ab, oder Sie suchen sich einen anderen Käufer.«

Ungläubig starrte er sie an. Augenscheinlich fehlten ihm die rechten Worte. Schließlich grabschte er sich die Kiste und zog sie vom Tresen. »Das wird Ihnen noch verdammt leidtun! Niemand mit einem Funken Ehre im Leib wird sich von einer Frau übers Ohr hauen lassen!«

Ihre Hand krampfte sich in den Stoff ihres Rockes. Es war zu erwarten gewesen, dass kein Mann sie ernst nehmen würde. Eine Bar war nun mal kein Ort für eine Frau! Aber wenn sie jetzt nachgab, dann verlor sie, bevor sie überhaupt angefangen hatte.

»Das wird auch nicht nötig sein«, erwiderte sie kühl, »da ich niemanden übers Ohr haue.« Sie zeigte zur Tür. »Einen guten Tag noch.«

»Das …« Er schnappte nach Luft. Seine Wut lag wie eine Warnung in der Luft. Silke spürte die brodelnde Aggression. Sie musste vorsichtig sein, was sie als Nächstes tat. Er wirkte wie einer der Kriegsverlorenen, wie Mila ehemalige

Soldaten oder Häftlinge nannte, die durch die Stadt liefen und prügelten und klauten und keinen Respekt vor nichts hatten.

»Eine halbe Schachtel. Mehr werden Sie nirgendwo bekommen, das wissen Sie so gut wie ich.« Silke sah ihn direkt an. »Seien wir ehrlich: Meister hätten Sie so eine Ware erst gar nicht angeboten, weil er Sie hochkant rausgeworfen und für mindestens einen Monat auf die schwarze Liste gesetzt hätte. Ich bin neu im Geschäft, ich kann mir erlauben, heute ein Auge zuzudrücken. Weil ich Ihnen ansehe, dass Sie viel für unser Vaterland geleistet haben. Sie sind ein guter Mann.« Sie hielt ihm die halbe Schachtel hin. »Sehen Sie, Sie und ich, wir sitzen im selben Boot, und wenn wir es gemeinsam rudern, haben wir eine viel bessere Chance, es ans rettende Ufer zu schaffen, als wenn wir es zum Kentern bringen.«

Der Händler starrte sie noch immer an. Aber etwas veränderte sich. Die Wut und Anspannung zerfloss in Hilflosigkeit. Offensichtlich wusste er mit Silkes Reaktion nichts anzufangen.

»Es ist ein gutes Geschäft.« Sie streckte die Schachtel weiter zu ihm. »Für uns beide.«

Plötzlich schnellte seine Hand vor. Er grabschte ihr die Schachtel aus der Hand, viel zu grob für die wertvollen Zigaretten darin. »Na gut, diese eine Mal, weil Sie noch neu sind«, nuschelte er und machte auf dem Absatz kehrt. Mit riesigen Schritten durchschritt er den noch ziemlich leeren Raum und verließ die halb fertige Kneipe.

Silke atmete auf. Mit zittriger Hand holte sie die lieblos in den Karton gepfefferten Gläser wieder heraus und stellte sie auf der Bartheke auf. Warum nur fiel es manchen Männern so schwer, sie als Geschäftspartnerin ernst zu nehmen? Auch früher hatten viele Männer nur mit Vater oder Hanno die Geschäfte abschließen wollen, sogar noch, als das Geschäft längst auf sie übertragen worden war. Auf sie! Nicht auf Hanno, den ältesten Sohn.

Sie prüfte einen Kratzer in einem Bierglas und beschied es für gebrauchstüchtig. Vater hatte es mit der Zeit begriffen und sie Hanno im Geschäft vorgezogen. Weil sie nicht nur allgemein die Tüchtigere war, sondern auch die Geschäftstüchtigere.

»Bravo!« Hinter ihr erklang Klatschen. Sie wirbelte erschrocken herum, sah Hans aus dem Flur des Privatbereichs in den Barraum humpeln. Er musste durch die Hintertür hereingekommen sein. »Ich würde sagen, Ihre erste Feuerprobe haben Sie gerade bestanden.«

Silke presste die Hand auf ihre Brust. »Hans! Sie haben mich zu Tode erschreckt! Wie lange stehen Sie hier schon?«

»Lange genug, um zu wissen, dass ich mit Ihnen die richtige Wahl getroffen habe. Besser hätten Sie diesen Halunken nicht in seine Schranken weisen können.« Er humpelte zur Theke und nahm eines der neuen Gläser in die Hand. »Gute Qualität. Manche zumindest.«

»Warum sind Sie nicht dazugekommen?«, fragte Silke vorwurfsvoll. »Sie hätten die Situation ruckzuck entschärfen können!«

»Und dann?« Hans stellte das Glas ab. »Wenn Sie in dieser Bar das Sagen haben wollen, müssen Sie sich den Respekt der Männer um sich herum verdienen.« Er sah sich in dem Raum um und pfiff anerkennend durch die Zähne. »Bei mir haben Sie ihn sich schon jetzt verdient.«

Silke folgte seinem Blick. Wo vor ein paar Tagen noch zerrissene Tapeten trostlos von der Wand hingen, hatten sie mit dem Material, das Rosemarie und Mila jeden Tag herbeigeschafft hatten, ein buntes Wandbild erschaffen. Eine Landschaftscollage aus Farbe, Kartoffelsäcken, Tapetenresten und Dutzenden von gestickten Wandbildern, die sie für eine Tasse Zucker erstanden hatten.

»Ich habe so etwas noch nie gesehen, das ist unglaublich. Ein Kunstwerk.« Hans humpelte zur Wand und strich über die raue Gitterstruktur eines Kartoffelsacks. »Wie sind Sie auf die Idee gekommen, Kartoffelsäcke an die Wand zu kleben?«

»Das war Ruth. Sie ist Ihre Künstlerin. Mila, Rosemarie und ich sind nur die armen Helferinnen, die Kartoffelsäcke organisiert, gewaschen und geplättet haben.« Silke lachte. »Und? Habe ich nun immer noch Ihren Respekt?«

»Jetzt noch mehr.« Hans fuhr mit den Fingern über das mächtige, nur aus Wandstickereien zusammengesetzte Haus, das weiß und doch bunt in der Wattlandschaft thronte. »Sie sind nicht nur tüchtig, Sie haben auch Mut. Ich kenne sonst niemanden, der sich auf eine solch verrückte Idee eingelassen hätte.«

Silke spürte, wie das Lob sie erröten ließ. »Kann ich etwas für Sie tun?«, fragte sie rasch. »Sie sind doch sicher aus gutem Grunde hier, oder?«

»Wie immer haben Sie den Nagel auf den Kopf getroffen.« Hans setzte sich auf einen der vier bislang organisierten Stühle. »Ich bin hier, um den Aufbau der Bühne zu überwachen.«

»Bühne?« Silke zog die Nase kraus. Hatten sie darüber gesprochen, und sie hatte es im Wahnsinn der letzten Tage vergessen? Noch nie in ihrem Leben hatte sie so schnell, so viel und vor allem so improvisiert gearbeitet wie für die

Neueröffnung dieser Bar. Der Bar, die sie leitete, in der vor allem Bier fließen würde, und, je nach Versorgungslage, auch mal Wein und Schnaps. Bier. Darüber hatten sie gesprochen. Und den Kredit für die Einrichtung, eine Mischung aus Geld und Zigaretten, je nachdem, wem sie was bezahlen musste.

»Für das Unterhaltungsprogramm«, sagte Hans, so selbstverständlich, als hätten sie das längst geklärt. Hatten sie aber nicht. Vielleicht hatten sie darüber geredet, dass die Gäste sich bei einem Bier besser *unterhalten* als ohne. Aber von einem *Unterhaltungsprogramm* war nie die Rede gewesen.

Silke studierte Hans' Gesicht. Er sah aus, als wunderte er sich über ihre mangelnde Zustimmung, als erwartete er so etwas wie: *Ja, natürlich, das Unterhaltungsprogramm* oder: *Ach, gut, dass Sie sich darum kümmern.* Sie sagte nichts.

Hans zeigte zum hinteren Ende des Raumes. »Ich dachte, dort wäre ein guter Platz. Dann könnten wir Tische davor platzieren, jeweils vier bis sechs Stühle, und in der Nähe der Bar gibt es einige Stehplätze. Was meinen Sie?«

Silke verschränkte die Arme vor der Brust. »Ich meine, dass Sie gerade die Spielregeln ändern.«

Hans verschränkte ebenfalls die Arme vor der Brust. Nickte. »Stimmt. Allerdings habe nicht ich sie verändert, sondern der Markt. Ohne Unterhaltung kein Bier, ohne Bier keine Bar. So ist das, Fräulein Silke, es kommt immer jemand und verändert die Spielregeln. Es liegt an Ihnen, ob Sie diese für sich nutzen oder sich davon aus dem Spiel werfen lassen.«

Silke presste die Lippen aufeinander. Hans mochte recht haben mit seiner Logik, dennoch zog sie eine klare Grenze zwischen dem, was sie zu tun bereit war und was nicht. Sie kannte dieses Spiel. Frauen, die in leichter Bekleidung die lüsterne Fantasie der Männer anheizten. Das lag jenseits ihrer Spielgrenze. Bilder drängten sich in ihre Erinnerung. Männer, die Rosemarie angafften und darüber fabulierten, was sie in einer dunklen Ecke alles mit ihr anstellen würden. Opportunisten, die am nächsten Tag zu ihr in den Laden kamen und einen Rabatt wollten, damit sie nicht weitererzählten, wo die Tochter des angeblich ehrenhaften Ladenbesitzers sich nachts so herumtrieb. Nein, sie war nicht über ihren Schatten gesprungen, um Rosemarie wieder den Blicken der Männer auszusetzen! Männer, die sie so anstarrten wie der Bauer, die nur darauf warten würden, dass sie einen Moment alleine war. Englische Soldaten, die deutsche Fräulein für Freiwild hielten. Sie schüttelte langsam den Kopf.

»Was ist los mit Ihnen?« Hans stand auf und humpelte gemächlich auf sie zu. »Sie hatten kein Problem damit, die Nazis zu bedienen. Sie hatten sich die Spielregeln der selbst ernannten Herrenmenschen zu eigen gemacht, und jetzt kapitulieren Sie vor ein wenig Musik?«

Musik? Nein, sie kapitulierte nicht vor der Musik! Sie beschützte die Letzte, die Einzige, die von ihrer Familie noch übrig war.

»Ich dachte an diese neue Musik aus Amerika. Ich kenne einen Pianisten, der sie perfekt spielt, aber es wird schwer, jemanden zu finden, der sie überzeugend zum Besten geben kann.«

Silke presste ihre Lippen noch fester zusammen. Sie kannte eine, der kein Musikstück zu schwierig war. Aber sie würde den Teufel tun und Hans von Rosemaries Talent erzählen.

»Zunächst fangen wir mit den gängigen Schlagern an.« Hans redete einfach weiter, als hätte sie längst zu allem Ja und Amen gesagt. »Ich sehe mich bereits nach einer Sängerin um.«

»Sängerin?« Rosemarie hielt beim Betreten der Bar inne, sah von Hans zu Silke. Mit großen Schritten kam sie näher, Egon dicht hinter ihr, in jeder Hand einen Stuhl.

Rosemarie wandte sich an Hans. »Sie suchen eine Sängerin? Hat Silke Ihnen nicht gesagt, dass …« Sie sah zu Silke. Diese spürte, wie das Blut heiß in ihre Wangen schoss.

Rosemarie schüttelte den Kopf. »Nein, natürlich hat sie es Ihnen nicht gesagt.«

Im nächsten Moment riss sie Egon einen der Stühle aus der Hand. Sie knallte ihn vor sich auf den Boden, setzte sich verkehrt herum darauf, warf die Arme in die Luft und schmetterte los. »Kann denn Liebe Sünde sein …«

Hans starrte sie fasziniert an.

Egon ebenso. Seine Augen schienen immer größer zu werden, als könnten sie das unerwartete Schauspiel sonst nicht in seiner vollen Pracht erfassen.

Rosemarie beendete das Lied, trotz der langen Pause hatte sie jeden Ton perfekt getroffen, die Stimme so kräftig wie früher. Hans und Egon applaudierten, Egon pfiff sogar und brüllte nach mehr, ganz wie Silke es von den johlenden Besuchern der Bar in Erinnerung hatte, in der Rosemarie ihre ersten Auftritte als Sängerin absolviert hatte. Ihr Magen zog sich billardkugelgroß zusammen. Dieses Geglotze und Krakeelen, es war entwürdigend.

Egon grölte immer lauter. Silke bemerkte den verkniffenen Zug um Hans' Mund, als er ihn mit einem zornigen Blick bedachte.

»Nun gut«, rief Rosemarie ausgelassen, »wenn ihr wollt, bekommt ihr mehr.« Sie erhob sich und schob den Stuhl zur Seite. Sie räusperte sich, dann pfiff sie das Intro von Ilse Werners *Jeder Spatz pfeift es vom Dach.*

Hans starrte Rosemarie an, ungläubig, als sähe er einen Geist vor sich, und gleichzeitig begeistert, als wäre er gerade auf eine Goldader gestoßen. Silke wusste, sobald Rosemarie den hundertfach einstudierten Gesang und Tanz zu Ende brachte, würde sie in einen Machtkampf schlittern, gegen den der mit dem gierigen Glasverkäufer ein Zuckerschlecken gewesen war.

Es war Zeit, den Spuk zu beenden.

»Genug!« Silke stellte sich vor Rosemarie und winkte das Spontankonzert zu einem Stopp. Rosemaries Stimme erstarb. Hans' Stimme erblühte.

»Rosemarie! Was für ein Auftritt! Ich wusste schon, als ich Sie das erste Mal gesehen habe, dass Sie etwas Besonderes sind! Aber eine Sängerin!« Er wandte sich fragend an Silke. »Fräulein Silke, warum haben Sie mir nicht gesagt, dass wir unsere Künstlerin schon im Hause haben? Rosemarie ist natürlich die erste und einzige und perfekte Wahl für unser Unterhaltungsprogramm!«

»Nein.« Silke wischte Hans' Vorschlag mit einer schnellen Handbewegung zur Seite. Rosemaries Schutz war nicht verhandelbar. »Holen Sie auf die Bühne, wen sie wollen, machen Sie Ihr vermaledeites Unterhaltungsprogramm, aber halten Sie Rosemarie da raus. Sie wird nicht singen.«

»Silke!«, schrie Rosemarie auf. »Aber –«

»Nein.« Silkes Stimme war schneidend. »Wir sind nicht aus Wulfskate weg, damit du dich hier jeden Abend in eine solch ... solch ... exponierte Situation bringst.«

»Aber du kannst doch das, was dieses Schwein von mir wollte, nicht mit einem Auftritt in der Bar vergleichen!«

»Nein.«

»Fräulein Silke«, mischte Hans sich ein, »ich weiß nicht, worum es in Ihrem Disput geht, aber wäre nicht uns allen geholfen, wenn Rosemarie in unserer Bar auftritt?«

»Nein.« Silkes Mund wurde spitz. »Ich habe in dieser Bar das Sagen, waren das nicht Ihre eigenen Worte? Und ich sage Nein. Ich möchte nicht, dass sich meine Schwester ins Rampenlicht stellt. Es ist gefährlich, und wer das Gegenteil behauptet, kennt die Welt nicht.«

»Ich bin vierundzwanzig!«, rief Rosemarie. »Ich kann für mich selber entscheiden!«

»Aber nicht darüber, was in meiner Bar geschieht.«

»Dann ... dann ... mach deine Bar doch allein! Ich habe es satt, von dir wie ein Kind behandelt zu werden!« Rosemarie packte Egon an der Hand und zog ihn mit sich Richtung Tür. »Steht das Angebot mit dem Kellerzimmer noch?«

»Klar.« Egon warf einen entschuldigenden Blick zu Hans und Silke und verließ hinter Rosemarie die Bar.

Die Tür fiel hinter ihm ins Schloss. Silke fixierte sie, hoffte, sie möge sich wieder öffnen, Rosemarie zurückkommen, einsehen, dass Silke nur das Beste für sie wollte.

»Fräulein Silke! Was ist nur in Sie gefahren? Rosemarie ist die Lösung unserer Probleme! Sie ist entscheidend dafür, ob wir Erfolg haben werden oder nicht! Sehen Sie das nicht? Als Geschäftsfrau müssen Sie das doch erkennen! Und Rosemarie *möchte* bei uns auftreten!«

Silke schüttelte vehement den Kopf, die Lippen fest aufeinandergepresst, die Tür im Blick.

Hans seufzte. »Möchten Sie darüber reden?«

Wieder schüttelte sie den Kopf. Sie wollte nicht darüber reden. Sie wollte gar nicht reden. Mit einem Mal überfiel sie eine lähmende Müdigkeit. Vater hatte sie auf seinem Sterbebett mit nur einer Aufgabe betraut: auf Rosemarie aufzupassen. Weil er gewusst hatte, wie leichtsinnig sie war.

Nun war Rosemarie gegangen.

Sie hatte nur eine Aufgabe gehabt.

Sie hatte zu einhundert Prozent versagt.

# 20

Hatte sie überreagiert? Rosemarie fröstelte. In Egons Kellerzimmer war es noch kälter als in der Wolldeckenallee, die sich durch die vielen Bewohner ein Stück von selbst aufwärmte. Sie kauerte sich tiefer in das Sofa, zog die Knie an und legte die Arme um ihre Beine.

»Brauchen Sie eine Decke?« Egons aufmerksamem Blick war ihr Frösteln nicht entgangen.

»Danke, geht schon.« Noch während sie die Worte aussprach, ärgerte sie sich darüber. Warum lehnte sie eine Decke ab, wenn sie doch fror? Weil sie keinen Gefallen von Fremden annehmen sollte? Weil es ein Zeichen von Schwäche wäre, Schwäche, die eine Bensdorf natürlich niemals zeigen würde? So wie eine Bensdorf sich nicht in der Öffentlichkeit produzieren durfte, wie ihr Vater ihre Bühnenauftritte herabgewürdigt hatte. Sie hatte sich nicht produziert, sie hatte gesungen. Gut gesungen. Sie hatte ein gutes Gehör, eine gute Stimme, war eine gute Tänzerin. Malte hatte sie die beste Sängerin der Welt genannt, er hatte sie damit aufgezogen, dass sie einmal weltberühmt sein würde und ihn, den unscheinbaren Schreiner, vergessen würde. Sie wischte sich verlegen eine Träne aus dem Auge. Niemals würde sie Malte vergessen. Er war der mutigste Mensch gewesen, den sie je gekannt hatte. Er hatte sie angesteckt mit seinem Mut und seiner Begeisterung für alles, was er sich in den Kopf gesetzt hatte. Bis zu seinem Tod. Noch eine Träne entwischte. Wie sehr sie Malte vermisste. Genau jetzt. Seine Arme um ihre Schultern, seine aufmunternden Worte. Selbst in der größten Verzweiflung hatte er immer genau die richtigen gefunden.

»Darf ich mich zu Ihnen gesellen?« Egon setzte sich, bevor sie Ja oder Nein sagen konnte. »Darf ich Ihnen einen Rat geben?«

Rosemarie zuckte die Schultern. Warum nicht?

»Hören Sie nicht auf Ihre Schwester. Sie haben Talent. Verstecken Sie es nicht.« Er rückte ein Stückchen näher. »Sie sind erwachsen, und es wäre Wahnsinn, Ihr Talent beim Buddeln in Ruinen vor die Hunde gehen zu lassen. Singen Sie, Rosemarie! Tanzen Sie! Bringen Sie Freude in die Herzen der Männer, die auf so vieles verzichten mussten.«

Er streckte seine Hand aus und nahm die ihre. »Sie sind ja eiskalt!« Er sprang auf und holte die zuvor verweigerte Decke. »Bitte, ich bestehe darauf – Kälte ist Gift für eine gute Stimme!« Er legte die Decke um sie und setzte sich wieder zu ihr. »Darf ich Sie ein wenig wärmen?«

Rosemarie nickte. Egon legte einen Arm um ihre Schulter und zog sie zu sich. Sorgfältig wickelte er mit dem anderen Arm die Decke um sie herum. Rosemarie ließ es willig geschehen. Seine Nähe, seine Wärme, seine Worte … Es tat so gut. Schon lange hatte sie sich nicht mehr so wohl gefühlt. Sie lehnte ihren Kopf an seine Schulter, genoss seine Nähe, das lang vermisste Gefühl eines Armes, der sie festhielt.

Sie spürte, wie er eine Haarsträhne aus ihrem Gesicht strich. Er neigte seinen Kopf zu ihr, senkte seine Stimme. »Rosemarie, Sie sind eine zauberhafte Frau. Sie verdienen so viel mehr, als Sie gerade bekommen. Lassen Sie mich Ihnen helfen.«

Rosemarie sah zu ihm hoch.

»Ich kann Ihnen helfen.« Er drückte sie sanft an sich, seine Wange berührte ihr Haar. »Wie schon mal erwähnt, kenne ich Leute in Hamburg, die Sie mit offenen Armen als Sängerin aufnehmen würden.«

»Sie …« Rosemarie drehte ihren Kopf zu ihm, so nah, dass ihre Lippen sich fast berührten. »Woher wissen Sie, dass die mich nehmen würden?«

»Ich habe Sie singen gehört.« Er nahm seinen Arm von ihrer Schulter, drehte sich so zu ihr, dass er ihre Hände ergreifen und in ihr Gesicht sehen konnte. »Ich verstehe, dass Ihre Schwester Sie von der Welt abschotten möchte. Ich verstehe es, weil ich das auch gerne tun würde. Aber es geht hier nicht um Ihre Schwester oder um mich, sondern um Sie. Und Ihre Zukunft ist da draußen. Singen Sie. Für uns alle.«

Ein warmes Gefühl durchlief Rosemarie. Genau das hätte sie sich von Silke gewünscht. Sie lächelte Egon dankbar an. Welch Glück sie doch hatte, dass er für sie da war. Wie oft er sich in den letzten Wochen als wahrer Freund entpuppt hatte, kein Aufwand war ihm zu hoch gewesen, um mit ihr die Bar mit Möbeln zu bestücken. Sie betrachtete sein Gesicht. Die blauen Augen, unglaublich klar und in auffälligem Kontrast zu den braunen Locken, die Nase gerade und in perfekter Proportion zu den sinnlich geschwungenen Lippen. Lippen, die so einladend nah waren …

»Ich weiß nicht«, flüsterte sie, »wie ich Ihnen –«

»Pssst.« Egon legte einen Finger auf ihren Mund. »Sag nichts. Küss mich einfach.« Er beugte sein Gesicht zu ihrem, sie spürte seine Lippen auf den ihren, hart und fordernd, spürte seinen Arm, der sie zu ihm zog und an ihn presste. Sie spürte die Hitze, die sie plötzlich durchströmte, und sie erwiderte seinen Kuss.

\*\*\*

Die Gegend, das wusste Rosemarie bereits, war berüchtigt für ihre Kaschemmen und Kabaretts und die Dirnen, die hier auf ihre Freier warteten. Sie wusste allerdings auch, dass sich Juwelen zwischen den Kaschemmen versteckten, Bars und Kneipen, die den Mut hatten, Neues zu wagen. Wie die Kneipe, in der sie mit Maltes bestem Freund das erste Mal aufgetreten war. Wie damals hatte sie ein rotes Kleid an, nur diesmal nicht ein brandneues aus dem Geschäft ihres Vaters, sondern ein getragenes aus Egons Kellerlager. Ihr Blick streifte die zerschundenen Fassaden, die ungewohnten Gestalten auf der Straße, fühlte die anzüglichen Blicke mancher Männer. Sie drückte Egons Hand. Müsste er nicht reagieren und die Männer in ihre Schranken weisen? Oder nahm er die stumme Belästigung gar nicht wahr?

Schließlich erreichten sie die Bar des Kontaktmannes, dem Egon sie vorstellen wollte. Zwischen zwei Ruinen verteidigte das Haus trotzig und verrußt seinen Platz, die Fenster mit Sackleinen verhängt. Egon öffnete die Tür und schob sie vor sich hinein. Schummriges Licht gab der Bar einen verruchten Anstrich. Rosemarie schluckte. Sollte sie wirklich hier ihre Laufbahn als Sängerin wiederbeleben?

Die Bar war zwielichtig, auch wenn Egon sie als erste Bar am Platz beschrieben hatte. Allerdings hatte das momentan nicht viel zu sagen, es gab kaum noch Bars – jedenfalls für deutsche Gäste.

Noch waren nur wenige Menschen in der Bar, aber sie konnte sich sehr gut vorstellen, wie es hier zugehen würde, sobald der Raum sich füllte, mit Gästen, die bereits zu viel Alkohol für das wenige Essen konsumiert hatten, das ihnen zustand.

»Rosemarie.« Egon schob sie vor einen Mann im mittleren Alter mit von Pomade glänzendem, schütterem Haar und einem von Pockennarben entstellten Gesicht. »Das ist Hermann Heins, Besitzer dieses Etablissements.«

Heins verzog beifällig den Mund und nickte ihr zu. »Sehr erfreut.« Er hielt ihr seine Hand hin. Sie nahm sie, zuckte unter dem kräftigen Griff zusammen. Er betrachtete sie näher, während er weiterhin ihre Hand quetschte.

Rosemarie stand still. Stolz streckte sie ihre Schultern nach hinten und sah Heins direkt an. Sie kannte diesen Blick. Abschätzend, wie bei einem Pferd, dessen Zähne man vor dem Kauf prüfte. Sie lächelte ihr schönstes Lächeln, als wären es wahrlich ihre Zähne, die auf dem Prüfstand waren.

»Sie können also singen?«, fragte Heins und inspizierte mit seinem Blick nun nicht mehr ihre Zähne, sondern ihr Dekolleté, seine Blicke saugten sich regelrecht an ihren Brüsten fest. Rosemaries Hand zuckte. Eine kräftige Ohrfeige würde seinen Blick schon wieder auf das richtige Stockwerk katapultieren.

»Hab ich doch gesagt.« Egon stellte sich schräg vor sie, als wollte er sie vor Heins' Blicken beschützen. »Deutschen

Schlager rauf und runter. Was sie braucht, ist eine Begleitung.«

»Ich habe einen Klavierspieler.« Wieder musterte Heins Rosemarie kritisch. »Sie bekommen heute Abend einen Probeauftritt.« Er wandte sich an Egon. »Wenn ich zufrieden bin, kann ich ihr ein Engagement anbieten. Drei Abende die Woche. Kost ist frei und Trinkgeld kann sie behalten.« Er lächelte anzüglich. »Wenn sie ihr Kostüm an hat, dann rollt die Pinke nur so. Garantiert.«

»Kostüm?« Rosemarie hob die Brauen.

Heins zeigte mit einer Kopfbewegung hinter sich. Ein Plakat, darauf eine Frau in einem stark taillierten, schulter- und beinfreien Einteiler, rot mit weißer Spitze im Dekolleté, hinten war eine wadenlange Schleppe befestigt, vorne die Sicht auf Beine und Wäsche frei.

Entsetzt starrte Rosemarie auf das Bildnis der halb nackten Frau. »So soll ich auftreten?«

»Natürlich. Die Kunden mögen das.«

Hilfesuchend sah sie zu Egon. Er konnte doch nicht ernsthaft wollen, dass sie sich so auf eine Bühne stellte!

Egon sah sie zerknirscht an. »Was sollen wir machen? So treten hier alle auf. Und … genau betrachtet zeigst du damit nicht mehr Haut als bei den Gymnastiktreffen beim BDM früher – sie wird nur ein wenig anders präsentiert.« Er beugte sich zu ihrem Ohr. »Natürlich wäre mir am liebsten, dass nur ich dich so sehe, aber wäre das nicht eigennützig von mir, wenn es deinem Erfolg als Sängerin schadet? Wäre das nicht, was Silke jetzt sagen würde?«

Rosemarie schloss die Augen. Atmete tief durch. *Es ist nur ein Kostüm.*

Daran würde sie ihren Traum nicht scheitern lassen.

# 21

»Bist du ganz sicher?« Silke setzte sich auf die unterste Stufe der neuen Bühne.

Mila nickte. »Ein übler Laden, mitten auf der Reeperbahn. Ohne den Hinweis einer Freundin hätte ich da nie nachgesehen. Karla hatte gehört, dass im Glockenspiel eine Neue singt, die sich vom üblichen Programm abhebt. Sie sagt, die Mädchen werden dort meist weniger fürs Singen als fürs Ausziehen bezahlt. Warum macht Rosemarie das?« Mila zeigte auf die Bühne. »Warum tritt sie nicht hier auf, wenn sie unbedingt singen will?«

Unwillkürlich legte Silke die Hand auf ihr Herz. Sie spürte sein schnelles, hartes Pochen, spürte den Ring, der sich wie eine Eisenkralle um ihren Brustkorb legte. Die Kralle der Angst hatte Mutter dieses Gefühl genannt, sie packt dich mit dem ersten Kind und lässt dich nie wieder los. Silke hatte nicht mal ein Kind, und trotzdem hielt die Eisenkralle sie seit zwei Tagen fest im Griff.

»Geht es dir nicht gut?« Mila sah sie besorgt an. »Du bist ganz bleich. Warte, ich hole dir ein Glas Wasser.«

Silke folgte Mila mit den Augen, sie hörte sie an der Theke hantieren, Glas, Wasser, Gluckern. Eine Kaschemme. Reeperbahn. Leichte Mädchen. Und Rosemarie mittendrin.

Es war ihre Schuld. Sie hatte Rosemarie mit ihrem Geglucke vergrault.

Mila kam zurück und reichte ihr ein Glas Wasser. Silke trank. Das Wasser lief kühl die Kehle hinunter, der Druck auf die Brust lockerte sich etwas, Silke atmete auf. »Hast du mit ihr gesprochen?«

»Nein, ich wurde sehr nachdrücklich gebeten, das Etablissement zu verlassen. Ich glaube, die dachten, ich sei eine Taschendiebin.« Sie grinste und zog ein silbernes Zigarettenetui hervor. »Da wollte ich sie nicht enttäuschen.«

»Mila!«, rief Silke. »Seit wann klaust du?«

»Seit man mich des Diebstahls bezichtigt.« Sie zwinkerte Silke zu und öffnete das Etui. Es war voll mit britischen Zigaretten. Beste Marke. »Keine Angst, der frühere Besitzer dieses Schatzes hat die kleine Lektion mehr als verdient.«

»Ach, Mila«, seufzte Silke, »du bist genauso verrückt wie Rosemarie.«

»Weil ich mir nicht alles gefallen lasse?« Mila steckte das Etui wieder ein. »Ich finde die verrückt, die sich alles gefallen lassen. Und ich finde es verrückt, dass Rosemarie ohne irgendeine Vorwarnung alles stehen und liegen lässt und halb nackt in einer Schmuddelkneipe tingelt, wenn hier die beste Bühne der Stadt steht.«

»Das ist meine Schuld.«

»Gestern habe ich sie mit Egon beim Kohleklauen gesehen. Da hätte sie mit mir hinsollen. Sie hat mich einfach fallen lassen.« Milas Augen verengten sich fragend. »Wie kann das deine Schuld sein?«

»Ich habe sie wie ein Kind behandelt, und sie ist wie ein Kind davongerannt.«

»Sie hasst es, wenn du sie wie eine Zwölfjährige behandelst. Wann begreifst du das?« Mila verzog nachdenklich den Mund. »Ich habe ihr gesagt, sie soll dir endlich klarmachen, dass sie erwachsen ist. Dann bin ich wohl auch schuld, dass sie weg ist.« Sie setzte sich neben Silke auf die Stufe. »Und jetzt? Soll ich Karla bitten, dass sie ein Auge auf Rosemarie hat? Sie kennt sich auf der Reeperbahn aus, hat da mal gearbeitet, in so einem Kabarett, und sie schuldet mir noch einen Gefallen.«

Silke hob abwehrend die Hand. So viel hatte sie Mila noch nie auf einmal reden hören. Was ganz sicher kein gutes Zeichen war.

»Dann«, Mila zuckte die Schultern, »holst du sie zurück?«

»Wie denn?« Wieder schnürte sich die Eisenkralle um ihre Brust. »Ich kann sie nicht zwingen, sie ist erwachsen! Ob ich das nun wahrhaben will oder nicht.«

»Sag ihr, dass sie ihr Singding hier abziehen soll.« Mila verdrehte die Augen. »Kapier ich eh nicht, wie man sich freiwillig auf eine Bühne stellt und anglotzen lässt.«

Silke schüttelte den Kopf. »Sie wird nicht auf mich hören. Sie wird denken, dass ich sie nur wieder bevormunden will.«

»Dann schick den Meister. Den respektiert sie.«

Silke verspürte einen Stich. Hans Meister respektierte Rosemarie, sie aber nicht?

\*\*\*

Silke drückte ihre Nase an Schiefhannes' Schaufenster. Hinter der Auslagenabtrennung glaubte sie einen schwachen Lichtschein zu sehen. Sie prüfte die Uhrzeit. Fast zehn Uhr abends, viel zu spät für einen unangekündigten Besuch. Außer man war sehr gut befreundet, oder es handelte sich um einen Notfall.

Sie trat einen Schritt zurück, sah an dem Gebäude hoch. Im ersten Stock flackerte im ganz linken Fenster ein matter Lichtschein. Wo war Meisters Wohnung? Erster Stock? Zweiter? Im Erdgeschoss? Nun war sie schon so oft hier gewesen, aber noch nie hatte sie einen Fuß hinter den Vorhang am Ende des Friseursalons gesetzt. Womit sie wohl eher in die Kategorie ferne Bekanntschaft gehörte, die am besten gar nicht erst unangekündigt auftauchte.

Sie presste das Ohr an die Scheibe. Waren da Stimmen? Wenn sie Stimmen hörte und Licht sah, war es dann doch vertretbar zu klopfen?

Silke hob die Hand. Zögerte.

Sie könnte Hans genauso gut morgen um Unterstützung bitten. Heute konnte er ohnehin nichts mehr ausrichten. Langsam nahm sie die Hand herunter, als ein kalter Wassertropfen darauf landete. Dann noch einer und noch einer. Immer schneller prasselte der eisige Regen vom Himmel herab, auf ihr Haar, ihren Mantel, bahnte sich einen Weg in ihren Kragen. Ohne weitere Scheu hob sie die Faust und hämmerte gegen die Scheibe. »Meister! Hans!« Sekunden später wurde der Lichtschein heller, die Tür öffnete sich, und Gustav stand vor ihr.

»Fräulein Silke! Um Himmels willen, Sie sind ja vollkommen durchnässt!« Er zog sie am Ärmel in den Salon. »Was bringt Sie denn zu dieser späten Stunde noch auf die Straße? Das ist doch kein Ort für eine Dame so ganz allein!« Er hielt kurz inne, fragte noch bevor sie zu einer Antwort ansetzen konnte: »Ist etwas passiert?«

Sie nickte. »Es geht um Rosemarie. Ich mache mir Sorgen.«

»Geben Sie mir Ihren Mantel.« Er nahm ihren Mantel und schlurfte ihr voran durch den Salon, vorbei an den Frisierstühlen, an der nun mit hübschen Kissen ausgestatteten Wartebank, dem Tresen mit seinem neuen Seidenblumenstrauß, vorbei an dem halb zurückgezogenen Vorhang, durch eine Waschküche und betrat einen Flur. Dort führte er sie eine Treppe hoch in den ersten Stock. Er öffnete die erste Tür links. Wenn sie sich nicht irrte, musste dies der Raum sein, in dem sie von der Straße Licht gesehen hatte.

»Fräulein Silke«, kündigte er sie an und schob sie an sich vorbei in den Raum. »Ich kümmere mich um Ihren Mantel.«

Silke betrat den Raum. Eine Küche, einladende Wärme schlug ihr entgegen, weiße Möbel, dunkler Boden, am Tisch saßen Hans und ein weiterer Mann, vor ihnen leere Weingläser. Sie hatte den Mann noch nie gesehen, aber sie erkannte die Uniform der britischen Besatzungsoffiziere.

Hans sprang auf und kam ihr entgegen. »Fräulein Silke, was bringt Sie so spät hierher? Ist etwas passiert?«

Er führte sie zum Tisch. Der Offizier stand nun ebenfalls auf.

»Fräulein Bensdorf«, sagte Hans, »darf ich Sie mit Lieutenant Colonel Alan Wright bekannt machen?«

Der Lieutenant Colonel streckte ihr die Hand hin. Schüttelte sie. »Sehr erfreut.« Dann stutzte er. »Bensdorf?« Er wandte sich fragend an Hans. »Das ist Fräulein Bensdorf?«

Silke nahm den ungläubigen Ausdruck auf dem Gesicht des Lieutenant Colonels wahr. Was hatte Hans über sie erzählt? Verunsichert setzte sie sich auf den Stuhl, den Hans für sie zurückgezogen hatte.

Der Lieutenant Colonel nahm ihr gegenüber Platz. »Dann Sie sind die Lady, die hat gesagt zu meine Freund Hans, dass sie ist Boss von Bar und seine Wort nicht zählt.«

»Das haben Sie erzählt?« Silke blickte Hans verwundert an. Was gingen britische Offiziere ihre Geschäfte an?

»Natürlich«, sagte Hans und setzte sich ebenfalls wieder. »Da Mr. Wright der Mann ist, dessen Auflagen Sie die Bühne in Ihrer Bar verdanken, war es nur recht und billig, ihm zu erklären, warum auf dieser Bühne nun anstelle einer bildschönen, talentierten Frau ein alternder Pianist noch ältere Volksweisen zum Besten geben wird.«

»Das sein wirklich sehr schade«, fiel Lieutenant Colonel Wright Hans ins Wort. »Hans mir hat viel erzählt von Fräulein Rosemarie. Muss sein sehr besondere Mädchen.«

»Dann wird es Sie sicherlich freuen, dass ich meine Meinung geändert habe.«

»Wirklich?«, fragten Hans und Wright im Chor.

»Excellent Neuigkeiten!« Wright strahlte. »Dann wir haben eine Programm, die ich kann vertreten vor die Ausschuss.«

»Deswegen der späte Besuch? Um mir das zu erzählen?« Hans warf ihr einen fragenden Blick zu. »Warum ist Rosemarie nicht mitgekommen?«

»Nun …« Silke presste die Lippen aufeinander. Sie spürte die neugierigen Blicke der Männer auf sich und verfluchte ihren impulsiven Entschluss, noch heute Nacht hierherzukommen. Unbedachtes Handeln war Rosemaries Spezialität, warum agierte sie plötzlich so?

»Nun?«, fragte Hans.

»Sie weiß noch nichts davon.«

Wright starrte sie mit offenem Mund an. »Sie haben entschieden für Ihre Schwester und teilen Hans mit das Ergebnis, ohne zu fragen Ihre Schwester?«

Silke errötete. So wie dieser Lieutenant Colonel es darstellte, klang sie wie eine Sklavenhalterin. »Ob Rosemarie mein Angebot annimmt, in der Bar zu singen, muss sie selbst entscheiden. Deswegen bin ich hier.«

»Ah, well, ich verstehe.« Wright nickte, stutzte. »Oder vielleicht, ich verstehe doch nicht. Warum sind Sie hier?«

Silke wandte sich an Hans. »Ich brauche Ihre Hilfe.« Sie nahm seine Hand. »Ihnen vertraut Rosemarie, würden Sie mit ihr reden? Sie soll zurückkommen und bei uns auftreten.«

»Selbstverständlich. Es wäre mir eine Ehre.« Hans drückte tröstend ihre Hand. »Wissen Sie, wo ich sie finden kann?«

»Sie …« Silke zögerte. Alles, was sie über diese Bar gehört hatte, war übelster Natur. Reichte es nicht, dass Rosemarie vor ihr an so einen Ort geflüchtet war? Nun musste sie auch noch Rosemaries Ruf vor diesem Lieutenant Colonel ruinieren.

»Ja?«, fragte Hans nach.

»Sie … sie tritt im … Glockenspiel auf«, presste Silke hervor.

»Im Glockenspiel?« Wright schüttelte entsetzt den Kopf. »In diese Etablissement! Das ist kein gute Adresse für eine Lady, das ich kann Ihnen sicher sagen.«

»Ich denke, das weiß Fräulein Bensdorf bereits«, sagte Hans knapp und wandte sich an Silke. »Ich werde mich darum kümmern, Sie können sich auf mich verlassen.«

Eine Welle der Dankbarkeit lief durch Silke. Ja, sie verließ sich auf Hans. Zu hundert Prozent. Er würde sich nicht abwimmeln lassen, nicht vom Barbesitzer, nicht von Egon, nicht von Rosemarie. Er würde sie zurückholen. Silke hätte ihn umarmen können. Stattdessen drückte sie kurz seine Hand. »Ich stehe in Ihrer Schuld. Vielen Dank.« Sie nickte erst Hans, dann Wright zu und erhob sich. »Nun, dann möchte ich Sie nicht länger stören.«

»Aber nein! Bitte, Miss Bensdorf«, protestierte Wright sogleich und zeigte auf eine halb volle Flasche Rotwein auf der Anrichte. »Trinken Sie eine Glas Wein mit uns, und dann hoffe ich, Sie geben mir die Ehre, dass ich Sie darf nach Hause begleiten.«

Silke warf Hans einen unsicheren Blick zu, doch Hans nickte, als sei Wrights Einladung genau das, was er im nächsten Moment ebenfalls ausgesprochen hätte.

# 22

Das Glockenspiel. Ausgerechnet. Hans legte die Hand an die Türklinke. Eine schlimmere Kaschemme hätte Rosemarie sich nicht aussuchen können. Jeder wusste, dass der Wirt ein skrupelloser Zuhälter war, einer, der keine Sekunde zögerte, wenn er einen über den Tisch ziehen konnte. Nun, nicht jeder, Rosemarie hatte das sicher nicht gewusst, aber Tönnes, der wusste genau, was Heins für ein Mensch war. Und trotzdem hatte er Rosemarie hierhergebracht.

Viel zu heftig stieß Hans die Tür auf. Sie flog gegen die Wand und wieder zu ihm zurück. In letzter Sekunde stoppte er sie mit seinem Stock.

»Oih!« Ein kräftiger Mann, gut einen Kopf größer als er und muskelbepackt wie ein Gewichtheber, trat drohend auf ihn zu.

»Schon gut, die Tür ist mir aus der Hand gerutscht«, murmelte Hans und ließ sie sanft ins Schloss zurückgleiten. Aus dem Inneren strömte ihm warme, abgestandene Luft entgegen, geschwängert von Zigarettenrauch und Alkohol.

Der Muskelprotz musterte ihn, erst unsicher, dann bass erstaunt. »Meister?«

»Wohl erkannt.« Hans sah an ihm vorbei zur Bühne. Die Tische davor lagen im Halbdunkel, die Bühne war mit zwei schummrigen Lampen beleuchtet. Offenbar war gerade Pause oder Wechsel, denn die Bühne war leer. Die Tische waren spärlich besetzt, vor allem Männer, soweit er das in dem müden Licht erkennen konnte, und wenn Damen mit am Tisch saßen, dann zumeist auf dem Schoß eines Mannes oder eng an ihn geschmiegt. Lautes Gelächter lenkte seinen Blick auf einen Tisch ganz vorne in der Nähe der Bühne, wo ein halbes Dutzend Matrosen sich offenbar königlich über einen Witz amüsierte.

»Wollen Sie zu Heins?«, fragte der Muskelprotz.

»Noch nicht.« Hans zeigte zur Bühne. »Einen Sitzplatz in der ersten Reihe hätte ich gerne.«

»Jawoll.« Der Muskelprotz stand soldatenstramm vor ihm. Dann machte er auf dem Absatz kehrt. »Kommen Sie!«

Je tiefer er dem Muskelprotz in den Raum folgte, desto schummriger wurde das Licht. An einem Tisch direkt an der Bühne machte der Muskelprotz halt. Ein Mann saß dort, um die fünfzig, die Jacke abgewetzt, das Haar verfilzt, der Blick abwesend auf das leere Glas vor ihm gerichtet.

Der Muskelprotz stupste ihn an. »Oih, Wolf, tied to gahn.«

Langsam hob Wolf den Kopf. Sah zu dem Muskelprotz. Dann zuckte er resigniert die Schultern und stand auf. Zumindest versuchte er es, doch noch bevor er gerade stand, war er schon zusammengesunken und lag ausgestreckt auf dem Boden.

»Verdommt! De Töffel!« Der Muskelprotz bückte sich, stupste Wolf an. Keine Reaktion. Verärgert schob der Muskelprotz seine Arme unter Wolfs Achseln und schleifte ihn durch die Kneipe zum Ausgang.

Hans setzte sich. Am Tisch neben ihm amüsierten die Matrosen sich immer noch köstlich. Sie lachten laut und ausgiebig, tranken noch ausgiebiger.

Unauffällig lauschte Hans der Unterhaltung am Nebentisch, es ging um Mädchen.

Um Rosemarie?

Hans' Magen krampfte sich zusammen. Warum hatte er sich nicht früher eingemischt?

Wieder drangen Wortfetzen zu ihm. »Bräute … ganz frisch … nein, blutjung-frisch, Idiot! … Nein, nicht hier … zu viele Tommys … Psst, nur unter der Hand … geht zu …«

Hans beugte sich weiter zu dem Matrosentisch. Geht zu … wem?

Da brach Applaus los. Hans hob den Blick. Zwei Scheinwerfer flammten auf und warfen ein gelbliches Licht auf die Bühne. Ein Trommelwirbel, dann wandelten zwei riesige Fächer, hinter denen offenkundig eine Dame steckte, auf zierlichen Schuhen auf die Bühne. Der Klavierspieler spielte die ersten Töne von *Unter der roten Laterne von St. Pauli*, die Fächerfrau tänzelte über die Bühne, dann erklang Rosemaries Stimme, süß und klar ergriff sie Hans' Aufmerksamkeit, fesselte sie. Gebannt verfolgte er jeden Schritt, jede Bewegung der Fächer, ein Kunstwerk der Verheißung, hier ein Stück nacktes Bein, dort ein Stück roter Stoff, immer wieder Rosemaries wunderschönes Gesicht, die Lippen knallrot, die braunen Haare mit glitzernden Klammern hochgesteckt. Ihre dunkel geschminkten Augen wirkten noch größer und intensiver als sonst. Doch was ihn am meisten packte, war die Lebenslust, die sie versprühte, das Leuchten in ihren Augen, ihr fröhliches Gesicht, das selbst beim Singen zu lachen schien. Er konnte seine Augen keine Sekunde von ihr abwenden, es war ein großartiges Schauspiel, und doch gefiel es ihm auch gar nicht. Mit einem Mal verstand er Silke. Er wusste, was jeder einzelne Mann in diesem Raum sich gerade vorstellte. Am liebsten hätte er Rosemarie jetzt sofort von der Bühne geholt. Johlend sprangen die Matrosen von ihren Stühlen, als wie aus dem Nichts der Muskelprotz sich mit verschränkten Armen vor ihrem Tisch platzierte. Die Matrosen setzten sich, noch immer johlend.

Der Schlusstakt erklang. Die Fächer lüfteten sich, Rosemarie stand da. Hans sog scharf die Luft ein. Beine, Arme, Dekolleté, so viel nackte Haut, die Wirkung der Nacktheit noch verstärkt durch das taillierte, schulterfreie rote Oberteil. Wie konnte sie sich so diesen Männern präsentieren? Wie konnte Tönnes das zulassen? Er sah sich um. Wenn er Tönnes hier antraf, wenn er feststellte, das Tönnes davon wusste, dann ...

Ein Sturm der Begeisterung brach los. Klatschen, Pfeifen, Rufe.

Schnell richtete Hans seine Aufmerksamkeit wieder auf Rosemarie. Sie verbeugte sich, lächelte ins Publikum, dann schlug der Klavierspieler *Fips, der Pfeifer* an, Rosemarie drehte sich um sich selbst, der schleppenartig ausgestellte weiße Halbrock hob ab wie ein Federkleid. Rosemarie steppte über die Bühne, die Beine flogen links und rechts in luftige Höhe, dann blieb sie am Bühnenrand stehen, legte die Hand an die Stirn, als suchte sie jemanden im Publikum. »Ich hab um acht ein Rendezvous, ich weiß nur leider nicht genau, mit wem ...«

Wieder johlten die Matrosen, Rosemarie sang unbeirrt weiter. Da streifte ihr Blick Hans, kurz verhakten ihre

Blicke sich, Hans spürte, wie sein Herz in Doppelsprüngen gegen seinen Brustkorb hämmerte. Er erkannte Erstaunen in ihrem Blick, als hätte sie ihn hier nicht erwartet, doch sie sang weiter. »… der Hans jedoch braucht mich nur anzusehen …« Sie zwinkerte ihm zu, beendete die Strophe und steppte über die Bühne.

Er spürte einen heißen Strom durch seinen Körper fahren, sah ihr nach, sah ins Publikum, beobachtete die Männer, die lüsternen Blicke, die unverhohlene Begierde. Seine Faust krallte sich um seinen Stock. Keinen Tag länger würde er dulden, dass sie sich hier der schmutzigen Fantasie dieser Männer aussetzte.

Rosemarie tanzte zu ihm zurück. »… denn seine Melodie macht mich so froh wie nie«, wieder zwinkerte sie ihm zu, »so einfach sie ist, ob mich der Hans wohl eines Tags küsst?« Dann kam der Schlusstakt, sie verbeugte sich.

Hans starrte wie elektrisiert auf die Stelle, an der sie eben noch gestanden und ihm zugezwinkert hatte. Hatte sie gerade mit ihm geflirtet? Oder war das Teil ihres Auftritts gewesen?

Er schüttelte irritiert den Kopf. Wie konnte er nur so einen absurden Gedanken haben! Als ob Rosemarie mit ihm, dem Krüppel, flirten würde! Sie sah nicht Hans, den Mann in ihm, sie sah nur Hans, den Friseur, den Händler, den Helfer, vielleicht, mit der Zeit, auch Hans, den Freund. Das war alles, was er sich von einer Frau wie Rosemarie erhoffen konnte.

Das nächste Lied begann. Hans hing an Rosemaries Lippen, war mit jeder Liedzeile mehr fasziniert von der Leichtigkeit ihrer Bewegungen, der Klarheit ihrer Stimme, der Fröhlichkeit, die sie ausstrahlte.

Er war sich nur zu bewusst, dass er nicht der Einzige war, auf den sie wie eine Droge wirkte.

Dann war ihr Auftritt zu Ende. Unter tosendem Applaus verließ Rosemarie die Bühne. Hans war gleichzeitig erleichtert, dass sie sich nun in die Sicherheit der Garderobe zurückzog, und enttäuscht, dass ihre Vorstellung schon vorbei war. Den ganzen Abend hätte er ihr zuhören und -sehen können.

Er würde sie jetzt sofort zurück zu Silke bringen. Weg von diesem Ort, das war kein Umfeld für sie! Und wenn Tönnes in der Garderobe auf Rosemarie wartete und sie zum Bleiben animierte, dann …

Er packte seinen Stock und erhob sich.

Vor der Garderobe standen bereits drei der Matrosen. Unauffällig stellte sich Hans hinter sie und lauschte ihrem aufgeregten Gerede, der großspurigen Wette, für wen der drei sie sich entscheiden würde, wer sie gleich auf ein Getränk einladen dürfe, wen sie heute noch küssen würde. Hans' Blut kochte schier über. Was bildeten diese Kerle sich ein? Der Größte der drei klopfte an die Garderobentür.

»He!«, rief Hans und drängte sich neben ihn. Der Matrose sah geringschätzig auf ihn herab.

»Meinen Sie mich?«

Da öffnete sich die Tür. Rosemarie stand im Rahmen. Sie wirkte viel zarter und verletzlicher als auf der Bühne. »Ja?«, fragte sie unsicher. Als sie Hans erblickte, ging ein erleichtertes Strahlen über ihr Gesicht. Schnell ergriff sie seine Hand. »Hans! Kommen Sie herein.«

Er erhaschte noch die verblüfften Blicke der Matrosen, dann hatte Rosemarie ihn schon in die Garderobe gezogen und die Tür hinter ihm geschlossen.

»Was machen Sie hier, Hans?« Sie wies auf einen Stuhl vor einem über und über mit Tiegeln und Puderdosen und Bürsten und Kämmen übersäten abgewetzten Schminktisch. Der Spiegel davor war fast blind, die Lampe hatte nur eine Glühbirne, die auch noch gespenstisch flackerte. »Setzen Sie sich!«

Er blieb stehen. Auf keinen Fall würde er zu ihr hochsehen, wenn er sie aufforderte, mit ihm zu kommen.

Sie verschwand hinter einer mit nackten Frauen und Blumengirlanden bemalten spanischen Wand, kurz darauf flog der Einteiler über den Sichtschutz. »Würden Sie das für mich aufhängen?«

Hans nahm das Nichts von Kostüm. Er widerstand dem Verlangen, daran zu riechen, den Duft von Rosemarie aufzunehmen, zu konservieren, für später, für immer. Es wäre nicht recht. Ein Verrat an ihrer zart keimenden, unschuldigen Freundschaft. Etwas verunsichert suchte er nach Schlaufen, an denen er das Kostüm aufhängen konnte.

»Also, schießen Sie los«, forderte Rosemarie hinter der Wand. »Hat Silke Sie geschickt?«

»Auch«, gab Hans zögerlich zu. »Aber das hätte es nicht gebraucht, nachdem ich erfahren habe, wo Sie auftreten.«

Rosemaries Hand erschien an der Seite der Wand. »Würden Sie mir meine Bluse reichen? Sie hängt über dem Stuhl.«

Hans nahm die Bluse und reichte sie ihr, mit einem Mal nervös wie ein Pennäler.

»Also, raus mit der Sprache, möchten Sie mich auf den Pfad der Tugend zurückholen?« Sie kicherte. Er hörte das Rascheln ihrer Bluse.

»Ich möchte, dass Sie an einem Ort auftreten, der Ihr Talent würdigt.« Er knetete nervös seine Hände. Was sollte er tun, wenn sie sich weigerte? »Kommen Sie nach Hause, Rosemarie. Silke verspricht, Sie Ihren Weg gehen zu lassen.«

»Ach, tut sie das?« Rosemarie kam hinter der Wand hervor und strich ihren Rock glatt. »Und warum würde sie so plötzlich ihre Meinung ändern?«

»Weil sie eine kluge Frau ist und begriffen hat, dass sie Sie sonst ganz verliert. Und weil Mila wohl sehr überzeugend Ihre Position vertreten hat.«

»Mila …« Rosemarie nagte an ihrer Unterlippe. »Ich habe mich nicht einmal von ihr verabschiedet.«

»Deshalb hat sie Sie gesucht – und gefunden.« Er lächelte Rosemarie an. »Kommen Sie zurück. Treten Sie in Silkes Bar auf. Bestimmen Sie selbst, welche Lieder Sie spielen wollen. Gustav kann Sie mit ganz neuer Musik vertraut machen. Sie hätten das Zeug dazu, selbst die schwierigsten Stücke zu interpretieren. Sie könnten über sich selbst hinauswachsen!«

»Gustav?«

Hans lächelte verschmitzt. »Ja, der gute alte Gustav, mag man nicht meinen, aber in den Dreißigerjahren, bevor Jazz verboten wurde, war er Hamburgs Jazzlegende. Er kann sie alle spielen, Benny Goodman, Billie Holiday und –«

»Jazz?« Rosemaries Augen leuchteten auf.

»Jazz.« Hans nickte bekräftigend und zeigte auf die Federfächer. »Und Ihr Bühnenkostüm bestimmen Sie auch selbst.«

Sie nahm seine Hand. »Worauf warten wir dann noch?«

In dem Moment flog krachend die Garderobentür auf. Hans fuhr herum, erwartete die Matrosen, doch vor ihm stand ein britischer Soldat.

»Kontrolle«, schnauzte er ihn an. »Papiere.« Er erblickte Rosemarie und zeigte zur Tür. »Sie sind Rosemarie?«

Rosemarie nickte.

»Gehen Sie nach Hause.«

»Ich warte auf meinen Freund, Sir«, sagte Rosemarie.

»Nein.« Er packte sie am Ellenbogen und schob sie Richtung Tür. »Gehen Sie nach Hause, das ist ein Befehl.«

Rosemarie schüttelte seinen Arm ab und drehte den Kopf zu Hans. »Ich warte an der Ecke!«

Hans nickte. Er konnte sich vorstellen, woher die plötzliche Razzia kam und vor allem der Befehl, dass Rosemarie nach Hause gehen sollte.

Alan. Er wollte helfen.

Nur leider bewirkte er gerade genau das Gegenteil.

# 23

In der Bar wimmelte es nur so von britischen Soldaten. Eine Razzia erster Güte. Rosemarie huschte zum Ausgang. Warum durfte sie gehen und die anderen nicht? Wie konnte der Soldat den Befehl haben, nur sie nach Hause zu schicken? Das ergab überhaupt keinen Sinn – und doch war sie offenbar die Einzige, die frei passieren durfte. Sie spürte die Aufregung in ihrem Hals. Eine Razzia brachte immer Ärger. Besonders in einem Etablissement wie diesem, in dem sich mindestens so viel Illegales wie Legales abspielte.

Was für einen Eindruck hinterließ es, wenn sie als Einzige unbehelligt die Bar verlassen durfte?

Hastig schlüpfte sie durch die Tür ins Freie. Der eisige Nachtwind fuhr pfeilschnell in ihren noch offenen Mantel, unter ihre Bluse, in ihre Ohren. Sie schloss den Mantel und schob sich ihre Mütze auf den Kopf. Eilig entfernte sie sich vom Glockenspiel, lief zur ersten Ecke, dann zur zweiten. Sie blieb stehen und wagte einen Blick zurück.

»Oh, sieh mal an, wen haben wir denn hier?« Plötzlich stand ein hünenhafter Matrose vor ihr. Kannte sie ihn? War er einer der Männer, die vorhin vor ihrer Garderobe gewartet hatten?

Er machte einen weiteren Schritt auf sie zu, so nah, dass sie unwillkürlich zurückwich. Sie sah, wie zwei weitere Matrosen sich neben ihn stellten.

»Wenn das nicht die schöne Rosemarie ist«, sagte der Hüne und grinste sie lüstern an.

»Gehen Sie mir aus dem Weg.« Rosemarie hoffte, dass der Hüne das Zittern ihrer Stimme nicht bemerkte. Keine Angst zeigen, hatte Malte sie gelehrt.

»Oh nein«, sagte der Hüne und rückte näher an sie heran. »Wir wollen doch erst ein wenig Spaß miteinander haben, was meint ihr, Kameraden?«

Seine Freunde johlten.

Wieder wich Rosemarie zurück, doch diesmal spürte sie eine Mauer hinter sich.

Sie saß in der Falle.

Kalter Schweiß lief ihr den Rücken hinunter, ihre Kehle war so trocken, dass sie nicht einmal ein Krächzen herausbrachte. Plötzlich sah sie den Bauern vor sich. Er verschmolz mit dem Hünen zu einer Person. Wie gelähmt hörte sie das Klatschen seiner Freunde, als er ihren Mantel öffnete, das Ratschen des Stoffes, als er ihre Bluse aufriss, spürte den kalten Wind auf ihrer nackten Haut, seine Hände, kalt und schwitzend, die ihre Brust begrapschten. Sie hörte sich atmen, abgehackt, keuchend. Sie müsste sich wehren, schreien, schlagen, beißen, kratzen, aber sie wehrte sich nicht. Es war, als begrapschten die kalten Hände eine andere Rosemarie, nicht sie, als sabberte der Matrose seinen Speichel über den Hals einer Fremden.

Ein Schmerzensschrei holte sie aus ihrer Erstarrung. Aus den Augenwinkeln nahm sie wahr, wie der Matrose zu ihrer Rechten zusammensackte, das Gesicht schmerzverzerrt, die Hände dicht an den Kopf gepresst. Sie sah Blut durch die Finger des Mannes rinnen, doch sie begriff nicht, was passiert war. Da hörte sie schon einen zweiten Schrei, diesmal von links. Der Matrose starrte ungläubig auf sein Bein, Blut sickerte durch die Hose, er sank auf die Knie und presste beide Hände auf die blutende Wunde.

Abrupt ließ der Hüne von ihr ab. Sein Gesicht erst starr vor Verwirrung, dann vor Entsetzen.

»Nicht, bitte«, wimmerte er und hob die Arme über den Kopf. »Ich wollte doch nur ein wenig Spaß haben.«

»Ich auch«, knurrte eine Stimme, so voller Hass, dass Rosemarie sie nicht sogleich erkannte. »Mit euren Leichen.«

Der Hüne bewegte sich von ihr weg, vorsichtig, als überquerte er ein Minenfeld.

Rosemarie zog hastig den Mantel über ihre Blöße. Erst jetzt sah sie, dass eine lange, dünne Stichwaffe im Hals ihres Angreifers steckte, knapp neben der Schlagader, die dunkel pochend neben der Einstichstelle hervortrat.

»Nimm deine Kumpane, und lass dich nie wieder in meiner Stadt blicken.« Es war Hans, der ihren Angreifer mit der langen, schmalen Waffe von ihr wegdirigierte wie ein Dompteur ein wildes Tier.

Die Kumpane rappelten sich hoch. Der eine glotzte, immer noch gekrümmt, die Hand auf seine blutende Seite gepresst, auf die Stichwaffe im Hals seines Freundes. Der zweite humpelte stöhnend davon, ohne sich weiter um das Schicksal der anderen zu kümmern. Hans gab dem Hünen einen Stoß und zog dabei die Spitze der Stichwaffe aus seinem Hals. Der Hüne griff sich an den Hals und rannte davon, dicht gefolgt von seinem Freund.

Rosemarie starrte zu Hans.

»Verzeihen Sie mir.« Hans wischte das Blut von der Stichwaffe und steckte sie, nach einem kurzen Blick in die Fluchtrichtung der Matrosen, in seinen Spazierstock zurück. Trotz der klirrenden Kälte zog er seinen Mantel aus und legte ihn um ihre Schulter. »Ich hätte niemals zulassen dürfen, dass Sie alleine die Bar verlassen.«

Sie schüttelte den Kopf. Spürte die Tränen, die warm über ihre eisigen Wangen liefen. Hans verzeihen? Er hatte sie gerade gerettet!

»Es tut mir so leid«, sagte Hans leise. »Das hätte nie passieren dürfen.«

Sie lehnte sich an seine Schulter. »Danke«, flüsterte sie, so tonlos, dass der einsetzende Schneefall ihren Dank verschluckte.

Sie spürte, wie er vor Kälte zitterte, wie er zaghaft seine Arme um sie legte. Sie sprachen nicht, doch das Schweigen fühlte sich gut an, vertraut, wie damals mit Malte, dem besten Freund, den sie je gehabt hatte. Nein, Hans war nicht wie Malte. Er war ernster, älter, gesetzter, undurchschaubarer, er war nicht so fröhlich oder attraktiv, er war nicht ihr Geliebter und würde es nie sein, aber sie vertraute ihm wie Malte.

Schließlich hob sie den Kopf und löste sich aus seinen Armen. »Danke«, sagte sie, diesmal laut und fest. Sie gab ihm seinen Mantel zurück. »Du holst dir noch den Tod, da haben wir beide nichts davon.« Das Du kam mit einem Mal so natürlich über ihre Lippen, als kennten sie sich seit ihren Kindheitstagen.

Zitternd streifte Hans sich den Mantel über. Falls er sich über das plötzliche Du wunderte, ließ er es sich nicht anmerken.

»Bringst du mich bitte nach Hause?«

»Natürlich.« Er bot ihr den Arm zum Einhaken an und wandte sich nach links.

»Nein, nicht zu Silke«, stoppte sie ihn. »Ich wohne bei Egon.«

Hans zog seine Brauen zusammen. »Du willst zu Egon zurück? Obwohl er dich in einer solchen Kaschemme auftreten lässt? Dich den Blicken dieser Männer aussetzt, der Gefahr –«

»Hans! Bitte.« Rosemarie hob abwehrend die Hand. »Genau deshalb möchte ich zu Egon. Weil er sich nicht anmaßt, mir zu sagen, was ich tun soll oder darf. Ich bin vierundzwanzig! Und ja, du hast es gerade mit drei Männern aufgenommen, um mich aus einer misslichen Lage zu retten, und ich werde dir dafür immer dankbar sein, aber es gibt dir nicht das Recht, darüber zu bestimmen, welcher Gefahr ich mich aussetzen darf und welcher nicht. Bitte, Hans, sei mir ein Freund, kein Vater.«

Hans starrte sie an, das Gesicht versteinert, als hätten ihre Worte ihn tief getroffen.

Sie lächelte entschuldigend. Sie wollte ihn nicht verletzen, aber … konnte er denn nicht sehen, dass es sie kleinmachte, wenn er ihr vorschreiben wollte, was sie tun sollte?

»Morgen gehe ich zu Silke. Versprochen. Würdest du ihr Bescheid geben? Aber, bitte, erzähle ihr nicht von …« Ihre Stimme brach. Das Bild des Hünen kam ihr vor Augen, und sie schüttelte sich.

Hans nahm ihre Hände. »Es ist nicht an mir, das zu erzählen.« Erneut bot er ihr den Arm zum Einhaken an. »Zeigst du mir den Weg zu deinem neuen …« Hans räusperte sich. »… Zuhause?«

Sie hakte sich ein und hielt sich auch mit der anderen Hand an seinem Arm fest, spürte, wie seine freie Hand sich auf ihre legte. Als müssten sie sich gegenseitig Halt geben in dieser unwirtlichen Welt.

# 24

»Was heißt das, er liefert das Bier nicht?« Silke stellte die Kiste mit den Gläsern klirrend auf dem blankgeputzten Tresen ab. Erschrocken blickte sie in den Karton. Gläser! Wie konnte sie so unachtsam damit umgehen! Sie wusste doch, wie schwer sie zu bekommen waren, in dieser Stadt, in der selbst Stahlträger geborsten waren. »Ich habe die Ware gesehen, ich habe sie geprüft, ich habe sie angezahlt, er muss liefern!«

Egon zuckte die Schultern und setzte sich auf den mittleren der drei Barhocker. »Er macht keine Geschäfte mit Frauen«, sagt er. »Tut mir wirklich leid, er hat mich hochkant hinausgeworfen.«

Silke schnappte nach Luft. »Als er die Bezugsscheine eingesteckt hat, hatte er damit noch kein Problem. Das ist doch eine vorgeschobene Ausrede, um meine Ware einfach einzukassieren!«

»Ich glaube, er hat wirklich ein Problem mit Frauen. Frauen machen den Markt kaputt, sagt er. Die sind fürs Geschäft nicht gemacht, ihnen fehlt der Mumm.« Egon zuckte entschuldigend die Schultern. »Tut mir ja leid, aber was soll ich machen? Die Fässer aus ihm rausprügeln?«

Silke schluckte. Sie dachte an die Frauen, die Tag für Tag die Trümmer nach Baumaterial durchwühlten, die stundenlang marschierten, um für Essen zu sorgen, die monatelang ihre Kinder durch Schnee und Kälte getragen hatten, um sie in Sicherheit zu bringen – vor Männern, die in ihrer Mordlust auch gegenüber Frauen und Kindern kein Erbarmen kannten. Sie dachte an all die Frauen, die keine Minute ruhten, um trotz der von Männerhand geschaffenen Zerstörung dem Leben weiterhin eine Chance zu geben.

Sie ballte die Fäuste. Kämpfte gegen den Impuls, die Gläser vom hochglanzpolierten Tresen zu schleudern. Sie würde nur sich selbst schaden.

Und Rosemarie.

Die wieder zurückgekommen war. Schon vor einer Woche, zusammen mit Egon, der mit ihr gegen Bezahlung die letzten, schwer zu bekommenden Dinge besorgte, die der Bar noch fehlten. Rosemarie war wie ausgewechselt. Sie ackerte, als wäre die Bar ihr Lebenswerk, das sie mit Ruth und Mila und Silke in Rekordzeit auf Vordermann brachte, sie putzte, reparierte, hämmerte, wenn sie nicht gerade den Raum mit ihrer wunderschönen Stimme füllte. Die Lieder allerdings, die sie mit Gustav so fleißig auf dem von Hans besorgten Klavier einstudierte, entsprachen ganz und gar nicht den gefälligen deutschen Schlagermelodien, die Silke sich gewünscht hätte. Als hätte Gustav mit absoluter Präzision ausschließlich Lieder ausgewählt, von denen er wusste, dass sie ihr aufstoßen würden. Neumodischer Jazz aus Amerika. Ella Fitzgerald, Billie Holiday, Glenn Miller und wie sie alle hießen. Es klang so anders, nicht nur die Sprache war fremd, die Klänge und der Rhythmus waren genauso ungewohnt. So ungewohnt, wie sie als Frau in diesem Geschäft auf viele Männer wirken musste. Langsam löste Silke die Fäuste. Nun, die Männer würden sich an sie gewöhnen müssen, wie ihre Ohren an diese amerikanische Musik.

»Und jetzt? Heißt das, die Eröffnung morgen Abend ist vom Tisch?«, fragte Egon bedauernd. »Ich sehe keinen Weg, woher wir jetzt noch eine Lieferung auftreiben sollen.«

»Verdammt!« Silke schlug mit der flachen Hand auf den Tresen. Die Gläser klirrten, ihre Handfläche brannte.

In dem Moment stürmte Rosemarie in die Bar. Ihr Gesicht war gerötet. Strahlend wirbelte sie eine schwarze Federboa über ihren Kopf. »Seht nur, was ich gerade erhascht habe! Ist das nicht der Wahn–« Sie brach ab, sah von Silke zu Egon. »Was ist passiert?«

»Stoever macht angeblich keine Geschäfte mit Frauen«, presste Silke hervor. »Wir bekommen kein Bier.«

Rosemarie sah verständnislos von Silke zu Egon und wieder zu Silke.

»Ist das ein Witz?« Rosemarie runzelte die Stirn. »Hat er das wirklich gesagt?«

»Hat er.« Egon wand sich. »Was hätte ich gegen Stoevers Männer machen sollen?«

»Keine Ahnung, was würdest du tun, wenn dich jemand übers Ohr haut? Anzeigen? Drohen?« Rosemarie nahm seine Hand. »Denk nach, Egon! Wir müssen was tun!«

»Werden wir auch.« Silke ging zum Ende des Tresens und zog ihr Notizbuch aus dem Unterfach hervor. Wütend schlug sie es auf und riss eine Seite heraus. Ihre Hand zitterte, als sie darauf einen Namen mit Adresse notierte, ihre sonst so saubere und akkurate Schrift krakelig und kaum lesbar. »Hier.« Sie hielt Egon das Blatt hin. »Ich möchte, dass Sie zu dieser Adresse gehen und dem Herrn sagen, dass er mich in genau zwei Stunden hier mit seinem Pferdewagen abholen soll.«

Egon nahm den Zettel entgegen und warf einen Blick darauf. »Was soll ich sagen, wenn er fragt, warum?«

»Dass es in seinem Interesse ist, pünktlich aufzukreuzen.«

»Mehr nicht?«

»Mehr braucht es nicht.«

»Ich komme mit!«, rief Rosemarie.

»Nein«, sagte Silke bestimmt. »Du hilfst mir, die Bar fertig herzurichten. Morgen Abend ist Eröffnung.«

»Ohne Bier?«, fragte Egon skeptisch.

»Mit Bier.« Sie scheuchte Egon mit einem Winken zur Tür. »Zwölf Uhr dreißig. Pünktlich.«

Mit einem unverständlichen Grummeln zog Egon ab, es war eindeutig, dass er nicht daran glaubte, dass Silke Stoever umstimmen könne.

»Was hast du vor?«, fragte Rosemarie. Sie lief neben Silke zum Tresen. »Zu wem geht Egon? Bringt der einen Trupp Männer mit, um Stoever in die Knie zu zwingen?«

»Wann hat Kämpfen schon je etwas gebracht – außer Leid und Elend?« Silke griff nach der Kiste mit Gläsern und sortierte sie in das Regal hinter sich ein.

»Meinst du, es ist besser, dem Gegner das Feld kampflos zu überlassen?«, fragte Rosemarie. »Was, meinst du, passiert, wenn Stoever mit dieser Schweinerei davonkommt und damit prahlt, dass er den zwei Bensdorf-Schwestern mal gezeigt hat, wer hier das Sagen hat?«

Silke schob Rosemarie eine zweite Kiste mit Gläsern hin. »Dann sind wir erledigt. Also lassen wir es nicht dazu kommen. Ich werde Stoever davon überzeugen, dass es besser ist, seinen Teil des Handels zu erfüllen.«

»Und wie?« Behutsam räumte Rosemarie die Gläser ins Regal.

»Ich werde mit ihm reden und mir holen, was mir gehört.« Silke stellte die leere Gläserkiste auf den Boden und schnappte sich die nächste. Sie öffnete sie und schüttelte seufzend den Kopf. »Was für ein Durcheinander. Ich glaube, in dieser Kiste sind keine zwei Gläser gleich.«

»Sie sind aus Glas, und man kann daraus trinken.« Rosemarie nahm die Gläser heraus und hielt sie prüfend gegen das Licht.

Silke sah auf die ungleichen Reihen Gläser in den aus Holzresten so mühevoll zusammengeschreinerten Regalen. Alles in dieser Bar war zusammengeschreinert und durcheinandergewürfelt, die Tische, Stühle, Bühne, selbst die Wände waren ein buntes Zeugnis des verzweifelten Erfindungsreichtums von Ruth und ihr selbst. Vor ihrem inneren Auge erschienen die dunklen, massiven Holzregale ihres Modegeschäfts, gefüllt mit Stoffbahnen, genauestens sortiert, nach Stoffart und Farbe und Textur und Herkunft und Preis. Vor den Regalen die Tresen aus Eschenholz, mit ihren Glasvitrinen, in denen man die heute unvorstellbare Fülle an Zubehör bewundern konnte: schillernde Knöpfe aus Perlmutt oder Glasstein, geprägte Knöpfe aus Metall, Broschen, Bänder, Schleifen, alles perfekt aufeinander abgestimmt.

»Einfach stillos«, murmelte sie und bemühte sich, die so unterschiedlichen Gläser wenigstens der Größe nach zu sortieren.

»Hauptsache, die Gläser sind morgen gefüllt.« Rosemarie hauchte das Glas in ihrer Hand an und polierte es mit ihrem Ärmel nach. »Womit wir wieder beim Thema sind. Wie willst du Stoever dazu bringen, doch noch das Bier und den Schnaps rauszurücken?«

»Ganz einfach. Es sind Bezugsscheine der Briten für eine Bar, in der Briten dieses Bier trinken wollen. Ich werde Stoever klarmachen, dass es nicht in seinem Interesse sein kann, wenn meine britischen Gäste erfahren, warum sie Wasser anstelle von Bier trinken müssen.«

»Du willst Stoever damit erpressen, dass du ihn bei den Besatzern verpetzt? Du weißt, dass du dir damit deinen Ruf versaust, bevor du die Bar offiziell eröffnest.« Rosemarie stellte das Glas zu den anderen und sammelte die leeren Kisten ein.

»Interessante Strategie«, ertönte da Meisters Stimme. Er humpelte auf den Tresen zu.

»Hans!«, rief Silke überrascht. »Ich habe Sie nicht kommen hören.« Sie ging auf ihn zu und führte ihn zum besten Tisch mit den bequemsten Stühlen in der ganzen Bar. »Bitte. Setzen Sie sich.«

Er saß kaum, als Rosemarie neben ihm auftauchte. »Na, ich glaube, ich weiß, was Hans so früh zu uns bringt«, sagte sie und zwinkerte ihm zu. »Er will gucken, was seine Investition so treibt.« Sie setzte sich neben ihn und machte eine weite Geste mit dem Arm. »Ist das nicht großartig?« Sie deutete auf das schräge Sammelsurium an Tischen und Stühlen und das Klavier auf der Bühne. »Du kannst dir nicht vorstellen, welche Töne Gustav diesem alten, schiefen Ding entlockt. Er ist ein Genie!«

»Das wird die Gäste zwar von der dürftigen Getränkeauswahl ablenken, aber ganz ohne funktioniert es nicht«, sagte er zu Silke.

Sie krampfte ihre Hände um die Lehne des Stuhls vor ihr. Es war vollkommen klar, dass er von Stoevers Weigerung erfahren hatte – woher auch immer. Er hatte seine Augen und Ohren einfach überall.

»Nun, Fräulein Silke«, sagte Meister freundlich, »ich habe von Ihren Schwierigkeiten mit Stoever gehört. Sie wollen das also lösen, indem Sie zu ihm gehen und sich nehmen, was Ihnen zusteht?«

Silke errötete. So wie er das sagte, klang es wirklich wie der Plan eines naiven Schulmädchens. »Ich werde mit einem Fuhrwerk die Fässer holen.«

Meister nickte. »Sie lassen sich sein Verhalten nicht gefallen. Das ist die richtige Einstellung.«

Silke erwiderte nichts. Hans war noch nicht fertig, so gut kannte sie ihn inzwischen.

»Allerdings ist Stoever nicht dafür bekannt, dass er sich so einfach geschlagen gibt. Er wird abstreiten, dass er von Ihnen Bezugsscheine erhalten hat. Damit ist er schon mal durchgekommen.« Hans machte eine Pause, auch die kannte Silke inzwischen. Die Pause, bevor er eine Entscheidung verkündete, der man sich nicht zu widersetzen hatte. »Sie wissen, ich schätze Ihre geschäftstüchtige Art. Aber hier geht es nicht nur um Sie, es geht auch um meine Investition. Wenn sich herumspricht, dass Stoever Sie um Ihre Ware prellen kann, sind Sie im Markt tot, und ich verliere meinen Einsatz.«

Silkes Finger umklammerten den Stuhl so fest, dass ihre Knöchel weiß hervortraten. Hans hatte vollkommen recht. Es war vermessen gewesen zu glauben, dass sie als Frau sich in dieser Männerwelt durchsetzen könnte. Trotz allem, was sie leisteten, waren sie für so viele Männer noch immer das schwache Geschlecht. Zu weich und nachgiebig, um eine ernstzunehmende Rolle spielen zu können.

»Ich sehe, meine Worte treffen Sie, Fräulein Silke«, sagte Hans und beugte sich über den Tisch zu ihr. »Nehmen Sie es sich nicht zu Herzen. Stoever ist nicht nur offizieller Getränkehändler, er ist auch einer der großen Fische im Schwarzmarkt und Ihre Bierlieferung ist für ihn ein Geschenk Gottes. Für Männer wie ihn sind Sie und ich keine Geschäftspartner, sondern Störfaktoren. Eine Frau und ein Krüppel, uns hängt der Makel der Schwäche an. Und trotzdem habe ich es geschafft, und Sie werden das ebenso.«

»Was schlägst du vor?«, fragte Rosemarie.

Ein Krüppel und eine Frau, dachte Silke. So war das also. Egal wie sehr sie sich anstrengte. Sie war nur Frau. »Gut.« Silke räusperte sich. »Wie würden Sie vorgehen?«

»Oh«, Hans lächelte, »Sie werden mit Ihrem Fuhrwerk zu Stoever gehen und genau das tun, was Sie vorhatten. Und ich werde dafür sorgen, dass Stoever Ihnen das Bier ohne zu mucken überlässt. Lassen Sie sich überraschen.« Damit erhob er sich und knöpfte seinen Mantel zu. »Meine Damen …«

Rosemarie trat an seine Seite und hakte sich unter. »Ich bringe dich zur Tür.«

Silke sah den beiden nach. Sie war froh um die Freundschaft, die Rosemarie und Hans seit Kurzem verband.

Nicht nur, weil er Rosemarie mit dem Respekt behandelte, den sie verdiente.

Sondern auch, weil er damit über das reine Geschäft hinaus ihr Verbündeter war in dem Krieg, den sie heute mit Stoever entfachen würde.

# 25

Der Wind peitschte Hans den Graupel ins Gesicht. Keinen Hund würde man bei solch einem Wetter vor die Tür jagen, und hätte er sich eben bei Silke nicht so sehr aus dem Fenster gelehnt, er würde keinen Schritt aus seinem Salon setzen. *Lassen Sie sich überraschen ...* Was, um Himmels willen, hatte ihn dazu gebracht, so ein unsinniges Versprechen zu geben! Überraschen! Was noch Dümmeres war ihm auf die Schnelle wohl nicht eingefallen. Silkes Blick und vor allem der von Rosemarie, das Vertrauen in ihn, dass er sie auch aus dieser misslichen Lage retten würde ...

Hans kickte wütend einen Schneeklumpen zur Seite. Es gab nur eine einzige Möglichkeit, in dieser kurzen Zeit Stoevers Plan zu vereiteln – er musste einen Gefallen einfordern. Einen Gefallen, den er sich eigentlich für etwas Dringlicheres hatte aufsparen wollen. Zielstrebig steuerte Hans auf das mit britischen Fahnen beflaggte Gebäude zu und betrat das Hauptquartier der britischen Verwaltung.

Der Einzige, der ihm jetzt helfen konnte, war Alan.

Er passierte den Empfang, wies sich aus und behauptete, einen Termin mit Alan Wright zu haben. »Eine Zeugenaussage«, fiel ihm unter dem misstrauischen Blick des diensthabenden Sergeants stotternd ein. »Wegen der Razzia bei Heinrich Peters«, fügte er hinzu, die Stimme wieder sicher, das Lächeln unschuldig.

Vor Alans Büro hielt er inne – aufgeregte Stimmen drangen durch die Tür. Ein Streitgespräch. Neugierig lauschte er der hitzigen Diskussion, schnelles Englisch, manches zu schnell, um es zu verstehen, aber das Wichtigste, das verstand er sehr wohl.

Es war Alan, der in Bedrängnis war, weil er sich in Angelegenheiten einmischte, die nicht seine waren, den angeblichen Mädchenhandel, der nur in Alans Fantasie existiere, ein durchschaubares Ablenkungsmanöver von seinem Versagen bei der Bekämpfung des Schwarzmarktes. Es war Alan, der sich verteidigte, indem er den Schwarzmarkt verteidigte als für viele die einzige Chance, um bei den winzigen Rationen der Lebensmittelkarten überhaupt zu überleben. Es war der andere, der mit mächtiger Stimme den Deutschen das Recht des Überlebens absprach, wenn es dafür mehr bedurfte, als von der Besatzungsmacht zugeteilt war, der Alan belehrte, dass der Hunger und das Leid und der Tod die einzige Lehre sei, die den Deutschen ihr Verbrechen an der Menschheit begreiflich machen könne, dass der Hunger und die Kälte, die die Deutschen gerade erlitten, kaum der Rede wert seien im Vergleich zu dem Leid und den Tod, die sie über Millionen von Menschen gebracht hatten. Es war der andere, der Laute, der schwor, den Schwarzmarkt auszurotten und alle Beteiligten ohne Erbarmen ins Gefängnis zu werfen. Und wenn Alan das nicht verstehe, wenn er nicht zügig einen Erfolg bei der Bekämpfung des Schwarzmarktes vorweisen könne, dann sei Alan hier fehl am Platz.

Dann war der Streit vorbei. Schwere, wütende Schritte eilten Richtung Tür.

Hans drückte sich an die Wand, tat so, als suchte er etwas in seiner Jackentasche, und beäugte unauffällig den hageren, hochdekorierten Mann, der mit festem Schritt aus Alans Büro trat.

Noch bevor die Tür wieder zufiel, schlüpfte er hinein. Alan saß hinter dem großen Schreibtisch, der Gesichtsausdruck angespannt, die Wangen gerötet.

»Oh, Hans.« Er stand auf und ging um den Tisch herum auf Hans zu. »Ich habe nicht erwartet Sie.«

»Sie brauchen einen Erfolg im Kampf gegen den Schwarzmarkt?«

»Oh.« Alan zog die Brauen hoch. »Sie haben gehört …?«

»Es war nicht zu *über*hören.« Hans lächelte Alan aufmunternd an und hoffte, dass dieser sich die Zurechtweisung durch seinen Vorgesetzten nicht zu sehr zu Herzen nahm. Gerade jetzt, wo er wieder einigermaßen stabil zu sein schien.

Alan lächelte zurück. Ein angestrengtes Lächeln, aber immerhin ein Lächeln. »Ich nehme an, after all er hat recht mit seine Kritik. Ich bin zu freundlich zu die Menschen, die haben uns gebracht Tod und Leid. Manche Menschen brauchen mehr …«

»… Strenge?«, half Hans aus. »Ich kenne jemanden, der dringend etwas Strenge braucht. Er verweigert Fräulein Bensdorf ihre Lieferung, dabei hat Fräulein Silke bereits einen großen Teil der Ware bezahlt. Ich denke, er will die Ware auf dem Schwarzmarkt anbieten und hält Fräulein Silke für ein einfaches Opfer.«

»Fräulein Silke? Wir reden von die Bier, die ich habe zugeteilt? Ein Gauner will mein Bier auf die Schwarzmarkt verkaufen?« Alan schnappte sich seine Uniformjacke. »Oh my! Zeit zu sein wirklich, wirklich streng!«

Hans nickte bekräftigend und reichte ihm ein Stück Papier mit der Adresse. Er würde nicht mitkommen. Alans Auftauchen sollte Silke zugeschrieben werden, nicht ihm. Es sollte sich herumsprechen, dass sie einen guten Draht zu den Mächtigen der Stadt hatte, dass es schmerzhaft sein konnte, sich mit ihr anzulegen. Nicht weil sie mit dem Degen ein Loch in empfindliche Körperteile bohrte, sondern weil sie dafür sorgte, dass Geschäftspartnern, die sie über den Tisch ziehen wollte, ihre Geschäftsgrundlage entzogen wurde.

In Hans' Geschäft setzte sich nur durch, wer keine Skrupel hatte, sich durchzusetzen. Wenn nötig auch mit Hilfe derer, vor denen er sein Geschäft sonst verstecken musste.

# 26

»Ich bin so aufgeregt wie nie zuvor in meinem Leben.« Rosemarie linste durch den Seitenvorhang auf die Bühne und in den Kneipenraum. Er war viel voller, als sie sich in ihren kühnsten Träumen hätte vorstellen können. Alle Tische waren besetzt, Tommys standen an der Bar, neben der Bar, hinter den Tischen, das Bier floss reichlich in die Gläser. Durch die verrauchte Luft drang ein sonorer Klangteppich, Männerstimmen, selten unterbrochen von dem hellen Lachen einer Frau. Rosemarie fasste sich an den Hals. Sie war sich sicher, gleich auf der Bühne keinen Ton herauszubringen.

»Ich habe gehört, Sie waren gestern auch ziemlich aufgeregt, als Sie Silke zu Stoever begleitet haben.« Gustav zwinkerte ihr zu. »Und dann hat sich alles als ganz harmlos herausgestellt …«

Rosemarie nickte. Der Besuch bei Stoever war wirklich sehr glimpflich verlaufen. Nicht zuletzt, weil Stoever gerade mit einer Razzia durch die Briten beschäftigt gewesen war und Silkes Forderung nach ihrem Bier sofort von einem Angestellten hatte erfüllen lassen. Es hatte der Drohung mit den Briten gar nicht bedurft, nicht einmal eine Diskussion war vonnöten gewesen. Sie hatten das Bier einfach so bekommen. Wie es von vornherein hätte sein sollen.

Gustav legte beruhigend seine Hand auf ihren Arm. »Sie werden sie begeistern.« Er lächelte sie an. »Dass ich noch einmal Jazz spielen darf, vor Publikum, mit einer so wunderbaren Sängerin, Sie glauben gar nicht, wie glücklich Sie mich machen.«

»Ich Sie?« Spontan schmatzte Rosemarie ihm ein Küsschen auf die Wange. »Sie sind der beste Lehrmeister, den ich je hatte!«

Gustav lächelte schief. »Und Sie meine beste Schülerin. Und jetzt, Fräulein Rosemarie, werden wir den Tommys da draußen mal zeigen, wie man in Hamburg die Bude einheizt!«

»Das will ich hoffen!« Verunsichert schob Silke sich an ihnen vorbei auf die Bühne. Rosemarie sah die nervösen Flecken auf ihrem Gesicht. Silke war aufgeregter als Gustav und sie selbst zusammen – und dabei musste sie nur ihren Auftritt ankündigen!

»Ruhe, bitte! Ruhe!«, rief Silke. »Und nun, sehr verehrte Gäste, begrüße ich Sie zur Eröffnung dieser Bar mit dem großartigen Jazzduo, The Rosebuds. Bühne frei für Rosemarie und Gustav!«

Zögerlicher Applaus erklang, doch Gustav nickte ihr aufmunternd zu. »Bude einheizen, nicht vergessen!«

Sie traten auf die Bühne. Von hier sah der Raum noch voller aus. Ihr Magen zog sich zusammen – vor so vielen Menschen war sie noch nie aufgetreten. Der Applaus nahm ein wenig zu, blieb jedoch verhalten, das sonore Hintergrundrauschen der Gespräche stieg wieder an. Rosemaries Herz schlug wie verrückt. Das hier war anders als im Glockenspiel. Hier trat sie nicht in einem albernen Kostüm auf, das alle Aufmerksamkeit auf ihren Körper anstelle ihrer

Stimme lenkte, hier ging es um ihren Gesang. Um die Musik, die sie so sehr liebte.

Wie auf Watte stakste sie zum Klavier auf der Mitte der Bühne, stellte sich daneben, die Beine zittrig wie Wackelpudding. Gustav setzte sich ans Klavier. Ohne weiteres Geplänkel stimmte er die ersten Töne von *Dream a little dream of me* an.

Sie atmete tief ein, schloss die Augen und wartete auf ihren Einsatz.

Kaum erhob sie ihre Stimme, verebbte das Rauschen im Zuschauerraum. Die Gespräche verstummten, die Köpfe wandten sich ihr zu. Sie sah Überraschung auf den Gesichtern. Verwunderung, dass sie keine German-Fräulein-Musik spielten.

»… just hold me tight and tell me you'll miss me …«

Pfiffe und Jubel erhoben sich. Unbeirrt sang sie weiter, holte all das, was Gustav das »Gefühl« nannte, aus der Mitte ihres Körpers. Dann setzte Gustavs samtig-rauchiger Bariton ein. »Stars fading, but I linger on, dear …«

Sie stieg in das Duettgeplänkel ein, nur noch Gustav und sie existierten, er sang, sie antwortete, dann war das Lied zu Ende.

Ein Sturm brach los. Johlen, Klatschen, Trampeln, Pfeifen.

Gustav zwinkerte ihr zu. »Ganz schön heiß in der Bude.« Und schon haute er wieder in die Tasten.

\*\*\*

Sie fühlte sich, als schwebe sie. Dabei saß sie an der Theke, umgeben von den Menschen, die ihr am meisten bedeuteten. Lächelnd sah sie von Egon, der neben ihr stand, zu Silke auf der anderen Seite der Theke, zu Mila, die neben Silke Gläser wusch, zu Gustav, der auf ihrer Seite der Theke genüsslich an seinem Bier nippte, zu Hans, dessen Gesicht sich am heutigen Abend nur einmal verdunkelt hatte – als Egon durch die Tür gekommen war, kaum dass der letzte Engländer die Bar verlassen hatte. Selbst Silke hatte einen rosigen Schimmer auf den Wangen, der angespannte Zug um ihren Mund war wie wegradiert.

»Das war eine sehr gelungene Eröffnung.« Hans reichte Silke über die Theke hinweg die Hand. »Gratulation.«

»Du warst großartig!«, schwärmte Mila. »Und Gustav, Sie ebenso! Sie haben eine so wundervolle Stimme, ich könnte Ihnen den ganzen Abend zuhören. Sie müssten eine Berühmtheit sein!«

Gustav murmelte etwas Unverständliches und trank einen hastigen Schluck. Dann stand er unvermittelt auf.

»Ich komme ja schon!« Hans stand ebenfalls auf und winkte entschuldigend in die Runde. »Sperrstunde, daran hält Gustav sich eisern.«

Rosemarie sah ihnen nach. Nicht die Sperrstunde hatte zu dem übereilten Aufbruch geführt, dessen war sie sich sicher. Etwas, das Mila gesagt hatte, musste einen Nerv bei Gustav getroffen haben. Die Tür fiel hinter den beiden Männern ins Schloss. Gustavs musikalisches Können hatte nicht nur Mila überrascht, selbst Silke hatte trotz ihres anfänglichen Missmuts über die Art der Musik fasziniert zugehört. Kein Wunder, dass er früher eine Jazzlegende in Hamburg gewesen war – wer hatte in den Dreißigerjahren diese Musik hier schon spielen können?

»Rosemarie!« Egon stupste sie an. »Bist du noch bei uns?«

Sie wandte ruckartig den Kopf und lächelte Egon an. »Entschuldige, ich war in Gedanken.«

»Können wir dann gehen?« Mit einem Mal wirkte Egon genervt. »Ich muss morgen früh raus.«

»Natürlich.« Rosemarie glitt von ihrem Barhocker und holte Mantel, Tasche und die festen Schuhe aus Silkes Zimmer.

Woher kam Egons plötzlicher Stimmungswandel? Gerade jetzt, wo alle so erleichtert und in bester Laune waren? Sie zog die mit Schnallen verzierten Pumps aus und schlüpfte in ihre festen Schuhe. War er enttäuscht, weil er die Bar als deutscher Mann während der Öffnungszeit nicht hatte betreten dürfen – obwohl die Gäste auf Stühlen saßen, die auch er besorgt hatte? Sie zog ihren Mantel über. Wie ausgeschlossen Egon sich fühlen musste. Eilig ging sie in den Barraum zurück, wo Egon bereits ungeduldig wartete. Sie lächelte ihn an.

Sie würde heute Nacht besonders nett zu ihm sein.

# 27

»Einen guten Abend noch, gnädige Frau, Empfehlung an den Herrn Gemahl.« Hans öffnete geflissentlich die Tür und entließ die letzte Kundin des Tages in die feuchte Kälte der Dämmerung. Eilig schloss er die Tür hinter ihr und drehte das Schild von *Offen* auf *Geschlossen*. Noch kehren, Handtücher, Schürze, Schere und Kämme aufräumen, dann konnte er sich auf den Weg zu Silkes Bar machen.

Er schnappte sich den Besen, als die Türglocke anschlug. Verwundert sah Hans hoch. Wer konnte da nicht lesen?

»Guten Tag.« Alan drückte die Tür zurück ins Schloss und sah sich im Salon um.

»Guten Abend.« Hans ging auf Alan zu, den Besen in der Hand. So sehr er die Gespräche mit Alan schätzte, jetzt war kein guter Zeitpunkt. Er wollte zu Rosemarie. »Womit kann ich Ihnen dienen?«

»A haircut, please.« Wie draußen das *Geschlossen*-Schild ignorierte er nun den Besen in Hans' Hand und ging zu dem Frisierstuhl, in dem vor ein paar Minuten noch die letzte Kundin gesessen hatte.

Hans zögerte. Es war nicht Alans Art, bei ihm hereinzuplatzen und sich einfach über seinen Feierabend hinwegzusetzen. Etwas an Alans Auftreten war anders. Als lastete ihm etwas auf dem Herzen, das nicht bis morgen warten konnte. Hans zog ein frisches Tuch aus dem Regal und legte es Alan um die Schultern.

»Wie kurz?«

»Gut ein Inch runter.«

Hans wählte Schere und Kamm aus und machte sich an die Arbeit. Konzentriert brachte er Alans rotblonde Locken in Form. Ganz bewusst stellte er keine Fragen. Etwas arbeitete in Alan, aber es musste von ihm kommen.

»So«, begann Alan schließlich, »heute ist gekommen eine Bericht über Fräulein Bensdorf.«

Hans hielt beim Schneiden inne. Über Silke? Vor zwei Wochen hatten sie die Bar eröffnet. Seitdem hatte Silke sie sehr behutsam als Umschlagplatz für Waren aller Art etabliert, mit ihm im Hintergrund. Sie hörte auf seinen Rat und ließ sich von keinem angeblich einmaligen Geschäft dazu verleiten, ihre Vorsicht fallen zu lassen. Konnte es sein, dass sie dennoch jetzt schon aufgefallen war? Die Bar war gut besucht, bestens sogar, seit Rosemarie und Gustav sich als Geheimtipp herumgesprochen hatten. Sie war die perfekte Tarnung für Hans' Geschäfte und immer mehr auch für Silkes.

»Ach …«, sagte Hans gedehnt.

»Sie soll haben verkauft gepanschte Milch an das Waisenhaus, und nun vierzehn Kinder sind krank.« Alan sah Hans im Spiegel anklagend an.

Hans legte die Schere zur Seite. Er stellte sich vor Alan, um ihn direkt ansehen zu können. »Nein.«

»Nein?«, wiederholte Alan irritiert.

»So etwas macht Silke Bensdorf nicht, und Sie wissen das genauso gut wie ich, sonst wären Sie nicht hier und würden mir davon erzählen.« Hans nahm die Schere wieder auf und stellte sich hinter Alan. Im Spiegel sah er, wie Alan mit sich kämpfte.

»Ja, gut, Sie haben mich durchgeschaut.« Alan drehte den Kopf nach hinten.

»Kopf stillhalten!« Hans schnippte drohend die Schere. »Ich frage mich aber, warum Sie damit zu mir kommen … Sie wissen, dass es eine Lüge ist, um eine Frau zu diffamieren, die es wagt, in eine Männerwelt einzudringen.«

»A tough lady«, murmelte Alan, eher zu sich selbst. »Ich möchte wissen, wer hat gesetzt die Gerücht in die Welt. Und ich möchte wissen, wer hat wirklich gepanscht die Milch.«

»Ist das nicht Aufgabe der Polizei?«, fragte Hans und schnippelte seelenruhig an Alans Hinterkopf weiter.

»Die haben eine Täterin.« Zornig zog Alan die Brauen zusammen. »Warum sie sollen weitersuchen?«

»Aber Sie möchten das, und dabei hätten Sie gerne meine Hilfe.«

»Yes.« Alan betrachtete sich kritisch im Spiegel. Fuhr sich mit der Hand über die gestutzten Haare. »Very interesting. Sie können das ja wirklich.«

»Haareschneiden?« Hans lächelte amüsiert. »Was dachten Sie? Dass der Friseursalon nur eine Tarnung ist?«

Alan versteifte sich. Nur einen Bruchteil einer Sekunde, aber lange genug, um Hans zu bestätigen, dass er genau das gedacht hatte. Dann lachte Alan gekünstelt. »No, of course not! Was für eine seltsame Gedanke!«

Hans kämmte Alans Locken in Form. Er musste in Zukunft besser aufpassen. Alan war ihm wohlgesinnt, aber er hatte seine Befehle, und er war weder blind noch dumm.

*\*\**

Nicht einmal drei Stunden hatte es ihn gekostet, eine Spur zu finden. Leider zu einer Adresse, die er lieber gemieden hätte. Er konnte nur hoffen, dass Tönnes seine Hand nicht mit in diesem schmutzigen Spiel hatte, sondern benutzt worden war. Sonst … Er drosch den Stock auf den vereisten Boden.

Dann drückte er die Haustür auf und stieg die Stufen in den Keller hinab. Die dritte Tür, hatte sein Kontakt gesagt. Er hob die Hand, hielt inne. Lauschte. Hörte Rascheln und Knarzen und Räumen, Fluchen. Wie es schien, war Tönnes allein. Im nächsten Moment schlug seine Faust bereits an die Tür. »Tönnes!«, rief er.

Sofort wurde es drinnen mucksmäuschenstill.

Wieder hörte er Knarzen, Schritte.

Tönnes öffnete die Tür, nur einen Spalt, quetschte sich dann hindurch und stellte sich zu Hans in den kaum beleuchteten Flur.

»Meister«, sagte er überrascht, die Miene schuldbewusst, »ist etwas passiert?«

Tönnes versteckte etwas hinter dieser Tür! Hans krallte die Fäuste um seinen Stock. Eine Welle der Wut schwappte in ihm hoch, so stark, dass sie ihn selbst erschreckte. Er musterte Tönnes misstrauisch.

»Einer deiner Kameraden hat der Polizei einen Hinweis gegeben, dass Silke Bensdorf hinter einer Lieferung gepanschter Ware ins Waisenhaus steckt.«

»Aber Meister!«, rief er aus, »Sie verdächtigen doch nicht mich!«

»Ich verdächtige niemanden, aber du wirst dafür sorgen, dass dieser Kamerad Silke Bensdorf von jedem Verdacht freispricht. Hast du mich verstanden?«

»Ich ... was? Wie soll ich das denn machen?«

»Du wirst zu deinem Kameraden Kalle gehen und ihm klarmachen, dass er sich in deinem Revier vergriffen hat.«

»Mei... meinem Revier?«, stammelte Egon verwirrt.

»Wo bleibt dein Anstand, Kerl?«, knurrte Hans. »Einer deiner Leute verleumdet die Schwester deiner Freundin, und du meinst, es geht dich nichts an?« Er verengte die Augen zu Schlitzen, seine Stimme war eine einzige Drohung. Der Zorn in ihm explodierte schier. Rosemarie schenkte diesem Kerl ihre Liebe, und er kam nicht einmal darauf, dass er ihr zur Seite springen sollte? »Bring es in Ordnung. Verstanden?«

Egons Blick wanderte nervös zu Hans' Stock.

»Hast. Du. Mich. Verstanden?«, knurrte Hans.

»... ja.« Tönnes räusperte sich. »Verstanden. Ich werde ihm nahelegen –«

Mit einer rasend schnellen Bewegung presste Hans das Stockende so fest in Tönnes Kehlkopf, dass dieser panisch gurgelte.

»Du wirst ihn zwingen«, presste Hans mit unverhohlener Wut hervor. Wie sehr er diesen widerlichen Schönling doch verachtete. »Er wird noch heute klarstellen, dass Fräulein Bensdorf an der Sauerei mit dem Waisenhaus nicht beteiligt war. Und er wird das so tun, dass keinerlei Zweifel an ihrer Unschuld besteht. Verstanden?«

»Ver...stan...den«, krächzte Tönnes.

»Sollte dein Kamerad sich weigern, werde ich dafür sorgen, dass nicht Fräulein Bensdorf, sondern du von den Tommys geholt wirst.« Hans nahm das Stockende aus Tönnes Kehlkopf.

Tönnes massierte sich die Kehle.

»Die Bensdorf-Schwestern stehen unter meinem Schutz.«
Hans bohrte seinen Blick in Tönnes. Er drehte auf dem Absatz um und ging davon. Gemessen. Der ungleiche Schritt,
der Stock. *Tack-tacke-detack.* Ein Geräusch, das Tönnes
sich einprägen würde. Dessen war Hans sich sicher. Als
Vorbote der Gefahr, die Hans für ihn ab sofort verkörperte.

# 28

»Sind wir reich?« Rosemarie grinste Mila an, die am Tisch der kleinen Küche hinter dem Wirtsraum Zigaretten und Geld zählte und in einer unscheinbaren Blechdose verstaute. Behutsam stellte Rosemarie Blechtassen und Teekanne auf den Tisch und setzte sich zu Mila. »In vier Tagen ist Weihnachten. Für alle habe ich ein kleines Geschenk, nur Hans fehlt noch, aber ich weiß einfach nicht, was ich ihm schenken könnte.«

»Ein Lied«, murmelte Mila, ohne von den Zigaretten aufzusehen.

»Ein Lied?« Rosemarie hob den Deckel von der Kanne und linste hinein. Woran, bitte schön, erkannte man, ob ein Tee fertig gezogen hatte oder nicht?

»Fünf Minuten ziehen lassen«, sagte Mila, wieder ohne hochzusehen, »das waren höchstens zwei. Und Hans singst du ein Lied, nur für ihn, weil er sich darüber freuen würde.«

Rosemarie legte den Deckel zurück und sah Mila beim Zählen zu. Hans hatte ein besonderes Geschenk verdient. Mehr als nur ein Lied. Ohne ihn wäre sie jetzt nicht hier. Und Silke auch nicht. Und Mila und Ruth wären noch in der Wolldeckenallee.

»Habt ihr euch inzwischen hier eingelebt? So mit dem Lärm jeden Abend …«, fragte Rosemarie und bereute die Frage noch in derselben Sekunde.

Diesmal hob Mila den Kopf. »Soll das ein Witz sein? Wir haben ein ordentliches Zimmer, jede ein Bett, müssen uns nur mit Silke ein Bad teilen und bekommen auch noch bessere Rationen als die meisten anderen. Wann lebst *du* dich endlich hier ein?«

»Warum? Mir geht es gut bei Egon.« Rosemarie schenkte den Tee ein. Er duftete wunderbar nach Jasmin und roten Beeren.

»Von Jason?«, fragte Mila.

Sie nickte. Selbst Mila kannte bereits den Namen ihres Verehrers. Jeden Abend stand er an der Bühne und lauschte ihren Liedern.

»Will er dich immer noch heiraten?«

»Ich glaube schon.« Rosemarie kicherte. »Mrs. Jason Frenzen … immer genug zu essen … Wenn da nicht Egon wäre … Stell dir vor, er sieht sich gerade nach einer echten Wohnung für uns um.« Rosemarie lächelte glücklich. Vor ein paar Wochen noch hatte sie sich bei dem Bauern krumm geschuftet für ein paar faulige Essensreste, nun verdiente sie eigenes Geld – mit ihrem Gesang! Die Tommys liebten und verwöhnten sie, schenkten ihr Schokolade und Zigaretten und Zucker und Butter dafür, dass sie genau das tat, was Vater und Silke so viele Jahre als Spinnerei abgekanzelt hatten.

»Endlich geht es bergauf. Wir beginnen ein neues Leben, und wir machen das Beste daraus, was wir uns nur träumen können! Du und ich und Silke und Ruth –« Sie brach ab. Und Anna?

Noch immer hatte sie sich nicht darum gekümmert, sie

ausfindig zu machen. Ihr Lächeln erstarb. Wie konnte sie Anna vergessen, wenn es ihr selbst endlich besser erging?

Mila klappte die Blechkiste zu. »Wenn du Silke nachher siehst, sagst du ihr bitte, dass ich nachgezählt habe und dass es reichen müsste.«

»Reichen? Für was?«, fragte Rosemarie, froh, dass Mila das Thema gewechselt hatte.

»Für ihr Weihnachtsfest.«

»Weihnachtsfest?« Rosemarie sah Mila fragend an. »Warum weiß ich davon nichts?«

»Weil du nicht hier wohnst und es nichts mit der Bar zu tun hat.«

»Aber, Mila! Ich bin ihre Schwester, sie wird doch Weihnachten nicht ohne mich planen!«

»Natürlich nicht, Dummerchen.« Mila verdrehte die Augen. »Es geht nicht um den Weihnachtsabend. Den verbringen wir gemeinsam. Es geht um den Tag.«

Sie trank den Tee in einem auf und erhob sich. »Ich muss los.« Sie tippte auf die Blechdose. »Nicht vergessen, ja?«

Rosemarie nickte. Sie würde das sicher nicht vergessen. Und auch nicht die Frage an Silke, was sie ohne sie an Weihnachten plante.

\*\*\*

*Waisenhaus St. Johannes.* Der Namenszug war in großen Lettern über das Portal des grauen Anstaltsbaus gepinselt. Rosemarie betrachtete das Gebäude. Würde sie Anna hier finden? Das war nun das dritte Heim, in dem sie nach ihr suchte. Ihr Blick fiel über die vergitterten Fenster, die schweren Türen. Von außen wirkte der Bau mehr wie eine

Festung als ein Waisenhaus. Oder wie eines dieser Heime der staatlichen Fürsorge für Verwahrloste und schwer Erziehbare.

Ob Mila auch in so einem Heim gewesen war, vielleicht sogar in demselben Heim, in dem Anna nun steckte? Ihr Blick blieb an einem Fenster im zweiten Stock hängen. Sie bemerkte zwei Gestalten am Fenster, Mädchen mit Zöpfen und grauen Kitteln. Wie die Kinder sich hier wohl fühlen mochten? Hinter Gittern, als wären sie Verbrecher.

Sie streckte ihren Rücken durch, drückte auf den in einem großen Messingschild integrierten Klingelknopf.

Nach dem zweiten Klingeln näherten sich im Inneren Schritte, es klackte, dann öffnete sich ein buchgroßes vergittertes Fenster in der Tür. Das Gesicht einer Nonne erschien dahinter. »Ja?«

»Guten Tag, mein Name ist Rosemarie Bensdorf«, sagte Rosemarie laut und deutlich. »Ich hätte bitte gerne mit dem Herrn Heimleiter gesprochen.«

»In welcher Angelegenheit?«

»Eine Personalie. Ich würde das gerne persönlich besprechen. Würden Sie mich bitte hereinlassen?«

»Einen Moment, bitte.« Das Fenster wurde geschlossen.

Geduldig wartete Rosemarie darauf, dass sie die Tür öffnete, sie zu dem Heimleiter führte.

Stattdessen hörte sie, wie Schritte sich entfernten.

Sie wartete.

Klingelte erneut. Wieder Schritte. Schwerer diesmal.

Das Fenster öffnete sich, ein grauhaariger Mann streckte seinen Kopf vor die Öffnung. »Fräulein Bensdorf?«

»Ja«, sagte Rosemarie, »darf ich bitte hineinkommen?«

»Um was geht es?«, fragte der Mann abweisend.

»Um Anna Kübler. Ich bin auf der Suche nach ihr.«

»Hier gibt es keine Anna Kübler.«

Rosemaries Schultern sackten nach unten. Wie sollte sie so Anna finden? Sie konnte doch nicht alle Waisenhäuser im Land abklappern!

»Bitte«, rief sie, »es ist wirklich dringend. Vielleicht können Sie in einem Verzeichnis nachsehen, wohin Kriegswaisen gebracht wurden? Oder vielleicht haben Sie Kontakt zu anderen Heimen? Anna Kübler. Sie ist vierzehn, fast fünfzehn. Ich wäre Ihnen wirklich dankbar, wenn Sie für mich nachfragen könnten. Rosemarie Bensdorf ist mein Name. Sie erreichen mich in Silkes Bar im St.-Georgs-Viertel.«

Das Gesicht des Mannes verschwand, ohne ein weiteres Wort knallte das Fenster vor ihrer Nase zu.

Wieder wartete Rosemarie, ob er nicht doch die Tür öffnete. Sie hineinbat, um mit ihr über Anna zu reden.

Doch die Schritte entfernten sich.

Rosemarie trat von der Tür weg. Nein, auch hier würde sie keine Hilfe erhalten. Ihr Herz wurde schwer. Wie sollte sie Anna nur finden?

\*\*\*

Gustavs Finger flitzten nur so über die Tasten. Rosemarie tappte im Takt auf den Bohlen der Bühne, tanzte, flotte Schritte rechts, links, Drehung. Gustav begann zu singen, sie tanzte weiter. Tap. Tap. Tap. Tap. Stehen. Luft holen. Ihr Einsatz. Gustav. Sie. Der gemeinsame Chorus. »It's a Chatanooga Choo Choo …«

Schließlich der Schlusstakt.

Gustav drehte sich auf dem Klavierstuhl um und lachte

sie an. »Ach, Fräulein Rosemarie, dass ich das noch mal erleben darf! Welch eine Freude!«

Schwer atmend stützte sie sich auf das Klavier. »Meine Freude, lieber Gustav, meine Freude! Ich kann immer noch nicht fassen, dass Hans ein solches musikalisches Juwel wie Sie einfach in seinem Laden versteckt hat!«

Gustavs Lachen versteinerte kurz, doch schon gleich breitete es sich wieder über sein Gesicht aus. »Sie haben es neu in mir erweckt, Fräulein Rosemarie. Wollen wir weitermachen? Ich habe ein neues Stück für Sie herausgesucht, für das Weihnachtskonzert. *Puttin' on the Ritz.*« Er griff in die Ledermappe auf dem Klavier, zog ein Notenblatt heraus und reichte es ihr.

Sie überflog die Noten, las die von Gustav säuberlich notierten Textzcilen und summte die bekannte Melodie bereits in ihrem Kopf mit. Gustav schlug die ersten Takte an, sie wippte zu seinem Rhythmus, erhob die Stimme. Die Worte purzelten nur so von ihren Lippen. Wie sehr sie diese Musik doch liebte!

Da verstummte das Klavierspiel. »Sie sind einen Vierteltakt hinterher, bitte noch mal ab: ›Dressed up like a million dollar trooper.‹« Er spielte weiter. Konzentriert sang sie die Zeile neu, es war nicht einfach, aber Gustav war der beste Lehrer, den sie sich wünschen konnte, er würde es so lange mit ihr üben, bis es perfekt saß.

Erst eine gute Stunde später gab er sich mit ihrer Interpretation des Liedes zufrieden.

»Pause!« Er stand auf und ging zur Küche, füllte Wasser in den Topf und stellte ihn auf den Ring des kleinen Ofens. »Einen Tee bei der Kälte, das schmiert die Finger und ölt die Kehle.«

Sie setzte sich auf die Anrichte und ließ die Füße baumeln. »Gustav, was halten Sie davon, wenn ich Hans ein Lied zu Weihnachten schenken würde?«

Ein Strahlen flog über Gustavs Gesicht. »Eine wunderbare Idee!«

»Ich dachte an *Do Nothing till You Hear from Me*. Was meinen Sie?«

Gustav sah sie an, prüfend, als kämpfte er mit sich, dann kramte er in seiner Notenmappe und zog ein paar zerknitterte Notenblätter hervor. Er strich sie sorgfältig glatt und reichte sie ihr. Sie überflog die Noten, eine einfache, eingängige Melodie, ein schönes Lied, seltsam, dass es ihr nicht bekannt war. Sie las den Namen des Liedes. *Die Ballade vom Schiefhannes* stand oberhalb der Notenzeilen in Gustavs säuberlicher Schrift, ganz klein, als müsste der Name ein Geheimnis bleiben. Überrascht sah sie zu Gustav. Hatte *er* das Lied etwa geschrieben? Sie beugte sich wieder über die Notenblätter, diesmal las sie den Liedtext. Es ging um Hannes, den zarten Jungen mit dem verkürzten Bein, den Schiefhannes, mit dem keiner spielen will. Außer Esther, dem Mädchen aus dem Haus im Hinterhof. Hannes, der sich selbst in fernöstlicher Kampfkunst trainiert, um Esther und sich selbst zu schützen, der mit sechzehn in das Friseurgeschäft der Eltern einsteigt, es vom Lehrbub zum Meister schafft und weiter seine Esther trifft, als aus Freundschaft Liebe wird, Liebe, die plötzlich verboten ist. Hannes, der an Esther festhält, bis sie 1942, im März, mit ihren Eltern zusammen abgeholt wird. Hannes, der ohne Esther keinen Sinn mehr im Leben sieht, der alles versucht, um sie zu retten, bis hin zu seiner eigenen Verhaftung. Hannes, der neue Kraft schöpft, indem er zur subversiven Kraft wird, die Kunden des Salons benutzt, um Ränke zu schmieden und Einfluss zu nehmen, Verfolgte zu warnen und so viele zu retten, wie er retten kann. Und doch wird er nicht mehr froh, Abend für Abend sitzt er an seinem Fenster und sieht hinaus und fragt sich, warum er so lange so blind gewesen ist, warum er die eine, die Wichtigste, seine Esther, nicht hat beschützen können.

Rosemarie ließ die Blätter sinken. Jetzt erst merkte sie, dass Tränen über ihr Gesicht liefen. Schweigend gab sie Gustav die Notenblätter zurück. Das also war Hans' Geheimnis. Auch er hatte einen geliebten Menschen an dieses grausame Regime verloren. Hans und Esther. Was für ein Mädchen mochte sie gewesen sein? Ruhig oder eher lebhaft wie sie selbst? Hatte sie auch gesungen und getanzt, oder war sie eher zurückhaltend gewesen und hatte sich mit einem Buch oder einem Stickrahmen in die Stube gesetzt? Hans hatte Esther ihr gegenüber bisher nie erwähnt. Weil ihr Verlust ihn noch immer schmerzte? Oder weil die Erinnerung an sie so wertvoll war, dass er sie mit niemandem teilen wollte?

Gustav reichte ihr ein Taschentuch. »Würden Sie das Lied mit mir einstudieren?«, fragte er Rosemarie.

Rosemarie legte ihre Hand auf ihr Herz. »Es wäre mir eine große Ehre.«

# 29

Zufrieden trat Silke einen Schritt zurück. Welch einen Unterschied die paar Tannenzweige mit den roten Schleifen und bunten Kugeln in den Fenstern und am Bartresen doch machten! Sie trug Hans' Kiste mit Weihnachtschmuck zur Bühne. Tannenzweige hatte sie keine mehr, aber es gab noch rotes Schleifenband und Christbaumanhänger. Wenn sich daraus nicht etwas Schönes zaubern ließ!

Sie setzte sich ans Ende der Bühne, legte sich Schere, Schleifenband, Stecknadeln und Weihnachtsschmuck zurecht und lauschte der traurigen Ballade, die Gustav und Rosemarie schon seit einer guten Stunde unaufhörlich übten. Es war ein wunderschönes Lied, zarte Mollklänge wechselten sich mit kraftvollen Harmonien ab, nie hätte sie gedacht, dass Gustav solch ein talentierter Komponist war. Und dann der Text! Andächtig lauschte sie Rosemaries Stimme. Wie sehr Hans unter Esthers Deportation gelitten haben musste. Nie zu erfahren, was mit der geliebten Person geschehen ist, und dennoch zu wissen, dass sie das schreckliche Schicksal der Millionen Juden geteilt hatte, die im Dritten Reich ermordet worden waren.

Silkes Herz fühlte sich mit einem Mal schwer an. *Nie wieder werde ich wegsehen.* Wie hatten sie es nur so weit kommen lassen können? Wie hatte es passieren können, dass sie und Millionen andere blind geworden waren für die Unmenschlichkeit, die sich vor ihren Nasen abspielte? Wie hatten sie die vermeintliche Größe des Dritten Reiches bejubeln können, während sie sich eines so bestialischen Verbrechens schuldig machten? Warum hatte sie nicht aufgehorcht, als die Nürnberger Gesetze verabschiedet wurden? Warum hatte sie sich damals nie die Frage gestellt, wie Menschen, die bis gestern noch Teil ihrer Gesellschaft waren, angesehene Leute, ihre Kunden, Ärzte, Bankleute, Händler, plötzlich zu gefährlichen Volksschädlingen werden konnten? So wie sie von einem Tag auf den anderen von einer respektierten Ladenbesitzerin zu Lumpenpack wurde.

Viel zu heftig stach sie die Stecknadel durch das rote Schleifenband direkt in ihre Haut. Der Schmerz zuckte durch ihren Finger. Sie schüttelte ihn, steckte ihn dann in den Mund, um das Blut zu stoppen.

Inzwischen war die Probe vorbei. Rosemarie setzte sich zu ihr ans Ende der Bühne und nahm einen Anhänger in die Hand. »Machst du eine Weihnachtsgirlande daraus?«

Silke nickte, den Finger noch im Mund. »Für die Bühne«, nuschelte sie.

»Was für eine bezaubernde Idee!« Rosemarie befestigte den Anhänger an dem Band und wählte den nächsten aus. »Darf ich dir helfen? Können wir eine Schleife nur für Anna aufhängen? Eine besonders schöne?«

»Gerne.« Silke drückte Daumen und Finger fest zusammen und hoffte, dass dies die Blutung schnell stillen würde.

Nun gesellte sich auch Gustav zu ihnen. »Wie hübsch Sie den Raum hergerichtet haben.«

»Ja, nicht?«, stimmte Rosemarie zu. »Richtig festlich sieht es aus!«

»Die Kinder sollen den Alltag eine Stunde vergessen können, wenn sie zu uns zur Speisung kommen. Musik, etwas Warmes zu essen, ein wenig Weihnachtsglanz und für jeden ein Stück Schokolade.« Silke prüfte den verletzten Finger. Noch immer quoll ein wenig Blut aus der Haut.

»Wissen Sie schon, wie viele Kinder kommen werden?«

»Dreiundvierzig sind angemeldet, aber ich rechne mit mindestens fünfzig.« Silke zog ein Taschentuch aus ihrer Rocktasche und wickelte es um ihren Finger. »Ich hoffe nur, wir bekommen keinen hohen Besuch, der uns nach der Herkunft der Schokolade und der Hühner für die Suppe befragt. Nicht dass wir wieder ins Fadenkreuz der Polizei geraten … Und diesmal hätten wir wirklich ein Problem mit dem Gesetz!« Ein Frösteln erfasste sie. Seit Hans ihr von der Anzeige wegen der angeblich gepanschten Warenlieferung erzählt hatte, konnte sie keine Nacht mehr durchschlafen. Erst Stoevers Weigerung, ihr Bier zu liefern, nun diese infame Bezichtigung – was wartete hinter der nächsten Ecke auf sie? Hatte es jemand explizit auf sie abgesehen, oder war das einfach die Spielart des Schwarzmarktes? Nicht auszudenken, wenn Alan sie nicht gewarnt hätte, wenn Hans nicht mithilfe geheimnisvoller Quellen die Situation rechtzeitig hätte aufklären können – wahrscheinlich würde sie jetzt nicht diesen Raum schmücken.

»Legen Sie sich eine Geschichte zurecht.« Gustav schmunzelte. »Hans hat immer eine Geschichte zur Hand. Es kommt nur darauf an, sie so überzeugend und«, er zwinkerte Silke zu, »ohne Stottern oder Rotwerden zu erzählen, dass der Fragende sich schlecht fühlt, Sie überhaupt gefragt zu haben.«

»Und das funktioniert?«, fragte Silke ungläubig.

»Nun, bei Menschen, die Mitgefühl und Anstand besitzen, funktioniert das ganz gut. Vorausgesetzt, die Geschichte ist glaubhaft und das Verbrechen nicht zu groß.« Seine Augen verengten sich. »Und vorausgesetzt, es ist kein Nazi. Da ist es mit Mitgefühl und Anstand nicht so weit her.«

Silke schluckte. War das ein Seitenhieb?

»Die Schweine, die bei den Nazis die dicken Posten ergattert haben, werden schon bald bei den Tommys und den Amis und den Franzosen und auch bei den Russen wieder da sitzen, wo sie ihren Schnitt machen. Und die, die damals das Nachsehen hatten, haben es auch jetzt wieder.«

»Ich …« Silke wusste nicht, was sie sagen sollte. Gustavs Ausbruch war ungewöhnlich heftig für den so ruhigen, freundlichen Mann.

»Hans hat mir gestern von einem Gestapomann erzählt, der im Lager Neuengamme beschäftigt war und jetzt bei der Polizei arbeitet«, sagte Rosemarie leise. »Als das Lager geräumt wurde, haben die alle Unterlagen vernichtet, und jetzt suchen die Tommys nach Zeugen, die ihnen dabei helfen rauszufinden, was in Neuengamme überhaupt alles passiert ist und wer dort die Zwangsarbeiter beaufsichtigt hat.«

»Was schwierig ist«, fügte Gustav hinzu, nun wieder etwas ruhiger. »Die Hälfte der Häftlinge ist tot, und die meisten Überlebenden waren aus den besetzten Gebieten und sind zurück in ihren Heimatländern. Und dann steht so ein SS-Mann plötzlich in deinem Laden und spielt sich als Wachtmeister auf. Der hat sich von einem Kameraden einen

Persilschein geholt und schikaniert dich wie damals.« Gustav fuchtelte mit dem Finger durch die Luft. »Die haben immer noch ihre Seilschaften, und die drängen nicht nur in den Schwarzmarkt, die tröpfeln auch langsam wieder in alle Berufe.«

Silke starrte ihn stumm an. Wenn sich Gestapomänner und SS-Häscher wieder etablieren konnten, wie sollten sie dann ein Land aufbauen, in dem sich die Geschichte nicht wiederholte?

»Hans hat Alan auf den Kerl angesetzt.« Rosemarie befestigte ein Weihnachtsglöckchen. Es musste noch von Hans' Eltern stammen. Silke erinnerte sich an diese Glöckchen, ihre Mutter hatte ein halbes Dutzend von einem Hamburgbesuch mitgebracht und vom hiesigen Weihnachtsmarkt geschwärmt.

»Hans sagt«, fuhr Rosemarie fort, »der Gestapomann und seine Kameraden nennen ihn einen Verräter. Und irgendwann wird er wohl ziemlichen Ärger von diesen Kerlen bekommen, aber darauf kann er keine Rücksicht nehmen. Hans sagt, wir müssen uns jetzt wehren, bevor es wieder zu spät ist, weil Nazis sich wie ein Krebsgeschwür in die Eingeweide fressen.«

»Ich werde mich diesmal nicht von den Rattenfängern einfangen lassen.« Silke legte die Hand auf Gustavs Arm. »Wie können wir uns wehren? Was sollen wir tun?«

»Nun, fangen wir damit an, dass wir uns von ihnen nicht einschüchtern oder aus dieser Bar vertreiben lassen. Wir müssen ihnen das Leben als Nazi so schwer wie möglich machen. Das wird ein langer Weg«, sagte Gustav lächelnd, »aber mit genug Menschen, die ihn zu gehen bereit sind, ist es ein lohnender Weg.«

Silke sah von Gustav zu Rosemarie. Welch ein Glück sie hatte, diese wundervollen Menschen um sich herum zu haben. Sie mussten nicht mehr hungern, und selbst die Kälte spürten sie hier weniger. Und trotzdem breitete sich in Silke ein mulmiges Gefühl aus. Wie ein Warnsignal, dass dieses kleine Glück nur ein trügerischer Schein war, der schon bald wieder erlöschen würde.

# 30

Zweiundfünfzig Kinder. Das Lachen und Lärmen klang noch in Hans' Ohren nach, obgleich das letzte der Kinder bereits vor einer knappen Stunde den Wirtsraum verlassen und sie die Tische und Stühle wieder für den abendlichen Barbetrieb umgestellt hatten. Nur der intensive Duft nach Hühnersuppe erinnerte noch an das Festmahl und den liebevollen Empfang, den Silke und Rosemarie den Kindern bereitet hatten. Das letzte Mal, dass er so viele Kinder auf einem Haufen erlebt hatte, war 1944 gewesen. In einem Luftschutzbunker. Verängstigte Kinder, die meisten waren unnatürlich still gewesen, manche weinten, suchten ihre Eltern, die sie auf dem Weg zum Bunker verloren hatten. Ob sie wohl je zurück in eine Normalität finden würden, hatte der Mann ihn gefragt, der neben ihm auf seinem Koffer gesessen hatte. »Das haben sie doch schon«, hatte er damals geantwortet. »Jede Zeit hat ihre Normalität, und in dieser Zeit ist es normal, zu töten oder getötet zu werden.« Er erinnerte sich, wie der Mann von ihm abgerückt war, als hätte er die falsche Antwort gegeben. Hatte er aber nicht. Spätestens nachdem die Briten sie gezwungen hatten, die Filme über die Lager und Massenmorde anzusehen, musste das doch jedem klar sein. Sie hatten in einer Zeit der Barbarei gelebt. Der Barbarei gepaart mit Größenwahn. Und jetzt? Welche Zeit würden die Briten ihnen bringen?

Er warf einen Blick zur Theke, an der Silke und Alan auf Barhockern saßen und sich angeregt unterhielten. Es war seine Idee gewesen, ihn zu dem Weihnachtsessen der Kinder einzuladen, als Prävention gegen etwaige Versuche, ihnen erneut etwas anzuhängen. Es war jedoch Silkes Vorschlag gewesen, dass Alan auch zu ihrer eigenen kleinen Feier vor der Öffnung der Bar dablieb. Ob Silke in Alan den Mann mit dem guten Herzen sah? Oder nur einen Besatzer, mit dem man sich gut stellen sollte, um bessere Karten zu haben, falls es Ärger gab?

Lächelnd beobachtete Hans, wie Alan Silke zuprostete.

Alan war wirklich ein guter Mensch. Mit Männern wie ihm als Befehlshaber und Mentor könnte man vielleicht eine neue Zeit einläuten, eine Zeit der Freundlichkeit und Freiheit. In der Kinderlachen wichtiger war als die eigene Bereicherung. In der Menschen wie Silke den Ton angaben und die Spielregeln zivilisierten. Doch auch bei den Engländern waren Menschen wie Alan rar gesät. Und nicht er würde bestimmen, wie es weiterging.

Würden die Alliierten Deutschland für immer zerstückeln und aufteilen und in alle Ewigkeit als Feind unschädlich machen?

Vielleicht wäre das die einzige Möglichkeit, um die Wiederauferstehung der alten Häscher zu verhindern. Immer noch kamen Soldaten aus der Kriegsgefangenschaft zurück, voller Wut und ohne Einsicht. Sie drängten in den Schwarzmarkt, als hätten sie sich ihren Platz durch den Kriegsdienst verdient, betrachteten Hans als nun überflüssigen Platzhalter, der sein Daseinsrecht mit der Rückkehr der tapferen Soldaten verlor. Männer wie Egon und dessen Kameraden, mit denen er immer öfter krumme Geschäfte schloss. Er blickte weiter, zur Bühne, wo Egon Rosemarie um die Taille fasste und hochhob, damit sie die Girlande anbringen konnte. Er hörte Egon einen Witz reißen, hörte Rosemaries fröhliches Lachen, sah, wie Egon Rosemarie absetzte, sie zu sich drehte und küsste. Schnell wandte er den Blick ab, fühlte sich, als hätte er etwas beobachtet, das für ihn tabu war.

»Was ist los, Meister? Der übliche Weihnachtsblues?« Gustav setzte sich zu ihm. »Wer hätte vor ein paar Wochen gedacht, dass wir den heutigen Abend mit so bezaubernden Damen verbringen?«

»Ich sicherlich nicht.« Hans zwinkerte Gustav zu. »Und wenn du nicht gleich von Anfang an einen Narren an den Schwestern gefressen hättest, dann wären wir heute nicht hier.«

»Ich wollte sie nicht in Tönnes' Obhut lassen. Er ist nicht gut für sie. Dass Rosemarie das nicht erkennt ...« Seufzend schüttelte er den Kopf, als diese ihm zuwinkte.

»Gustav, kommen Sie! Musik! Unsere Feier beginnt!«

\*\*\*

So viel hatte er schon lange nicht mehr gesungen. Hans fühlte die Leichtigkeit der Musik in seinen Adern, die Entspanntheit in seinen Gesichtszügen, die Dankbarkeit in seinem Herzen. So sehr es ihm vor diesem Tag gegraut hatte, so schön war diese Feier. Als wären sie eine wahre kleine Familie – mitsamt Tönnes, dem schwarzen Schaf, das es nun mal in jeder Familie gab.

»Und jetzt«, rief Rosemarie und strahlte ihn an, »jetzt hört ihr die Ballade vom Schiefhannes.«

Hans runzelte die Stirn. Die ... was? Was sollte das denn für ein Lied sein? Rosemarie winkte ihn näher zur Bühne.

»Für Hans, zu Weihnachten, von Gustav geschrieben und von mir gesungen.«

Alle klatschten, nur Hans wusste nicht, wie er reagieren sollte. Sie hatten ihm ein Lied geschrieben?

Gustav spielte los.

Sofort war Hans von der melancholischen Weise gefangen. Dann begann Rosemarie zu singen. Ihre Stimme schickte einen Schauder über seinen Rücken. Er lauschte ihr, sie verfing sich in seinem Herzen und flutete es mit Trauer über Esthers Verlust, aber auch mit Liebe. Für Gustav, seinen treuen Freund, der dieses Lied für ihn geschrieben hatte, und für Rosemarie, die erste Frau seit Esther, die ihn wieder an die Liebe glauben ließ.

Schließlich war die Ballade vorbei. Hans wusste nicht, was er tun sollte, er wollte Rosemarie in den Arm nehmen, ihr danken, sie drücken, herzen, doch wie konnte er das, ohne sie in eine unangenehme Lage mit Egon zu bringen. Ein Blick zu ihm genügte, um zu sehen, dass Egon von Rosemaries Geschenk für Hans alles andere als entzückt war. War er etwa eifersüchtig – er, der schöne Egon, auf ihn, Hans, den Krüppel?

»Und«, rief Rosemarie von der Bühne, »hat es dir gefallen?«

»Gefallen?«, fragte Hans heiser. »Es war das Schönste, das mir je geschenkt wurde.«

Rosemarie strahlte ihn an, auch Gustav lächelte, eine Mischung aus erleichtert und glücklich, als wäre er sich nicht sicher gewesen, ob er Hans mit dem Lied vielleicht zu sehr an eine zu dunkle Zeit erinnerte. Dabei sollte Gustav doch wissen, dass er Esther niemals vergessen würde.

Langsam ging er auf Rosemarie zu. Er würde sie doch in den Arm nehmen. Wenn es je einen erklärbaren, unschuldigen Grund dafür gab, dann jetzt. Und … vielleicht täuschte er sich ja. Vielleicht sah sie doch mehr in ihm als nur den loyalen Freund. Vielleicht …

Helles Klingeln unterbrach seine Gedanken und seine Schritte.

Egon ließ mit einer Gabel ein Glas erklingen. »Wenn ich ebenfalls kurz um eure und Ihre Aufmerksamkeit bitten dürfte!« Geschmeidig bewegte er sich auf die Bühne zu und stieg hinauf. Er stellte sich neben Rosemarie und legte einen Arm um ihre Schulter. »Rosemarie, wir kennen uns erst seit ein paar Wochen, und doch erscheint es mir, als wären wir schon seit Jahren miteinander verbunden. Nie zuvor habe ich eine Frau kennengelernt, die so unerschrocken und gleichzeitig so lieblich ist, so wahrhaftig und treu.« Er nahm den Arm von ihrer Schulter und kniete sich umständlich vor sie. »Rosemarie, würdest du meine Frau werden?«

»Ich …« Rosemarie starrte Egon überrascht an.

»Ich weiß, noch kann ich dir nicht viel bieten«, fuhr Egon fort, »aber die Zeiten werden sich ändern.«

»Ich …« stammelte Rosemarie, offensichtlich vollkommen überrumpelt. »Ich …«

»Ist das ein Ja?«, fragte Egon. »Machst du mich zum glücklichsten Mann Hamburgs?«

»Ich … ja«, sagte Rosemarie.

Ungläubig starrte Hans auf Egon, der aufstand, Rosemarie in den Arm nahm, sie küsste. Hans' Brust wurde eng, er musste hier raus, jetzt, sofort. Egons Blick streifte ihn, er sah den Triumph darin. Nein, es war mehr als Triumph, es war eine Kampfansage.

# 31

Silke setzte sich. Sie versuchte die Bedeutung der Worte zu erfassen. Rosemarie würde Frau Tönnes werden, würde Egons Kinder bekommen, sie verlassen. Das war der normale Weg, aber ... schon so bald?

Unwillkürlich starrte sie zu Egon und Rosemarie. Sie unterhielten sich angeregt mit Alan, der ihnen offenbar gerade gratulierte. Egon hatte seinen Arm um Rosemarie gelegt, er drückte sie an sich, als wäre sie sein Besitz, und Rosemarie schmiegte sich an ihn, als wäre sie froh darüber.

Silke presste ihre Lippen so fest aufeinander, dass es schmerzte. *Und wenn es so ist? Was ist dein Problem? Dass Rosemarie glücklich ist? Oder dass du nun als einsame Jungfer zurückbleibst, während deine Schwestern ein erfülltes Leben führen?*

Silke wandte sich ab und schüttelte entschieden den Kopf. Schluss! Rosemarie war vierundzwanzig. Sie war mündig und durfte heiraten, wen sie wollte und wann sie wollte.

Lachen, hell wie das Klingeln der Weihnachtsglöckchen, drang zu ihr. Sie sah zu Rosemarie. Wie glücklich sie wirkte. Entspannt lehnte sie an Egon, ihre Wangen waren vor Aufregung gerötet.

Nein, sie hatte Rosemarie nichts vorzuschreiben.

Wieder perlte Rosemaries Lachen durch die Luft, umtanzte Silke, als wollte es die Last der Verantwortung von ihren Schultern nehmen. Tatsächlich entspannte Silke sich. Rosemarie und Egon also. Wenigstens brachte das Ordnung in die Verhältnisse.

Sie erhob sich, es war an der Zeit, dass auch sie den beiden gratulierte. Lächelnd ging sie auf die Bühne zu, als es gegen die Tür hämmerte.

»Rosemarie! Silke! Hilfe!« Die Stimme war hoch und voller Angst.

Silke machte auf dem Absatz kehrt, rannte zur Tür.

Es hämmerte stärker. »Rosi! Bitte! Schnell!«, kreischte es.

»Anna!«, rief Rosemarie.

Silke sperrte auf. Im nächsten Moment war Rosemarie neben ihr und riss die Tür auf. Davor stand Anna, in Nachthemd und dünner Wolljacke und Puschen, die Beine blau gefroren, das Gesicht gerötet.

»Anna!« Rosemarie packte das bibbernde Mädchen und zog es in den Raum.

Silke hörte Rufe, schnelle, feste Schritte.

»Bleib stehen, du undankbares Ding!«

Schnell verriegelte sie die Tür. Rosemarie schleifte Anna zur Bar. Das Mädchen hing an Rosemaries Arm, es konnte sich kaum auf den Beinen halten. Da sackten Annas Beine weg, Rosemarie versuchte sie zu halten, fiel jedoch mit ihr zu Boden. Gustav, Egon und Alan stürzten zu ihnen.

»Aufmachen!« Hart hämmerte es gegen die Tür.

Silke erstarrte. Vor wem war Anna geflohen? Wer drosch wie ein Irrer gegen die Tür?

Alan machte eine Kopfbewegung und lief hinter die Bar. Egon schien Alans stummen Befehl zu verstehen, er packte Anna unter den Schultern, Gustav hob gleichzeitig die Beine an. »Legt sie in mein Bett!«, raunte Silke Gustav zu, als es erneut an die Tür hämmerte.

»Ich kümmere mich um Anna«, sagte Rosemarie und lief Egon und Gustav hinterher, »schick du den Mann weg!«

Wieder hämmerte es gegen die Tür. »Aufmachen! Sofort! Ich weiß, dass jemand da ist!«, forderte die Stimme im Befehlston eines Mannes, der keinen Widerspruch duldete. Silke erstarrte. Sie kannte diesen Befehlston – er bedeutete immer Ärger.

Silkes Herzschlag raste. Sollte sie die Tür öffnen? Zitternd drehte sie den Schlüssel im Schloss. Sie spürte die Wucht der Schläge, die der Mann der Tür verpasste. Oder waren es bereits zwei Männer?

»Sofort aufmachen! Ich habe genau gesehen, dass das Mädchen in eurer Spelunke verschwunden ist!« Der Mann ließ von der Tür ab. »Aufmachen! Oder ich trete die Tür ein!«

Silke drückte die Klinke herunter. Im nächsten Moment flog die Tür auf, ein untersetzter Mann torkelte, offenbar überrascht vom fehlenden Widerstand, in den Raum. Hinter ihm erspähte Silke einen zweiten und dritten Mann.

»Wer macht hier eine solche Lärm?« Plötzlich stand Alan neben ihr. In voller Uniform, die Hand sichtbar an der Pistole in seinem Gürtel. »Habe ich nicht gesagt, meine Männer und ich wollen feiern in die Ruhe?«

»Verzeihen Sie, Sir«, stieg Silke auf sein Schauspiel ein. »Ich weiß nicht, was diese Herren wünschen.«

Der Mann starrte Alan verwirrt an. Offenbar hatte er

nicht mit einem englischen Offizier gerechnet. Die beiden Männer hinter ihm wichen zurück.

»Das Mädchen!«, blaffte der Mann.

»Hier ist kein Mädchen«, blaffte Silke zurück.

»Ich habe gesehen, wie sie in dieser Tür verschwunden ist«, beharrte der Mann.

»Sie haben es gehört: Hier ist kein Mädchen«, sagte Alan bestimmt.

»Es ist aus dem Heim entlaufen«, wandte er sich an Silke. »Sie ist minderjährig, wenn Sie sie nicht herausgeben, ist das strafbar.«

»Ist das so?« Alan trat so nah auf den Mann zu, dass dieser zurückwich. »Ihre Papiere, bitte.«

»Die sind im Heim. Ich bin dem Mädchen nachgelaufen!« Der Mann trat einen Schritt zurück, seine Kumpane machten sich unauffällig davon.

»Sie haben keine Papiere?«, sagte Alan ungerührt. »Soll ich lassen Sie bringen auf Wache? Oder Sie gehen jetzt, und ich vergesse die Auftritt, weil es ist Weihnachten.«

»Ich geh ja schon«, murrte der Mann, drehte sich jedoch, kaum war er auf der Straße, noch einmal um. »Ich komme wieder.«

Alan warf die Tür ins Schloss. »What a horrible man.«

»Danke.« Silke sperrte die Tür zweimal ab. Sie war sicher, dass die Drohung des Mannes nicht nur so dahingesagt war. Er würde wiederkommen, und er würde Ärger machen, wenn sie ihm Anna nicht übergaben. Vielleicht würde er sogar mit der Polizei hier auftauchen. Sie könnte ihre Lizenz verlieren. Oder er kam mit einem Schlägertrupp zurück und schlug die Bar kurz und klein. Und das nächste Mal war Alan sicherlich nicht gerade zufällig in der Nähe.

Oder Gustav oder Egon oder Hans. Sie hielt inne. Sah sich um.

Wo war Hans?

»Sie suchen Hans?«, fragte Alan, als könnte er ihre Gedanken lesen. »Er ist gegangen nach großer Ankündigung von Egon und Rosemarie. Ich glaube, er ist keine Fan von Egon.«

Silke presste die Lippen zusammen. Sie hatte es gespürt. Die Spannung zwischen den Männern. Nur gewusst, woher sie stammte, das hatte sie nicht.

Rosemarie also.

Sie seufzte. Dabei hatte es eigentlich in der Luft gelegen. Die besondere Freundschaft zwischen Hans und Rosemarie, das Vertrauen, Hans' Bereitschaft, ihnen wieder und wieder zu helfen.

Nun würde Hans sich von ihnen abwenden.

Ausgerechnet jetzt.

# 32

Rosemarie legte die Hand prüfend auf Annas Stirn. Sie war heiß, der Atem rasselnd und schnell. Schon seit Tagen wollte das Fieber einfach nicht besser werden. Rosemarie tränkte die Tücher in der Waschschüssel und wrang sie aus. »Erschrick nicht, ich lege neue Wadenwickel auf.« Sie zog die Decke von Annas Beinen, so dünn wie der Rest ihres mageren Körpers. Sorgfältig legte sie die frischen Wickel auf. Anna bewegte sich nicht. Als hätte sie nicht einmal genug Kraft, sich im Bett von links nach rechts zu wälzen. Rosemarie setzte sich wieder an ihr Kopfende und betupfte Annas Lippen mit einem nassen Schwamm.

Eine Träne lief über Rosemaries Wange. Warum hatte sie nicht sofort nach ihrer Ankunft in Hamburg alle Waisenhäuser abgeklappert? Sie wischte die Träne mit dem Ärmel weg.

Trockener Husten schüttelte Annas Körper. Rosemarie legte ihre Hand erneut auf Annas Stirn. Von der Bar hörte sie Gustavs Klaviermusik. Gershwin. *So am I*. Sie lauschte den Klängen, Gustav war virtuos. Der Wechsel von traurig und hoffnungsvoll, von zögerlich und naseweis. Zu gerne würde sie wissen, was seine ganze Geschichte war, wie er bei Hans gelandet war. Das Klavierspiel verstummte, vor ein paar Tagen hätte sie jetzt das Rauschen der Gespräche gehört, doch nun folgte seinem Spiel die Stille der Notverordnung, dem verzweifelten Versuch des Bürgermeisters Max Brauer, die Kälte und den Hunger in den Griff zu bekommen. Nur zwei Stunden Strom für private Haushalte; Kinos, Theater, Schulen waren ganz geschlossen, Trambahnen und Busse fuhren nur noch einen Bruchteil der üblichen Touren, selbst Geschäfte hatten nur fünf Stunden am Tag geöffnet.

Auch die Bar.

Rosemarie löste die Hand von der Stirn und prüfte die Wadenwickel. Wie konnten sie in so kurzer Zeit schon wieder so warm sein! Ihre Kehle schnürte sich zusammen. Gustavs Klavierspiel hob wieder an. Er blieb bei Gershwin. Sie brauchte einen Moment, um das Lied zu erkennen. *Love Walked In*. Gustav blieb also auch heute länger. Als Schutz, falls die Männer aus dem Heim zurückkamen? Sie nahm die warmen Wickel ab und legte sie in die Schüssel zurück.

»Schläft sie?« Auf Zehenspitzen näherte Mila sich dem Bett.

»Ja. Ihr Fieber geht einfach nicht runter.« Rosemarie sah Mila müde an. »Hast du …«

Mila setzte sich kopfschüttelnd auf den Stuhl am Fußende des Bettes. »Ich komm nicht ran. Karla hat ihre Kontakte auch schon angebettelt. Es ist wie verhext, Penicillin ist so rar wie eine blühende Rose in diesem klirrend kalten Winter.«

Rosemarie schluckte schwer. Dann würden Hans und Egon auch nicht drankommen. Konnte sie Alan fragen? Oder zog sie ihn damit zu tief in die Geschichte mit hinein? Anna dürfte gar nicht hier sein. Sie hätten sie längst melden müssen. Sie konnten zu keinem Arzt, in kein Krankenhaus.

Sie räusperte den Kloß in ihrem Hals weg. »Wie läuft's in der Bar?«

»Wenn deine Schwester nicht so ein Genie wäre, könnten wir dichtmachen.« Mila streckte bekräftigend den Daumen in die Höhe. »Eine Teeküche zum Aufwärmen. Auf so eine Idee muss man erst mal kommen.«

»Ja, so ist Silke. Tüchtig.«

»Nein, sie ist mehr als tüchtig. Sie ist klug.« Mila runzelte die Stirn. »Ich weiß nicht, warum du Silke gegenüber so kritisch bist, und ich will es auch gar nicht wissen, aber bleib fair. Die Teeküche ist für alle offen. Weißt du, was das für uns bedeutet?«

Rosemarie nickte langsam. Natürlich. Wenn die Bar tagsüber geöffnet hatte, zu Zeiten, in denen wenige Tommys kamen und der Zugang offen für alle war, war es ein perfekter Umschlagplatz für schwarze Ware. »Du kannst deine Waren hier verkaufen und musst nicht mehr am Bahnhof vor den Razzien abhauen.«

»Ganz genau. Und gleichzeitig haben wir immer noch die Tommys, die ab und an mal ein Souvenir oder Geschenk für die Freundin daheim abstauben, gegen Zigaretten natürlich.«

»Na gut«, gab Rosemarie sich geschlagen. »Das war ein kluger Schachzug. Trotzdem –«

Bevor sie den Satz vollenden konnte, gab ihr Magen ein hungriges Knurren von sich.

»Wann hast du das letzte Mal was gegessen?« Mila schnupperte. »Oder dich gewaschen?«

»Ich kümmere mich um Anna!«

Mila verdrehte die Augen. »Glaubst du, nur du kannst Anna pflegen? Ruth und ich können dich ablösen. Damit du mal ein paar Stunden nach Hause kannst. Haare waschen. Luft schnappen. Nach deinem Verlobten sehen.« Mila seufzte. »Wo ist Egon überhaupt? Er war schon drei Tage nicht mehr hier.«

»Ich habe ihm gesagt, dass ich bei Anna wachen will.«

»Aber doch nicht vierundzwanzig Stunden am Tag!« Mila nahm Rosemarie einen Wickel ab und legte ihn vorsichtig um Annas Wade.

Vielleicht hatte Mila recht. Sie musste mal hier raus. Sie könnte selbst versuchen, an Penicillin zu gelangen.

»Ich bin mal bei dem Heim vorbeigegangen«, sagte Mila. »Du bist dir ganz sicher, dass Anna aus dem St.-Johannes-Waisenhaus geflohen ist?«

»Das steht in ihrem Nachthemd.«

»Erstaunlich, dass sie es geschafft hat, das Heim ist gesichert wie eine Festung.« Mila streckte die Hand nach dem zweiten Wickel aus. »Tapferes Mädchen, deine Anna.«

Dankbar nickte Rosemarie. Sie wusste, welch Überwindung es Mila gekostet haben musste, auch nur in die Nähe des Heimes zu gehen. »Dabei kennst du Anna nicht einmal.«

»Sie ist dir wichtig.« Mila beugte sich über die Wasserschüssel und legte ihre Hand auf Rosemaries Arm. »Was würdest du tun, wenn Ruth hier liegen würde?«

»Alles, was nötig ist.« Rosemarie drückte Milas Hand. Es war gut, sie an ihrer Seite zu wissen. Sie und Silke und Ruth und Gustav und Egon. Und Hans.

»Ich rede mit Hans.«

Mila zog ihre Hand weg. »Hans?«, fragte sie zweifelnd. »Hast du sein Gesicht gesehen, als du Egons Antrag angenommen hast?«

»Nein, natürlich nicht, ich habe Egon angeschaut.«

»Er war nicht gerade begeistert.« Aus dem Flur schallte der Ruf nach Mila.

»Ich muss Silke helfen, aber wenn du willst, kann ich nachher eine Schicht übernehmen.«

Bevor Rosemarie antworten konnte, wandte Mila sich ab und verließ Silkes Zimmer.

Rosemarie sah ihr nach. Hatte Mila recht? Verlor sie Hans als Freund, wenn sie Egon heiratete?

»Rosi …« Annas Stimme war so leise, dass Rosemarie sich zu ihrem Gesicht beugen musste. »Ich will nicht zurück.«

»Musst du nicht, Liebes«, flüsterte Rosemarie. »Du bist doch jetzt hier.«

»Eine Freundin hat gehört, wie du nach mir gefragt hast. Sie hat gesagt, der Heimleiter hat mich verleugnet. Aber sie hat sich deinen Namen und den Namen der Bar gemerkt.« Anna hustete. »Du hast nach mir gesucht! Du hast mich nicht vergessen!«

»Natürlich nicht!«, beruhigte Rosemarie sie. »Wir haben immer an dich gedacht. Entschuldige, ich hätte schon früher nach dir suchen sollen.«

»Jetzt habe ich ja euch gefunden.« Anna schloss die Augen. Öffnete sie wieder, der Blick voller Angst. »Bitte, schickt mich nicht wieder weg! Sie zwingen uns, schreckliche Dinge zu tun!«

»Du gehst nicht zurück, niemals!« Rosemarie legte beide Hände um Annas glühendes Gesicht. »Das schwöre ich dir.«

***

»Rosemarie! Liebes!«

Die Stimme drang wie im Nebel zu ihr. Sie musste auf dem Stuhl eingedöst sein. Automatisch tastete sie über das Bett und fühlte Annas Arm. Er glühte.

»Rosemarie!«

Sie drehte den Kopf. Egon stand in der Tür und winkte sie zu sich. Sie erhob sich. Die Knie knacksten und schmerzten von dem langen Sitzen, die Zunge klebte ihr am Gaumen, im Mund haftete ein fader Geschmack. Sie strich sich eine Haarsträhne hinter das Ohr und ging zur Tür.

»Egon ...« Mit einem Mal war sie sich bewusst, wie abstoßend sie wirken musste – ungewaschen, müde, strähnige Haare, die Kleidung verknittert.

»Ich habe Mila getroffen, sie hat mir erzählt, dass es Anna schlechter geht. Ihr wollt sie ins Krankenhaus bringen, wenn es bis morgen nicht besser wird, hat sie gesagt.«

»Ich befürchte, sie hat eine Lungenentzündung«, flüsterte Rosemarie. »Mila bekommt kein Penicillin.«

»Da hat sie wohl nicht die richtigen Kontakte.« Egon zog ein Papiertütchen aus der Jacke und reichte es ihr vorsichtig. »Penicillin. Morgens und abends einen Löffel voll.«

»Egon!« Das Tütchen fest umklammert fiel sie ihm um den Hals. »Du bist unsere Rettung!«

»Ich weiß, nicht das erste Mal.« Er drückte sie kurz an sich, nahm ihr dann das Tütchen wieder ab und holte die Medizin heraus. »Gut schütteln.«

Er schüttelte.

»Löffel.«

Sie reichte ihm einen.

Er träufelte den dickflüssigen Saft darauf und gab ihn

ihr zurück. »Es ist besser, wenn du ihr das gibst. Sie kennt mich nicht.«

Rosemarie nickte. Wie rücksichtsvoll von Egon. Anna war so verängstigt, es war sogar sehr wahrscheinlich, dass sie sich erschreckte, wenn er plötzlich versuchte, ihr Medizin zu verabreichen.

Sie setzte sich an Annas Kopfende. »Anna, hörst du mich?« Sie strich über Annas Stirn. »Mein Verlobter hat uns Medizin besorgt. Es wird alles gut werden, hörst du? Alles gut!«

»Rosi«, hauchte Anna. Sie versuchte die Augen zu öffnen, doch sie fielen immer wieder zu. »Mir ist so kalt.«

»Ich weiß, aber jetzt wird alles gut. Mach den Mund auf, ich gebe dir jetzt einen Löffel Medizin.« Sie hob Annas Kopf an und setzte den Löffel an die Lippen. Anna schluckte. Sie schüttelte sich, verzog angeekelt das Gesicht.

»Hier, Wasser zum Nachtrinken.« Egon reichte Rosemarie das Wasserglas.

Sie setzte es an Annas Lippen. »Trink, Anna, damit du gesund wirst!«

Folgsam trank Anna mehrere Schlucke, die Augen bereits wieder geschlossen. Rosemarie legte vorsichtig ihren Kopf aufs Kissen zurück.

Sie wandte sich an Egon und drückte ihm einen Kuss auf die Wange. »Das vergesse ich dir nie!«

»Ich bin bald dein Mann, wer, wenn nicht ich, sollte dir helfen?« Egon lächelte, verzog dann das Gesicht und schnüffelte. »Liebes, ich will nicht unhöflich sein, aber ich würde dringend anraten, dass du dich frisch machst, ich bleibe so lange bei Anna.«

Hitze stieg in Rosemarie hoch. »Natürlich, entschuldige, ich bin Anna nicht von der Seite gewichen. Ich hatte nicht mit dir gerechnet.«

»Ein unberechenbarer Retter also …« Egon zwinkerte. »Ich setz mich dann mal und warte.«

\*\*\*

Die Haare noch handtuchfeucht betrat Rosemarie eine halbe Stunde später wieder das Schlafzimmer. Von Silke hatte sie sich sogar zwei Tropfen Parfum und ein Kleid geborgt – ein wenig zu groß, aber es war zumindest frisch gewaschen.

»Wie geht es ihr?«, fragte sie leise.

»Sie schlägt um sich, während sie schläft. Vielleicht träumt sie schlecht.«

»Erzählst du mir, was du alles gemacht hast?« Sie setzte sich auf seinen Schoß.

»Hamstertour – was soll ich erzählen? Du kennst die Tortur. Unfreundliche Menschen, die dich am liebsten mit der Flinte vom Hof jagen würden, wenn die Besatzer ihnen die Flinten gelassen hätten.«

Sie strich ihm zärtlich über den wuscheligen Haarschopf.

»Und wenn du sie so weit hast, dass sie was tauschen«, fuhr er fort, »versuchen sie dich über den Tisch zu ziehen. Und das bei zehn Grad minus, sodass ich wünschte, ich hätte eine der Flinten, die es für Deutsche nicht mehr gibt. Soll ich wirklich mehr erzählen?«

»Wo hast du das Penicillin her?« Sie blickte zu dem Fläschchen auf dem Nachttisch.

»Der richtige Kontakt. Nur das zählt.«

»Danke«, flüsterte sie und schmiegte sich an ihn. »Du wirst das nicht bereuen.«

»Da bin ich mir sicher.«

»Weißt du«, sie nahm seine Hand, »die letzten Tage mit Anna habe ich viel über unser Leben nachgedacht. Lass uns gemeinsam nach Amerika ziehen, Du, Anna und ich. Meine Schwester kann für uns bürgen. Wir könnten zunächst bei ihr wohnen und uns dann überlegen, ob wir woandershin wollen. Ein echter Neuanfang.«

»Amerika …« Egon runzelte die Stirn, dann breitete sich ein Lächeln über sein Gesicht aus. »Amerika. Das Land der unbegrenzten Möglichkeiten.«

»Stell dir nur vor, Egon, Anna könnte dort ihre Schule beenden, und ich könnte eine Schauspielschule besuchen. Und du könntest auch eine Ausbildung machen!« Sie spürte, wie die bleierne Müdigkeit der letzten Woche von ihr abfiel und neue Energie durch ihre Adern floss. »Mit deinem Talent, Kontakte zu knüpfen und Sachen zu besorgen, könntest du einen Handel aufmachen. Was sagst du, Egon?«

»Amerika …« Egon nickte bedächtig. »Ich glaube, mir gefällt die Idee.«

»Ach, Egon!« Rosemarie setzte sich auf seinen Schoß. »Es wird großartig werden!« Sie schmiegte ihren Kopf an seinen.

Amerika.

Egon war der richtige Mann für Amerika. Er dachte so frei wie sie selbst, und er würde sie auch dort nicht plötzlich einengen und ihr vorschreiben wollen, was sie zu tun hätte.

»Ich werde Jette gleich morgen schreiben«, sagte sie. »Ich muss noch einmal nachsehen, was sie alles für Dokumente von uns braucht.« Sie drückte ihn an sich. »Ich bin so froh, dass du mitkommen willst!«

Da fuhr Anna aus ihrem unruhigen Schlaf hoch. Sie starrte Egon an, riss die Augen auf, sah von Egon zu Rosemarie, blinzelte verwirrt, dann sank sie in ihr Bett zurück.

»Anna!«, rief Rosemarie. »Was ist los?«

Doch Anna schlief schon wieder.

»Ich gehe besser«, flüsterte Egon. »Meine Anwesenheit erschreckt sie.«

Rosemarie stand von Egons Schoß auf und küsste ihn zum Abschied. Wie rücksichtsvoll er doch war.

# 33

Hans duckte sein Gesicht tiefer in den hochgeschlagenen Kragen. Der eisige Wind peitschte die Schneekristalle direkt in sein Gesicht. Eine solche Kälte hatte Hamburg noch nie erlebt, dessen war er sich sicher. Jedenfalls nicht, so lange er lebte.

»He, Mann!« Er bückte sich zu einer zusammengekauerten Gestalt, die an eine Hauswand angelehnt am Bordstein saß. Der Mann reagierte nicht.

»Sie können hier nicht bleiben!« Hans schüttelte den Mann. »Sie werden erfrieren.« Erschrocken ließ er die Schulter des Mannes los. Schneeflockenlangsam rutschte der Mann zur Seite und blieb in derselben Kauerstellung auf dem Boden liegen. Die Augen starr, die Lippen blau, das Gesicht weiß wie der Schnee, auf dem es nun lag. Hans trat zurück. Arme Seele. Wieder einer, der den Krieg überlebt hatte, um danach an seinen Folgen zu sterben.

Langsam humpelte er weiter. Der Schnee knirschte unter seinen Sohlen.

Wann war der Moment gewesen, als er sich an den Anblick des Todes gewöhnt hatte? Schon 1943, nach den Bombenstürmen, oder erst jetzt?

Wann begriffen die Tommys endlich, dass es so nicht

weiterging? Die Menschen in Hamburg starben an Hunger und Kälte. Schon die letzten Monate hatten die zugeteilten Lebensmittelrationen kaum zum Überleben gereicht, aber nun war es fast unmöglich, auch nur die Lebensmittel zu bekommen, die einem zustanden. Selbst der Schwarzmarkt wurde enger. Nicht nur, weil die Tommys so viel kontrollierten und so viele Verdächtige verhafteten wie nie zuvor. Es gab auch weniger Ware und gleichzeitig mehr Händler, die die Preise in die Höhe trieben. Es war unübersichtlich geworden. Zumal seit den vielen Razzien neben den bekannten Orten überall neue Plätze aus dem Boden schossen, an denen Händler ihre Waren anboten. Verzweifelte Händler, die ihr letztes Hab und Gut feilboten, professionelle Händler, die Waren aus Lieferungen abzwackten und weiterverkauften, und die gewissenlosen Händler, die sich für das Versprechen auf Kohle und Fett und Mehl und Zucker bezahlen ließen und dann nie lieferten. Die Handel mit der Verzweiflung von Müttern und Witwen trieben, die dann später zu Hans geschickt wurden, als hielte er noch immer die schützende Hand über Teile des Marktes. Er schlug mit seinem Stock einen Eiszapfen von einem Fenstersims. Das Eis fiel auf den Bürgersteig und zerbrach.

Wann hatte er seine Vormachtstellung verloren? Und warum? War er zu nachlässig geworden in den letzten Wochen? Hatte er sich von Rosemarie ablenken lassen? Oder war der Markt einfach zu schnell zu kompliziert geworden? Seit Kurzem versiegten die zuverlässigen Quellen immer mehr, und es gab andauernd Ärger. Hans schlug seinen Stock so hart in den Schnee, dass dieser bis zu seinem Gesicht spritzte.

Es war ernüchternd.

Nach all dem Leid, das die Nazis über Deutschland gebracht hatten, waren sie die Ersten, die auf der Straße wieder das Sagen hatten. Würde sich das Gesetz des Stärkeren denn nie ändern?

Er bog in die nächste Straße ein, von Weitem schon sah er Silkes Bar. Er spürte das Ziehen in seinem Magen. Rosemarie. Er könnte hineingehen. Sie sehen, sogar mit ihr reden, ihr Lachen hören. Oder nicht, Gustav hatte erzählt, dass sie nicht mehr lachte, seit diese Anna in der Bar aufgetaucht war, geflohen aus einem Heim, in dem sie offenbar nicht gut behandelt worden war.

Er hatte es so satt.

Die Welt war ein schrecklicher Ort.

Egal was er machte, er würde nie etwas daran ändern können.

Die Welt würde immer ein schrecklicher, hasserfüllter, ungerechter Ort bleiben, an dem Menschen wie er nur als eines gesehen wurden: Krüppel.

Selbst Rosemarie sah in ihm nur den Krüppel, in Egon dagegen den stattlichen Mann, der den perfekten Ehegatten abgab.

Wenige Meter vor der Bar blieb er stehen, die Tür fest im Blick. Er musste kaum warten, da ging sie schon auf und Frieder kam heraus. »Moin.«

»Irgendetwas Auffälliges?«, fragte Hans.

»Der untersetzte Kerl mit dem strammen Auftritt war heute wieder da. Fräulein Bensdorf hat versucht ihn abzuwimmeln, aber wir mussten ihn trotzdem daran hindern, den Privatbereich zu betreten. Er hat behauptet, er hätte sich verlaufen, aber ich glaube ihm kein Wort.«

»Weißt du, wie der Mann heißt?«

»Alfred Müller, und er gehört zu dem Heim, ich habe das prüfen lassen. Ich glaube, Fräulein Bensdorf hatte den richtigen Riecher, als sie dich um Hilfe gebeten hat, um das Mädchen zu beschützen.« Frieder rieb sich die Arme. »Brrr! Wollen wir nicht hineingehen?«

Hans schüttelte den Kopf. »Ich muss weiter. Pass gut auf das Mädchen auf. Wenn dem Heim so sehr daran gelegen ist, das Mädchen zurückzuholen, sie aber die Polizei nicht einschalten, dann stinkt da was gewaltig.«

»Ja, ich rieche das bis hierher.« Frieder schlotterte vor Kälte.

»Die verbergen etwas, und das Mädchen weiß davon.« Hans zeigte auf die Tür. »Geh hinein. Ich verlasse mich auf dich.«

Frieder verschwand hastig in der Bar. Hans sah ihm hinterher. Er war nur ein paar Meter von Rosemarie entfernt. Er könnte sie besuchen und einen Blick auf das Mädchen werfen, dessen Schutz er übernommen hatte.

Könnte.

»Verdammt!« Er schlug den Stock erneut so hart auf den Boden, dass der Schnee aufstob. Er musste Rosemarie vergessen. Sie war Egons Braut. Schluss. Er würde ihr jetzt alles Gute wünschen und sich dann aus ihrem Leben zurückziehen.

Aus ihrem und Silkes gleich mit.

Er machte auf dem Absatz kehrt und trat entschlossen zu der Tür, durch die Frieder eben verschwunden war.

Die Luft in der Bar war abgestanden, aber im Vergleich zu dem Eiswind herrlich warm. Er durchquerte den Raum, nickte Frieder zu, der ihn stirnrunzelnd ansah, sah zu Silke, die an der Bar Gläser polierte. Sie winkte ihm erfreut zu.

Er zeigte auf den Privatbereich und wartete auf ihr zustimmendes Nicken.

Er passierte Küche und Bad und klopfte an Silkes Zimmer auf der rechten Seite.

»Ja.«

Rosemaries Stimme trieb seinen Puls in die Höhe.

Er trat ein.

Der Raum war dunkel, nur ihre Silhouette war auf den ersten Blick sichtbar. Sie saß am Bett, den Rücken nach vorne gebeugt. Er näherte sich, sein Herzschlag laut wie ein Trommelwirbel. Rosemarie drehte den Kopf zu ihm. Selbst im Halbdunkel nahm er ihre Überraschung wahr – und war da auch … Erleichterung?

»Hans!«, rief sie leise. »Wo warst du so lange?«

Hans brachte keinen Ton heraus. Mit allem hatte er gerechnet, aber nicht mit ihrer so aufrichtigen Freude, ihn zu sehen.

»Ich wollte euch nicht stören.«

»Ach, Hans, du störst doch nicht.« Sie zeigte auf den Stuhl am Fußende des Bettes. »Setz dich.« Dann zeigte sie auf das Mädchen im Bett. »Das ist Anna.« Sie streichelte ihr über das Gesicht. Annas Wangen waren gerötet, der Schlaf des Mädchens unruhig, sie warf den Kopf hin und her, ab und zu murmelte sie etwas Unverständliches.

Hans bemerkte die Sorge in Rosemaries Augen. So gerne hätte er sie in den Arm genommen, aber es war einfach nicht der richtige Moment.

Er setzte sich. Und nun?

»Hörst du das Rasseln in ihrem Atem? Ich glaube, sie hat eine Lungenentzündung«, flüsterte Rosemarie. »Egon hat Penicillin besorgt, ich hoffe, das wird ihr helfen.«

»Weißes Gold«, murmelte Hans. An Penicillin kam er zurzeit nicht einmal mehr über seinen Kontakt im Krankenhaus. Und Egon hatte das einfach so besorgen können? Hans runzelte die Stirn. Mit wem machte Egon in letzter Zeit Geschäfte?

»Hans«, flüsterte Rosemarie, »du bist in Hamburg mein bester Freund, und ich wünschte so sehr, das würde so bleiben, auch wenn ich Egon heirate. Vielleicht denkst du wie Mila, dass –«

In dem Moment stürzte Mila ins Zimmer. »Polizei!«, flüsterte sie. »Die fragen nach Anna, ihr müsst sie wegbringen, jetzt sofort!«

Hans sprang hoch. »Sag Frieder, er soll zum Hinterausgang kommen!«

Rosemarie packte ihre Stiefel und stülpte sie über Annas Füße, während Hans Anna im Bett aufsetzte.

»Anna«, flüsterte Rosemarie, »du musst in den Mantel schlüpfen, schnell, wir müssen dich wegbringen.«

Schlaftrunken folgte Anna ihren Anweisungen. Rosemarie band ihr ein Tuch um den Kopf und knüpfte Silkes Wollstola um ihre Schultern.

»Und wenn sie an der Hintertür auf uns warten?«, fragte sie leise.

»Dann haben wir verloren.« Hans legte links den Arm um Annas Hüfte, Rosemarie rechts. Gemeinsam schleppten sie Anna zur Hintertür.

Rosemarie schloss die Tür auf. Hans spähte nach draußen. Die Luft war rein, die Straße dunkel, dank der Notverordnung gab es keine Straßenbeleuchtung, keine Lichter in den Fenstern, sie würden unbemerkt verschwinden können. Kaum waren sie aus der Tür, packte er Anna um die

Hüfte und warf sie sich wie einen Mehlsack über die Schulter.

»Geh zurück«, raunte er Rosemarie zu. »Sperr ab, versteck den Schlüssel und leg dich in Annas Bett.«

»Aber ...«, protestierte Rosemarie.

»Wenn du Anna schützen willst, dann vertrau mir jetzt. Oder willst du ihnen unseren Fluchtweg zeigen?«

# 34

Von der Bar hörte Rosemarie laute Stimmen. Silke, die energisch protestierte, Mila, die lautstark nach der Berechtigung fragte, einfach in eine englische Bar einzudringen.

Mit zitternden Fingern schloss Rosemarie ab und rannte zu Silkes Zimmer zurück. Sie warf sich ins Bett, streifte unter der Decke Schuhe, Kleid und Strümpfe ab und zerzauste ihr Haar. Dann zog sie Annas verschwitzte Decke über ihren Kopf und kniff in ihre Wangen, bis sie fiebrig rot sein mussten. Schwer atmete sie unter der Decke, es roch nach Anna, es war stickig.

Schon näherte sich Getrampel. Die Tür flog auf, jemand stürmte herein und riss die Decke zurück.

»Hab ich dich, du Aus–« Die Stimme brach abrupt ab.

»Silke?«, flüsterte Rosemarie heiser und blinzelte.

»Sind Sie verrückt?«, polterte da Silke hinter dem rabiaten Mann. Im Licht seiner Petroleumlampe glaubte Rosemarie den Mann aus dem Heim zu erkennen. Silke schob ihn resolut zur Seite. »Das ist meine Schwester! Sie ist krank, sehen Sie das nicht?«

Eine zweite tiefe Stimme meldete sich zu Wort. »Ist das nun das gesuchte Mädchen oder nicht?«

»N…nein«, stammelte der Mann aus dem Heim. »Aber sie muss hier sein!«

»Durchsuchen!«, schnauzte die tiefe Stimme.

Rosemarie hörte das Trampeln schwerer Stiefel auf dem Holzboden, links, rechts, vor, zurück. Milas Zimmer, Küche, Toilette, in der Bar. Sie schienen alles auseinanderzunehmen.

Dazwischen immer wieder laute Rufe. »Sauber.« – »Nichts.« – »Hier auch nichts.«

Erleichtert atmete sie auf, noch immer tief in die Decke eingewickelt, die Augen halb geschlossen. Nur der Mann aus dem Heim und Silke waren noch in ihrem Zimmer.

Die Petroleumlampe in der einen Hand, durchkämmte er Kommode und Schrank, so minutiös, als suchte er einen vergoldeten Anstecker und nicht ein vierzehnjähriges Mädchen.

»Was wollen Sie hier noch?«, fuhr Silke ihn an. »Merken Sie nicht, dass Sie hier nicht fündig werden? Oder glauben Sie, wir haben Ihre Ausreißerin in eine Schublade gesperrt?«

»Hab ich's gewusst!«, rief er da und riss etwas aus Silkes Kommode. »Wachtmeister!«

Rosemarie öffnete die Augen. Erstarrte. Er hielt Annas Nachthemd in der Hand! Das windige Teil, mit dem sie bei ihnen aufgetaucht war. Der Schreck schoss wie ein Feuerstoß durch sie hindurch. Wie sollten sie das erklären?

Er leuchtete das Nachthemd näher an, als der Wachtmeister erneut durch die Tür kam. »Sie war hier, und das ist der Beweis, Herr Wachtmeister, hier, oben, schauen Sie, sauber eingestickt, Annas Name und hier der Name und das Zeichen des Heims.«

Der Wachtmeister trat vor Silke. »Fräulein Bensdorf, können Sie mir dazu etwas sagen?«

»A... Anna war hier, wir haben ihr neue Kleidung gegeben.«

»Sie ist weggelaufen«, sagte Rosemarie mit matter Stimme. »Als Silke das Heim benachrichtigen wollte, ist sie weggelaufen.«

»Das ist gelogen!« Die Stimme des Mannes aus dem Heim überschlug sich regelrecht. »Ich war jeden Tag hier, Fräulein Bensdorf hätte nur mit mir reden müssen! Und außerdem, Anna ist krank, sie kann nicht weggelaufen sein. Sie war vor ein paar Stunden noch hier in diesem Zimmer, so wahr ich Alfred Müller heiße!«

Der Wachtmeister sah fragend zu Silke, die jedoch die Lippen aufeinanderpresste und schwieg.

»Fräulein Bensdorf«, sagte der Wachtmeister, »ich muss Sie bitten, mit auf die Wache zu kommen.«

*\*\*\**

»... auf der Wache!«, schloss Rosemarie atemlos ihren Bericht ab. Hans stand schweigend an den Tresen des Friseursalons gelehnt. »Hans! Bitte! Ich weiß, wir schulden dir schon so viel, aber bitte, du musst uns helfen! Dieses Mal noch, und dann ... dann versuchen wir einfach, nicht mehr in Schwierigkeiten zu geraten.«

»Woher wusste dieser Müller, dass Anna in Silkes Zimmer war?«, fragte Hans nachdenklich. »Frieder sagt, er habe ihn nie zu den Privaträumen durchgelassen.«

»Vielleicht wusste er es nicht und ist zufällig als Erstes in Silkes Zimmer?« Rosemarie runzelte die Stirn. »Es war auf jeden Fall dieser Müller, der Anna am Weihnachtsabend bis in die Bar verfolgt hat. Er wusste genau, dass Anna bei uns rein ist, und hätte Alan ihn an dem Abend nicht weggeschickt, wäre er damals schon reingestürmt.«

Hans zuckte die Schultern. »Ja, vielleicht ist das plausibel. Trotzdem brauchen wir eine Geschichte, mit der ich zu Alan und auf die Wache gehen kann.«

»Warum bleiben wir nicht bei der, die wir dem Wachtmeister aufgetischt haben? Silke wollte das Heim informieren, und daraufhin ist Anna ausgebüxt.«

»Ich soll Alan anlügen?« Hans zog die Brauen hoch. »Ich sehe ihn als einen Freund. Ich lüge meine Freunde nicht an.«

Rosemarie spürte, wie sie errötete, dachte an Silke, wie sie verstummt war, als der Wachtmeister sie bat, Rosemaries Lüge zu wiederholen. »Dann … dann sagen wir ihm die Wahrheit. Wir sagen ihm, dass wir Anna gepflegt haben, weil sie krank ist, und dass sie mich angefleht hat, sie nicht ins Heim zurückzuschicken, weil sie dort schreckliche Dinge von ihr verlangen. Und dass du und ich sie vor dem Heim-Müller gerettet haben, aber Silke davon nichts weiß, auch nicht, wo Anna ist. Es geht um Silke. Wir würden Alan nicht bitten, für uns zu lügen, sondern Informationen wegzulassen. Silke weiß wirklich nicht, wo Anna ist.« Rosemarie hielt inne. »Und ich auch nicht.«

»Sie ist bei Gustav.« Hans seufzte. »Dann werde ich mal austesten, wie belastbar Alans Freundschaft ist.«

»Danke! Danke!« Rosemarie fiel ihm um den Hals. Ein warmes Gefühl durchfloss sie, dankbar, einen Freund wie Hans zu haben. Sie spürte, wie Hans zaghaft seine Arme auch um sie legte und sie zart an sich drückte.

»Gut, dann ...«, Hans löste sich aus der Umarmung und räusperte sich, »... dann bring ich dich mal nach unten zu Anna und Gustav.«

»Unten?«, fragte Rosemarie stirnrunzelnd.

»Unten«, sagte Hans und führte sie aus dem Salon in die Wäschekammer. Er bückte sich, griff unter das Wäscheregal und trat einen Schritt zur Seite. Staunend beobachtete Rosemarie, wie das massive Regal mitsamt der Wand dahinter aufsprang. Hans schob Wand und Regal auf wie eine Tür und gab dahinter eine Treppe in den Keller frei.

»Achtung, die Stufen sind uneben.« Er zündete zwei Petroleumlampen an, drückte ihr eine in die Hand und nahm die andere selbst.

\*\*\*

Sie folgte ihm die Treppe hinab, gut fünfzehn Stufen hatte sie bislang gezählt, Steinstufen, manche schief oder an der Kante zu gefährlichen Stolperfallen abgeschlagen.

»Achtung! Letzte Stufe«, sagte Hans und ging weiter voran.

Sie blickte zurück nach oben. Von dort drang kein einziger Lichtstrahl mehr zu ihnen – hatte die Tür sich wieder geschlossen? Hans führte sie etwa fünf Meter den Flur entlang, der Boden war uneben und hart wie Stein. Sie lauschte ihren Schritten, wie sie von den kalt-feuchten Wänden hallten.

Im Flackerlicht der Lampe machte sie die Wände aus, schmutziges Graubraun, am Ende des Gangs erkannte sie links eine Tür.

Hans öffnete sie und trat in den Raum dahinter. Rosemarie folgte ihm in den Raum.

»Was ist das hier?« Erstaunt sah sie sich um. An einer Wand standen aneinandergereiht drei Stockbetten, zwei davon vollgestellt mit Koffern und Kisten, in der Mitte befand sich ein großer Tisch, auch er bepackt mit Kisten und Paketen, drum herum acht Stühle, am hinteren Ende des Raumes waren ein kleiner Ofen mit einer Kochplatte, in dem ein Feuer knisterte, ein Waschtisch und ein großer Wandschrank, an der Wand neben der Tür ein Regal mit Büchern und Spielen, davor stapelten sich ebenfalls Kartons. Er musste ihr nicht erklären, was dieser Raum war: ein Versteck. Für Verfolgte. So hatte Hans Gustav also vor dem Lager gerettet. In einem Versteck unter seinem Friseursalon. Die Bilder aus dem schrecklichen Film stiegen in ihr hoch. Gänsehaut lief über ihren Körper. Malte hatte davon gesprochen, dass die Gefangenen wie Tiere geschunden wurden, aber das, was sie sich über die Lager angesehen hatte, war so viel schlimmer, so viel unvorstellbarer. Gustav musste wissen, vor welch grausamem Schicksal Hans ihn bewahrt hatte. Langsam verstand sie die seltsame Beziehung zwischen den beiden Männern.

Im zweiten Stockbett lag Anna, eingehüllt in ein mit weißer Bettwäsche überzogenes Plumeau, das so weich und luftig aussah, dass Rosemarie am liebsten auch daruntergekrochen wäre. Neben dem Bett saß Gustav auf einem dreibeinigen Hocker und legte ihr einen Wickel auf die Stirn.

Rosemarie bemerkte den Geruch nach Rauch, wie er typisch war, wenn man einen Ofen nach langer Zeit das erste Mal wieder anfeuerte. Sie sah sich erneut um – woher kam in diesem Raum die Atemluft? Es gab kein einziges Fenster! »Woher kommt Luft in den Raum?«

»Das Rauchrohr des Ofens speist sich in den Hauptkamin, und der Lüftungsschacht läuft durch den Kohlekeller.« Gustav zeigte nach oben. »Der ist direkt neben uns.«

»Gut«, sagte Hans, die Türklinke bereits in der Hand, »dann mach ich mich mal auf den Weg.«

»Ich danke dir.« Rosemarie drückte ihm einen Kuss auf die Wange. »Ich glaube immer mehr, der liebe Gott hat dich mir geschickt.«

Hans brummte etwas, was Rosemarie nicht verstand, und schloss die Tür hinter sich. Sie lauschte seinem unverkennbaren Humpelschritt nach, dann schnappte sie sich einen Stuhl und setzte sich zu Gustav.

Sie blickte auf Anna, die so friedlich schlief wie seit Tagen nicht. »Danke«, sagte sie, »vielen, vielen Dank.«

Gustav nickte nur. Schweigend saßen sie an Annas Bett, Gustav trommelte mit den Fingern einen Rhythmus auf sein Bein, Rosemarie ließ sich davon einlullen, bis schließlich die Melodie dazu in ihrem Kopf erschien. Leise summte sie zu Gustavs Beintrommel, sah, wie sich langsam ein Lächeln auf sein Gesicht schlich.

Nach einer Weile stand Gustav auf und ging zu dem Tisch. Gedankenverloren strich er über das Holz. »Hans hat mich hier versteckt.«

Rosemarie nickte. »Das dachte ich mir. Sind Sie Jude?«

»Nein«. Er ging auf die andere Seite des Tischs und legte die Hände wie zum Klavierspielen auf die Platte. Leise trommelte er ein paar Takte auf dem Tisch. Erst jetzt sah Rosemarie, dass eine Klaviertastatur aufgezeichnet war.

»Ich war unbequem. Ich wollte mir mein Leben nicht von einem Haufen Barbaren verbieten lassen.« Er seufzte. »Ich habe das wohl zu oft und zu laut gesagt. Mit mir war eine jüdische Familie hier unten. Ab 1943 noch ein Fahnenflüchtiger.« Er schüttelte kurz den Kopf, als wollte er die Erinnerung verdrängen.

»Ist es schlimm, hier unten zu sein?«, fragte Rosemarie.

»Nein, ich weiß ja, dass ich jederzeit das Haus verlassen kann, ohne Gefahr zu laufen, verhaftet zu werden.« Er verschränkte die Finger ineinander und dehnte die Finger und Arme vor der Brust.

»Woher kennen Sie Hans?«, bohrte Rosemarie weiter.

Gustav rieb die Hände aneinander. »Über seinen Vater. Als wir '33 mit den Sozialdemokraten gegen das Ermächtigungsgesetz protestiert haben, saßen wir kurz darauf in derselben Zelle. Erstaunlicherweise mochten sein Vater und ich uns auf Anhieb – obwohl wir so verschieden waren.«

»Waren Sie ein Revoluzzer?«

»Wohl ein wenig.« Gustav schüttelte gedankenverloren den Kopf. »Es waren die Zwanzigerjahre, es war eine neue, verrückte Zeit, der Krieg und die Revolution hatten das Leben in Deutschland auf den Kopf gestellt, wer hätte 1918 gedacht, dass wir zu Ende des Jahres wirklich den Kaiser stürzen könnten! Deutschland, eine Republik!« Gustav strich über seine grauen Haare. »Frauen durften wählen, ihre Haare wurden kürzer, die Säume rutschten nach oben, die Dekolletés nach unten, sie rauchten aus Zigarettenspitzen so lang wie meine Hand. Auf den Straßen haben sich die Sozialisten mit den Nationalisten gekloppt und danach in der Wirtschaft bei einem Bier die Wunden geleckt.

Es war wild und aufregend, und ich war mittendrin ...«
Wieder schüttelte er den Kopf, um den Mund ein trauriges
Lächeln. »Und dann diese neue Musik aus Amerika! Ich
war wie berauscht. Alles schien möglich, besonders in Ber-
lin. Stellen Sie sich vor, ich habe mit Franzosen und Engländern und Amerikanern auf der Bühne gespielt! Und das,
nachdem wir uns nur ein paar Jahre zuvor auf dem
Schlachtfeld gegenübergestanden hatten. Die Musik hat
uns geeint. Ich hatte ein Auskommen, eine schöne Wohnung, ich dachte, ich hätte es geschafft.«

Rosemarie lächelte ihn aufmunternd an. Sie hoffte, dass
er weitererzählte.

»Vielleicht hatte ich es sogar geschafft, das bisschen Berühmtheit, von dem jeder Künstler träumt, jedenfalls bis
die Nazis kamen. Sie wissen ja selbst, es war nicht einfach,
Jazz zu hören, geschweige denn zu spielen, an manchen
Orten war es gewünscht, an anderen geduldet, am nächsten
verboten, und immer stand ein Trupp SA-Schläger vor der
Bar und hat die Gäste und die Musiker angepöbelt oder
schlimmer. Manchmal hat es sich angefühlt, als würden die
uns von Ort zu Ort folgen, aber das ist natürlich Unsinn, es
waren immer andere. Sahen nur alle gleich schlimm aus in
ihren Braunhemden und mit den akkuraten Scheiteln und
den Nazibinden.« Er ließ seine Finger über die aufgemalte
Klaviertastatur gleiten. »Können Sie sich nun vorstellen,
was es für mich bedeutet hat, mit Ihnen diese wunderschönen Jazzstücke aufzuführen?«

»Ach, Gustav!«, seufzte Rosemarie. »Ich bin so froh,
dass unsere Wege sich gekreuzt haben.«

Gustav senkte verlegen den Kopf, dann zeigte er auf den
Schrank und die vielen Kisten und Koffer. »Heute nutzen

wir den Raum als Lager. Auf den Betten sind die Dinge, die Hans beizeiten zu Geld machen wird, Wertsachen, die mehr Bestand haben als Geld, Zigaretten oder Kaffee. In den anderen Kartons sind noch die Bestände aus den alten Wehrmachtslagern und was wir sonst noch so organisiert haben, um es weiter zu verteilen.«

Neben ihr rührte sich Anna. Sie hustete, öffnete die Augen. Sah zu Rosemarie. Sah zu Gustav. Ihre Augen füllten sich mit Angst. »Wo bin ich?«, krächzte sie panisch.

»Bei einem Freund«, sagte Rosemarie schnell. »Anna, du bist in Sicherheit. Vertrau mir.«

»Nein, nein!« Annas Stimme piepste schrill. »Du steckst mit ihnen unter einer Decke! Ich habe euch gesehen! Warum tust du das?« Sie schälte sich aus dem Plumeau, versuchte aufzustehen, doch Rosemarie drückte sie sanft ins Bett zurück.

»Anna! Bitte! Was ist nur los mit dir?«

»Du bist eine von ihnen!« Anna stierte sie an, die Augen weit aufgerissen, kämpfte sie gegen Rosemaries Griff an. Dann sackte sie erschöpft auf das Bett zurück. Aus ihren Augen liefen Tränen. Ihr magerer Körper zuckte unter Schluchzern.

»Anna! Liebes! Was ist nur los mit dir? Wir haben dich zu einem Freund gebracht, weil du bei uns nicht mehr sicher warst.«

Doch Anna drehte sich zur Wand, und nur ihr leises Schluchzen war noch zu hören.

Rosemarie sah ratlos zu Gustav. Was war nur in Anna gefahren?

»Vielleicht hatte sie einen Albtraum?«, schlug Gustav vor. »Oder Fieberwahn?«

Rosemarie legte die Hand auf Annas Arm. Er fühlte sich nicht mehr so glühend an wie die Tage zuvor. Schlug die Medizin an und verursachte sie ihren Albtraum?

»Hat sie schon ihr Penicillin bekommen? Sie müsste jetzt wieder eine Dosis nehmen.«

»Penicillin?« Gustav runzelte verwundert die Stirn. »Wo soll ich das hernehmen?«

»Hat Hans es Ihnen nicht gegeben?«

Gustav schüttelte den Kopf. »Nein, Hans hat gesagt, dass ich ihr Fieber beobachten soll und dass Sie später ihre Medizin mitbringen.«

Rosemaries Magen krampfte zusammen. Das Fläschchen hatte nicht mehr auf dem Nachttisch gestanden. Das wusste sie ganz genau. Sie hatte es mitnehmen wollen, und als es nicht mehr dastand, hatte sie angenommen, Hans hätte es bereits eingesteckt.

Sie rief sich Silkes Zimmer vor Augen. Wann hatte sie es zuletzt dort gesehen? Bevor oder nachdem sie Anna mit Hans zur Hintertür gebracht hatte?

Sie wusste es nicht mehr.

# 35

»Ohne Alan würden Sie dieses Gebäude jetzt nicht als freie
Frau verlassen, das ist Ihnen doch klar?« Hans öffnete die
Tür der Präfektur und ließ Silke passieren.

Silke nickte. Die Verhaftung hatte ihr sichtbar zugesetzt.
Sie war bleich und nervös, Hans spürte, welch Anstrengung es sie kostete, ihre Haltung zu wahren. »Ich war mir
sicher, sie sperren mich ein.«

»Entführung und Verschleppung, dann noch illegaler
Erwerb von Penicillin, von dem Sie nicht sagen konnten,
woher es stammt. Der Ankläger hat ganz schön aufgetischt.
Und hätte Alan nicht geschworen, dass er selbst den Mann
vom Waisenhaus weggeschickt hat, dann wäre es ganz anders gekommen.«

Langsam stieg Hans die vereisten Stufen hinab. Auch er
war noch immer angespannt. Etwas braute sich über ihnen
zusammen, und es war nichts Gutes. Jemand versuchte ihnen zu schaden – nur wer?

Steckte Peters dahinter?

Das war nun schon der zweite Versuch gewesen, Silke
etwas anzuhängen, nicht nur Annas angebliche Entführung,
auch den Besitz des Penicillins. Konnte Egon etwas damit
zu tun haben? Oder war es reiner Zufall, dass der Wacht-

meister oder vielleicht auch Alfred Müller das Fläschchen auf dem Nachttisch gesehen und konfisziert hatte?

Jedenfalls musste er vorsichtiger sein. Ohne Alans Intervention hätte Silke sich auch diesmal nicht aus der Falle herauswinden können. Hätte er Silke nicht als zuverlässig und gütig gepriesen, als Frau, die einen tragischen Fehler wiedergutzumachen versuchte und sich nur jenseits des regulären Weges bewegt hatte, um Anna aufzunehmen, wer wüsste schon, wie es heute geendet hätte. Denn Silkes Art der Verteidigung – das System infrage zu stellen, in dem sie als Annas Helferin angeklagt wurde, dem Heimleiter jedoch keine Konsequenzen für die Misshandlung seines Schützlings drohten – hatte nur für noch mehr Ärger gesorgt.

»Alan war sehr hilfreich«, stimmte Silke zu. Langsam nahm ihr Gesicht wieder Farbe an, allerdings konnte das auch an der Eiseskälte liegen, die schon nach wenigen Minuten in jeden Zentimeter nackte Haut biss. »Ich hoffe, er bekommt deswegen keinen Ärger.«

»Wahrscheinlich schon, er hätte das melden müssen. Aber Alan weiß, was er tut, und offenbar ist ein gerechtes Verfahren ihm das wert.« Hans reichte Silke seinen Schal. »Hier, binden Sie sich den um. Sonst holen Sie sich auch noch eine Lungenentzündung, und dann war Alans Ärger umsonst.«

Dankbar nahm Silke den gestrickten Wollschal entgegen und wickelte ihn um Hals und Gesicht, bis man nur noch Nase und Augen erkennen konnte. »Warum ist das Leben so? Reicht es nicht, dass Anna mit ansehen musste, wie ihre Eltern und ihr Bruder erschossen wurden? Dass sie tagelang allein durch den Wald irren musste, bis sie auf den

Flüchtlingstreck gestoßen ist? Musste sie wirklich auch noch in diesem schrecklichen Heim landen?«

Hans stoppte und wandte sich zu Silke. »Wir können nicht ändern, was passiert ist, aber wir können versuchen, Anna eine bessere Zukunft zu verschaffen. Ist das nicht Ihr Motto? Nach vorne sehen?«

»Hans! Silke! Wartet for mich!« Alan rannte winkend die Stufen hinunter und auf Silke und Hans zu. Atemlos blieb er vor ihnen stehen. »This really needs to stop!«

Alarmiert horchte Hans auf. Wenn Alan ganz ins Englische verfiel, war er meistens aufgeregt. Offenbar war das Gespräch mit seinem Vorgesetzten im Anschluss an das Verhör nicht gut gelaufen.

»Was muss aufhören?«, fragte Hans nach.

»Ich kann euch nicht holen aus jedem Sack Mist.« Alans Blick wanderte zwischen Silke und Hans hin und her. »Erst die Sache mit der Milch und jetzt das!«

»Ist es meine Schuld, dass jemand Lügen über mich verbreitet?«, verteidigte Silke sich. »Und das Penicillin haben wir geschenkt bekommen.«

»Aber es kam über die Schwarzmarkt.« Alans Blick schwenkte zu Hans. »Ich weiß, Sie sind da mit dabei. Sie beide. Stop it. Please. Ich kann Ihnen nicht mehr helfen.«

»Woher hätte Egon das Penicillin sonst bekommen, wenn nicht vom Schwarzmarkt?«, fragte Silke aufgebracht. »Sehen Sie nicht, dass Sie uns keine Wahl lassen?«

»Sie haben immer die Wahl, zu tun das Richtige«, sagte Alan kühl. »Der Schwarzmarkt macht kaputt den normalen Markt.«

»Welchen normalen Markt?« Silke lachte verzweifelt auf. »Alan, Sie leben in der Parallelwelt der britischen Offiziere.

Haben Sie irgendeine Ahnung, was uns zum Essen und Heizen zusteht? Achthundert Kalorien und ein Brikett! Und vor allem, was davon in den Läden überhaupt zu haben ist? Ruth steht jeden Tag fünf bis sieben Stunden für uns in den Schlangen, und noch nie hat sie für alle die vollen Rationen holen können.«

»Exactly!«, rief Alan im Ton der Verzweiflung. »Weil eine Drittel von die Waren nicht gehen in die regulär Laden, sondern in die Schwarzmarkt.«

»Und warum ist das so?«, fragte Hans.

»Weil die Menschen sind gierig und wollen verkaufen für besser Geld in die Schwarzmarkt. Dann wird geschummelt bei die Gewicht oder gemischt Dinge in die Mehl und Zucker und Milch und Medizin, was nicht dort gehört hinein.«

»Was ist mit all den Waren, die sonst nie auf dem regulären Markt landen würden?« Hans sah Alan direkt an. »Ist es nicht so, dass Parallelmärkte entstehen, wenn der reguläre Markt versagt? Ich schneide Haare. Mir wird kein Mehl zum Verkauf zugewiesen, das ich strecken könnte. Aber manchmal verkaufe ich Mehl, weil ich zuvor damit bezahlt wurde. Bin ich deshalb ein schlechter Mensch?«

»Sie wissen, was ich meine«, sagte Alan unwirsch. »It's illegal. Stop it.«

»Ich verstehe, was Sie meinen, Alan.« Silke lächelte ihn entschuldigend an. »Waren, die in den Schwarzmarkt fließen, sind nur für die, die ohnehin schon mehr haben und es sich leisten können, und fehlen bei denen, die besonders geschützt werden müssten. Witwen, Arme, Alte, Versehrte …«

»Ganz genau.« Alan nickte zustimmend.

»Aber Sie werden diesen Markt nicht aufhalten können, solange er für so viele Menschen die einzige Möglichkeit ist zu überleben. Sie wollen den Schwarzmarkt ausradieren? Geben Sie uns mehr Essen und Kohle!«

»How?« Alan warf die Hände in die Luft. »Ihr habt euren Krieg verloren, alles ist kaputt, und jetzt wir müssen unsere Ernte mit euch teilen. Wie soll ich in England erklären, dass ihr wollt noch mehr? You killed their sons and bombed their houses!«

»Alan«, Hans zeigte zur Straße, »ist das Ihr Auto?«

Alan fuhr herum. Ein schmaler Mann zerrte an dem Seitenspiegel. Es knackste, der Spiegel brach ab.

»Bloody hell! Eh!«, brüllte Alan.

Der Mann rannte los, Alan fluchend hinterher.

Hans drückte Silke seinen Stock in die Hand und verfolgte die beiden.

»Bleib stehen!«, brüllte Alan.

Der Mann lief noch schneller. Er drehte sich nach Alan um, rannte dabei weiter, direkt auf die Hauptstraße.

Hans sah den Lastwagen, er kam von links.

»Pass auf!«

Die Reifen quietschten, es knallte. Der Lastwagen stand.

Sofort versammelte sich eine Menschenmenge um den Lastwagen, Hans' Herz raste, er konnte nicht sehen, was mit dem Mann los war, ob er lag oder saß, ob er lebte.

Schließlich erreichte er den Menschenauflauf. Atemlos drängte er sich durch die Schaulustigen. Vor dem Lastwagen kniete Alan am Boden, auf seinen Knien ruhte der Kopf des Mannes. Nur dass es kein Mann war. Das Gesicht trug die weichen, noch kindlichen Züge eines Jungen, höchstens fünfzehn, sechzehn. Er steckte in einer viel zu großen Jacke, vielleicht die seines Vaters, vielleicht seines verstorbenen Vaters, vielleicht hatte er sie angezogen, weil er in dessen Rolle schlüpfen musste, vielleicht wollte er auch nur einfach älter wirken, um ernst genommen zu werden in seinem Kampf ums Überleben.

Blut lief aus seinem Mund, der Nase, den Ohren, färbte das blonde Haar rot, der Hals war seltsam verdreht.

Er war tot.

»Er ist einfach vor den Wagen gelaufen.« Der Fahrer tigerte neben Alan vor und zurück. »Oh Gott, oh Gott! Ich hab noch gebremst, aber … er war plötzlich da!«

Hans legte die Hand auf den Arm des Fahrers. »Sie haben keine Schuld. Ich habe es gesehen, Sie können nichts dafür.« Er ging neben Alan auf die Knie.

»He's just a kid, nur ein Kind«, flüsterte Alan. Hans sah, dass er die Tränen nur mit Mühe zurückhalten konnte. »I killed him. Für einen Spiegel!« Er streichelte die Stirn des Jungen. »The world is such a bloody mess.«

Hans legte seinen Arm um Alans Schulter. Ja, die Welt war in einem schrecklichen Zustand. Er spürte, wie auch seine Augen sich mit Tränen füllten. Wegen des Jungen, der nicht hätte sterben dürfen, wegen Alan, der es nicht verdient hatte, an dem Tod dieses Jungen schuldig zu sein, wegen Anna, die in ihrem jungen Leben schon viel zu viel Schlimmes durchmachen musste, und wegen Esther, deren Leid für immer auf seinen Schultern lasten würde.

# 36

»Ich glaube, das Fieber ist fast weg.« Rosemarie löste ihre Hand von Annas Stirn. »Anna, du hast es geschafft! Auch ohne Penicillin! Du bist so stark, ich glaube, du kannst alles schaffen, was du nur willst!«

Anna drehte ihren Kopf zur Wand. Nur noch ihr blonder Haarschopf schaute aus dem riesigen Plumeau heraus.

»Ach, Anna«, seufzte Rosemarie, »was ist nur los mit dir?«

Das Mädchen reagierte nicht.

Rosemarie stand von dem Hocker auf und kletterte auf das Stockbett über Anna. Sie streckte sich auf der Matratze aus und kuschelte sich in ihr Plumeau. Ein wenig Restwärme des Ofens hing noch in der Luft, aber ohne Decke wurde es langsam zu kühl. Sie ließ ihren Blick durch den Raum schweifen, den sie die letzten fünf Tage mit Anna geteilt hatte.

Fünf Tage.

Gustav hatte Jahre hier unten zugebracht. Immer in der Angst, doch noch entdeckt zu werden, ohne zu wissen, wann es endlich vorbei sein würde. Kein Tageslicht, kein Tagesrhythmus. Ob Gustav sich eine Routine eingerichtet hatte? Etwas Gymnastik, eine Stunde Lesen, auf dem

Tischklavier eine Sonate spielen oder ein Stück von Glenn Miller, vielleicht hatte er Tagebuch geschrieben, oder Hans hatte ihm kleine Besorgungen nach unten gebracht, die er erledigen konnte. Ihr Blick blieb an dem Bücherregal hängen. Erich Kästner, Bertolt Brecht, Alfred Kerr, Vicki Baum, Joseph Roth, Erich Maria Remarque, Bertha von Suttner, Kurt Tucholsky, Stefan Zweig, Lisa Tetzner. Sie lächelte. Verbotene Bücher in einem geheimen Keller. Sie schälte sich aus dem Bett, stieg die Leiter hinab und stellte sich vor das Bücherregal. Zielsicher zog sie drei Bücher heraus und kletterte damit wieder ins Bett.

»Ich könnte dir etwas vorlesen, Anna. *Emil und die Detektive* von Erich Kästner. Oder sein *Pünktchen und Anton*. Oder das *Märchen vom dicken, fetten Pfannkuchen* von Lisa Tetzner. Was meinst du?«

Sie hörte die Decke rascheln, doch eine Antwort blieb aus. »Oder ich erzähle dir von den Plänen, die ich für uns geschmiedet habe. Was hältst du von Amerika?« Wieder kam keine Antwort, nur ein Rascheln. »Das große, ferne Land, in das Jette emigriert ist. Sie ist jetzt Lehrerin. Und sie hat mir geschrieben, dass ich jederzeit zu ihr kommen kann.« Rosemarie drehte sich zur Seite. »Du könntest dort auf die Schule gehen, und ich könnte Gesang studieren.«

»Amerika?«, kam Annas piepsiges Stimmchen. »Nur du und ich? Und was ist mit Silke?«

»Oh«, sagte Rosemarie erfreut. Endlich sprach Anna! »Silke ist noch nicht so weit, weißt du, Jette und Silke haben sich mal ziemlich gestritten, und ich glaube, Silke schämt sich heute so sehr über ihre Worte von damals, dass sie es nicht schafft, Jette zu schreiben.«

»Kann sie sich nicht einfach entschuldigen?«

»Klar, könnte sie, aber für manche Menschen und in manchen Situationen ist das nicht so einfach.« Rosemarie schob die Bücher zur Seite und brachte ihren Kopf näher an den Bettrand. »Sie ist auf einem guten Weg, aber ein bisschen braucht sie noch.«

»Dann nur du und ich?«

»Und Egon. Mein Verlobter«, erklärte Rosemarie, »du kennst ihn noch nicht, aber du wirst ihn mögen, ganz sicher! Er hat dir das Penicillin gebracht, das uns dann dieser schreckliche Müller aus deinem Heim geklaut hat.«

Wieder hörte sie Rascheln. Aber keine Antwort mehr.

»Anna?« Rosemarie steckte den Kopf über den Bettrand und sah auf das untere Bett. »Was ist los? Ist es wegen Egon? Weil du ihn nicht kennst? Er ist in Ordnung, glaub mir.«

Plötzlich schlug Anna mit beiden Händen auf ihre Bettdecke. »Warum sperrt ihr mich hier ein?«, rief sie mit einer Stimme, so verzweifelt, dass es Rosemarie einen Stich versetzte. »Ich dachte, ich kann dir vertrauen!«

»Aber Anna!«, rief Rosemarie, und mit einem Schlag kamen ihr die vergitterten Fenster des Heims in den Sinn. Natürlich, wie unsensibel von ihr, sie hätte Anna schon längst erklären müssen, warum sie hier unten im fensterlosen Keller waren. »Niemand sperrt dich ein! Wir haben dich hierhergebracht, damit du vor dem Heim und der Polizei in Sicherheit bist.«

»Ich kann also gehen, wann ich will?«

»Natürlich kannst du das!«

»Und wie? Ich kann doch die Tür nicht öffnen!« Wieder schlug sie die Hände auf die Bettdecke. Tränen liefen ihr über das Gesicht.

»Aber Anna! Liebes! Was für ein Unsinn! Natürlich kannst du die Tür öffnen!« Rosemarie schwang die Beine über das Bett und sprang auf den Boden. »Komm, zieh dir eine Joppe über, auf dem Stuhl liegt eine Hose für dich, Ruth hat sie für dich genäht. Ich zeige dir, wie der Mechanismus funktioniert, und dann gehen wir eine Runde spazieren. Und wenn du willst, gehst du eine Runde allein. Ich würde dich nie einsperren.«

***

Neun Tage hatte sie Egon nun bis auf seinen kurzen Besuch in der Bar nicht gesehen. Neun Tage! Nicht einmal am Neujahrsabend hatte sie von Annas Seite weichen wollen, sie hätte ihn gar nicht mitbekommen, wären Hans und Gustav nicht mit einer Flasche Champagner nach unten gekommen, um mit ihr anzustoßen und ein wenig zu feiern. Aber jetzt, nachdem Anna über dem Berg war, jetzt hatte sie den Kopf frei, um nach Hause zu gehen.

Sie stieg über die Trümmer des verwüsteten Haupthauses in den Zugang zu ihrem Hinterhof. Vor der Tür standen die beiden angeblichen Kriegswaisen in Pose, trollten sich allerdings, als sie näher kam. Rosemarie grinste. Wenn der Spruch »Früh übt sich« irgendeine Wahrheit enthielt, dann wuchsen da gerade zwei echte Schwerenöter heran.

Sie warf einen Blick auf den morbiden Charme des verrußten Hinterhauses inmitten der Trümmerlandschaft. Zu Hause.

Sie hatte es wirklich vermisst. Ihren Keller, nein, eigentlich Egons Keller, sie wohnte dort nur zu Gast. Trotzdem hatte sie ihn vermisst.

Und Egon?

Auch. Aber – kaum. Zu sehr war sie abgelenkt gewesen von Anna. Und Gustav und Hans, die sie mit Essen und Trinken und Wasser zum Waschen versorgt hatten und ihr, sooft es ging, im Keller Gesellschaft geleistet hatten.

Zu sehr war sie abgelenkt gewesen von intensiven, ehrlichen Gesprächen über die vergangenen Jahre. Über die von den Nazis verbotenen Bücher und Musik und Kunst, über die verheerende Auswirkung der Angst auf die Menschen, wenn jeder Widerspruch niedergeknüppelt wird, wenn jeder Nachbar, Kunde, Konkurrent, Kollege, Kommilitone dich verraten könnte, wenn jeder Verrat, und sei es nur eine Verleumdung, das Ende deiner Existenz bedeuten kann.

Rosemarie stieg die drei Stufen zur Haustür empor.

Hätte sie diese Ablenkung nicht gehabt, sicherlich hätte sie Egon dann mehr vermisst. Schließlich waren sie verlobt.

Sie öffnete die Haustür.

Aber dies war eine Ausnahmesituation.

Leichtfüßig lief sie die Treppe hinunter. Unschlüssig, ob sie sich wünschen sollte, dass er da wäre oder eher nicht. Sie würde sich lieber erst frisch machen, etwas Hübsches anziehen, ein wenig von dem Duft auflegen, den er ihr geschenkt hatte. Endlich meldete sich die Vorfreude, die sie bei Malte immer gefühlt hatte, wenn sie kurz davor war, ihn zu sehen. Die Freude auf die Arme, die sich um sie schließen würden, die Lippen, die sie küssen würden.

Die Klinke schon in der Hand, zögerte sie – hörte sie Stimmen? Sie hielt das Ohr an die Tür. Tatsächlich. Egon und eine helle Frauenstimme. Kribbeln machte sich in ihrem Magen breit. Wieso war eine Frau in ihrer Wohnung?

Sie klopfte, wartete jedoch nicht auf ein Herein, sondern platzte direkt ins Zimmer.

Mit einem Blick erfasste sie die Situation. Eine rothaarige Frau saß auf dem Sofa, Egon stand davor und reichte ihr gerade die Hand, als wollte er sie hochziehen.

Überrascht senkte er den Arm und drehte sich zu ihr um. »Rosemarie.«

Anstelle von Freude, sie zu sehen, hörte sie in seiner Stimme eher Verärgerung.

»Komme ich ungelegen?«, fragte Rosemarie und trat in den Raum. Umständlich löste sie den Gürtel von ihrem Mantel, merkte, wie ihre Hände zitterten.

»Unerwartet«, sagte Egon. Erneut streckte er der Frau seine Hand hin, sie stand auf und lächelte ihn dabei hingebungsvoll an. »Babette wollte gerade gehen.«

Er nahm einen pelzbesetzten Mantel vom Stuhl und half ihr hinein. Dann brachte er sie zur Tür, ohne sie oder die Frau näher miteinander bekannt zu machen. An der Tür täuschte er einen Handkuss vor. »Es war mir eine Ehre, ich melde mich, sobald ich die Ware habe.«

In Rosemarie löste sich die Anspannung. Eine Kundin! Natürlich stellte er sie einander nicht vor – Diskretion war das A und O ihrer Geschäfte!

Kaum war die Tür hinter Babette geschlossen, wandte Egon sich Rosemarie zu.

»Darf ich fragen, wo du die letzten Tage gewesen bist?« Eine Zornesfalte zeichnete sich auf seiner Stirn ab. »Nicht einmal Silke wusste, wo du warst!«

»Ich war –«

»Hast du irgendeine Vorstellung, wie peinlich es ist, zur Schwester der eigenen Verlobten gehen zu müssen, um zu fragen, wo diese sich herumtreibt?« Egon redete sich immer mehr in Rage. »Um dann zu hören, dass diese das zwar nicht weiß, aber eventuell Hans Meister weiterhelfen kann! Meister weiß also, wo meine Verlobte ist, und ich nicht?«

»Aber –«

»Oder vielleicht warst du ja die letzten fünf Tage bei Meister selbst? Ist ja nicht so, als würde dir dieser Krüppel nicht seit Wochen schon hinterherstieren wie ein waidwundes Viech.«

»Egon!«

»Nein! Ich bin noch nicht fertig. Ich habe dir mehr Freiraum gelassen als je ein anderer deutscher Mann, aber jetzt ist Schluss. Du bist meine Verlobte, und ich lasse mich nicht länger von dir zum Gespött der Leute machen. Meinst du, ich weiß nicht, was die Leute über mich reden, wenn du dich in einer Bar vor den Tommys produzierst? Noch dazu in einer Bar, die ich als dein Verlobter nicht einmal besuchen darf! Es ist ja nicht so, als hätte ich dir nicht ein Engagement in einer deutschen Bar für deutsche Männer verschafft! Aber, nein, das ist nicht gut genug für das Fräulein Rosemarie. Und jetzt das! Ich will verdammt noch mal wissen, wo du dich des Nachts herumtreibst! Hast du mich verstanden?«

»Egon!«, rief Rosemarie, erschrocken von dem Ausbruch. Was war nur in ihn gefahren? Hatte er sich Sorgen um sie gemacht? Ja, natürlich! Im Gegensatz zu ihr wusste er schließlich nicht, dass sie in Sicherheit war. Wie gedankenlos von ihr! »An dem Tag, als du mir die Medizin gebracht hast, kam die Polizei, um Anna zu holen. Wir mussten Anna in Sicherheit bringen, und ich habe dort über sie gewacht.«

Egons Zornesfalten glätteten sich ein wenig.

»Ich … Bitte entschuldige, ich dachte, weil ich doch davor auch schon bei Anna geblieben bin, dass das für dich auch weiterhin in Ordnung ist.«

»Ich habe mir Sorgen gemacht«, sagte Egon, der Ton milder. »Wenn nicht einmal Mila und Silke wissen, wo du bist! Nicht einmal an Neujahr hast du dich blicken lassen!«

»Es tut mir so leid. Das war unbedacht von mir.«

»Na gut. Jetzt bist du ja da.« Er streckte seinen Arm nach ihr aus und zog sie zu sich. »Wo bist du denn nun gewesen, und wie geht es Anna? Hat das Penicillin geholfen?«

»Als die Polizei die Bar nach Anna abgesucht hat, wurde es konfisziert.«

»Oh«, machte Egon. »Wie ärgerlich.«

»Aber Anna geht es gut. Sie ist fast wieder gesund.« Sie schmiegte sich an ihn. »Ach, Egon, du musst sie unbedingt kennenlernen!«

»Wenn du sie mir vorstellst …« Egon küsste ihr Haar. »Du riechst nach Rauch. Hast du an einem Lagerfeuer ausgeharrt?«

»Nein«, sie lachte, »in einem Kellerraum.«

»Und wo ist Anna jetzt?«

»Immer noch dort, aber Anna geht es schon so gut, sie kann auch mal ein paar Stunden alleine bleiben.«

»Ich hoffe doch sehr, dass sie heute eine ganze Nacht alleine bleiben kann – oder meinst du, ich gebe dich gleich wieder her?« Er zwinkerte ihr zu, wieder ganz der alte Egon.

»Natürlich, Gustav und Hans sind ja da«, sagte Rosemarie. Sie wagte nicht, Egon zu sagen, dass sie Anna versprochen hatte, nur kurz zu ihrem Verlobten zu gehen, ein

paar Sachen zu holen und dann gleich wieder zu ihr zurückzukehren. Sie spürte Egons Lippen, die sich fordernd
auf die ihren legten.

Nein, Egon jetzt zurückzuweisen würde ihn verletzen.

Sie schloss die Augen und erwiderte seinen Kuss. Doch
ihre Gedanken waren bei Anna.

Was würde sie denken, wenn Rosemarie nicht zurückkam?

\*\*\*

»Guten Morgen!« Fröhlich tänzelte Rosemarie durch die
Tür des Salons. »Mmmh! Gustav! Rieche ich Kaffee?«

»Ganz und gar echten Bohnenkaffee.« Er lächelte sie
vom Tresen aus freudig an. »So frisch und gut gelaunt heute,
der kleine Ausflug nach draußen hat Ihnen gutgetan.«

»Hat er, lieber Gustav. Und hier? Alles gut?«

Gustav hielt ihr eine Tasse Kaffee hin. »Alles bestens.«

Rosemarie nahm Gustav die Tasse ab und hielt sie unter
ihre Nase. Tief sog sie den Kaffeeduft ein. Es war wirklich
ein Luxus. Sie nahm einen kleinen Schluck der Köstlich-
keit und stellte die Tasse auf dem Tresen ab. »Ich habe viel
über Sie nachgedacht die letzten Tage. Langsam fange ich
an zu verstehen, wie Sie sich in dem Versteck gefühlt haben
müssen.«

Gustav kam um den Tresen herum und setzte sich auf
die schmale Wartebank. »Ach, Deern, das Verstecken, die
Angst, das ist das eine, aber viel schlimmer war mein eige-
nes Gefängnis von Trauer und Schuld.« Er legte seine
Hände in den Schoß. »Ich wollte meinen Traum von der
Musik nicht aufgeben, und Alexander wollte seinen Traum

von der Kunst nicht von einem Hakenkreuz ausradieren lassen. Also hatten wir nie genug Geld. Ich hatte kaum Engagements, und Alexander brachte schon lange keine Zeichnung mehr unter. Und dann kam er auf die dumme Idee, heimlich Karikaturen von Hitler und seinen Schergen nach England zu verkaufen.«

»Alexander?«, fragte Rosemarie. Sie war sich sicher, den Namen noch nicht von ihm gehört zu haben.

»Der Mensch, für den ich meine Musik aufgegeben hätte.« Gustavs Lächeln wurde noch trauriger. »Sie haben ihn geholt. Schon nach der dritten Veröffentlichung in England stand die Gestapo vor seiner Tür. Am 17. Oktober 1937. Ich wusste nicht einmal, warum sie ihn geholt haben, geschweige denn, dass er Karikaturen nach England verkauft hatte! Das habe ich erst durch das Urteil erfahren.«

Rosemarie ging zu Gustav und setzte sich neben ihn. Sie konnte sich vorstellen, wie das Urteil ausgesehen hatte. Zaghaft streckte sie die Hand nach ihm aus und legte sie sanft auf seinen Arm. »Es tut mir so leid.«

»Ich habe ihn nie wiedergesehen. Hätte ich in der Fabrik gearbeitet wie so viele andere meiner Musikerkollegen, dann hätte Alexander sich nicht in Gefahr bringen müssen«, sagte Gustav leise. Er räusperte sich. »Alexander ist 1940 in Dachau im Lager gestorben. Fleckfieber, hieß es. So lange er lebte, war ich vorsichtig, ich wollte da sein, wenn er entlassen wird. Aber dann ...« Er zuckte die Schultern. »Was hatte ich noch zu verlieren? Ich bin untergetaucht und habe mich einer Gruppe angeschlossen, die wie ich gegen die Nazis war. Keine großen Heldentaten, kleine Sabotageakte, hier und da haben wir Flugblätter regnen lassen oder als Briefe verschickt. '41 sind wir aufgeflogen, und ich bin bei Hans untergeschlüpft. Seine Eltern haben damals noch gelebt, feine Leute, und damit meine ich ihr großes Herz und das auch noch am rechten Fleck. Sind im Feuersturm auf Hamburg umgekommen. Wir haben viel geredet damals, Hans und ich. Ist ein feiner Mensch, der Hans, einer der feinsten, die mir je untergekommen sind.« Er seufzte. Schüttelte den Kopf. »Aber was belagere ich Sie hier mit alten Geschichten, Sie sollten lieber nachsehen, wie Anna geschlafen hat. Sie wirkte gestern Abend munterer als sonst.« Er winkte sie energisch weg, und Rosemarie verstand, dass Gustav einen Moment für sich brauchte. Allein.

Sie öffnete die Geheimtür, schnappte sich eine Petroleumlampe und zündete sie an. Nachdenklich ging sie die Stufen in den Keller hinab. Wie gerne würde sie Gustav von seinen Schuldgefühlen befreien, aber wie? Er musste doch wissen, dass es nicht seine Schuld war. Es war Alexanders Entscheidung gewesen, nicht seine, sie hätten darüber reden können, abwägen, welch andere Wege es aus der Misere heraus gegeben hätte.

Sie klopfte und öffnete dann leise die Tür zu dem versteckten Raum. Das Zimmer war stockdunkel.

Sie leuchtete in den Raum. »Anna, schläfst du noch?« Die Lampe vor sich, ging sie zum Tisch und machte Licht. Dann ging sie zu Annas Bett. Das Plumeau wirkte so fluffig, als wäre es frisch aufgeschüttelt. Rosemarie stutzte – wo war Annas Kopf? Sie riss das Plumeau zurück. »Anna!«

Hastig leuchtet sie den Raum aus. Die Betten, unter dem Tisch, hinter dem Schrank – Anna spielte doch nicht Verstecken mit ihr! »Anna! Was soll das? Das ist jetzt nicht lustig, wo bist du?«

Keine Antwort. Rosemarie hastete zum Tisch zurück. Der Stuhl, auf dem sie gestern Annas Pullover, Hose und Joppe sorgfältig zusammengelegt hatte: Er war leer.

Ihr Herz verkrampfte. Wo war Anna?

Im nächsten Moment rannte sie die Stufen hoch, zurück in den Salon. »Anna ist weg! Ist sie hier oben?«

Gustav starrte sie verständnislos an. »Weg?«

»Sie ist nicht mehr da! Ihre Kleidung, alles weg!«

»Aber ...« Gustav wurde blass. »Warum würde sie weglaufen?«

»Ich weiß es nicht!«, rief Rosemarie verzweifelt.

»Vielleicht ist sie nur an die frische Luft, ihre neue Freiheit ausschöpfen«, vermutete Gustav. »Lassen Sie uns ein wenig warten. Und vor allem, lassen Sie uns ruhig Blut bewahren.«

Zitternd stützte Rosemarie sich am Tresen ab. Anna war verschwunden, kaum dass sie sie wiedergefunden hatte. Sie war vor ihr weggelaufen.

Wie sollte sie ruhig Blut bewahren?

# 37

»Bitte sehr, Fräulein Silke.« Ganz zuvorkommender Gastgeber füllte Gustav ihr Glas zwei Fingerbreit mit einer klaren Flüssigkeit aus einer unetikettierten Flasche. Er stellte die Flasche auf dem Küchentisch ab. »Das ist jetzt genau das Richtige.«

Sie kippte das Glas hinunter, der Schnaps brannte wie Feuer in ihrer Kehle und loderte angenehm warm im Magen weiter. Ja, Gustav hatte sehr richtig erkannt, was sie jetzt brauchte. Einen Schnaps, um das Übel zu ertränken, in das sie gerade ungebremst hineinschlitterten. Wie glücklich sie noch am Weihnachtsabend gewesen war – die Welt hatte in all ihrer Kälte und Not einen hoffnungsfrohen Schimmer gezeigt. Die Geschäfte liefen über wie unter dem Tresen, Rosemarie und Gustav waren der neue Geheimtipp in Hamburg, sogar Silke begann ihre Musik zu genießen.

Und nun …

Gerade mal fünf Stunden durfte sie öffnen, und mit dem Teeausschank verdiente sie kaum genug, um die Ausgaben zu bewältigen – zumal sie ein Drittel des Tees umsonst oder zum halben Preis abgaben. Wie könnte sie den armen, verfrorenen, halb verhungerten Gestalten, die zum Aufwärmen in die Bar kamen, die Wärme einer Tasse Tee verweigern? Wenn sie wenigstens ihre Geschäfte unter dem Tresen weiterführen könnte, wie zu Beginn der Notverordnung. Aber selbst das war nicht mehr möglich. Zu gefährlich laut Hans, der befürchtete, dass ihre Gegner nur darauf warteten, sie auffliegen zu lassen. Und dann wäre die Lizenz für die Bar verloren.

»Wie geht es Rosemarie?«, fragte Gustav.

»Sie ist wie besessen davon, Anna zu finden. Selbst Mila und Karla hat sie inzwischen angesteckt. Sie streunen den ganzen Tag durch Hamburg und horchen ihre Kontakte aus, ob sie Anna gesehen haben und was sie über das Heim wissen.«

»Und?«, fragte Gustav und ließ den Schuh sinken, den er gerade putzte.

»Es muss schrecklich dort sein. Schläge und Demütigungen und Hungerrationen und …« Silke machte eine Pause. Es war so schlimm, sie brachte es kaum über die Lippen. »Sie prostituieren Mädchen, so jung wie Anna.«

Gustav ließ den Schuh sinken. »Ist das sicher?«, fragte er entsetzt.

»Ich weiß nicht, woher Rosemarie die Information hat. Hans wollte dem nachgehen.«

Sie brauchte noch einen Schnaps. Energisch stellte sie das Glas ab und schob es zu Gustav. Grimmig füllte er es erneut, genau zwei Fingerbreit.

Diesmal nippte Silke nur daran und schwappte den Schnaps im Glas umher. Sie wollte klar im Kopf sein, wenn Hans zurückkam. Ihr Blick schweifte über die weißen Schränke. Eine schöne Küche. Das letzte Mal, als sie bei Hans in der Küche gesessen hatte, war Alan mit von der Partie gewesen. Ihr erstes Zusammentreffen. Traurig biss sie auf ihre Unterlippe. Sie hatte sich an seine Besuche in der Bar gewöhnt. Nein, es war mehr, sie hatte die Unterhaltungen über den Tresen hinweg genossen, sie hatten sie inspiriert zu neuen Gedanken und Sichtweisen, die ihr bis vor Kurzem noch vollkommen verschlossen gewesen waren.

Zehn Tage war er nun ferngeblieben.

Zehn Tage, in denen sie jeden Morgen auf sein Kommen gehofft und abends enttäuscht die Bar abgeschlossen hatte.

Sie wusste nicht einmal, ob er noch in Hamburg stationiert war. Ihr Magen zog sich zusammen, und diesmal hatte das nichts mit dem Schnaps zu tun. An diese Möglichkeit hatte sie noch überhaupt nicht gedacht: Er könnte nach England zurückgegangen sein!

Sie trank das zweite Glas in einem Zug aus. Es würde passen. Annas Auftauchen, die Anklage, Alans Rückzug, Annas Flucht, Rosemaries Besessenheit. Nicht einmal drei Wochen hatten genügt, um die zarten Blüten ihres so vielversprechenden neuen Lebens brutal abzureißen.

Gustav schenkte nach und stellte ein Glas Wasser daneben. Er nickte ihr freundlich zu, setzte sich dann wieder mit den Schuhen auf den Stuhl gegenüber. Gemächlich polierte er den Schuh und ließ sie weiter ihren Gedanken nachhängen. Nicht einen Moment fühlte es sich seltsam an, nicht zu reden, im Gegenteil, Gustavs Schweigen gab ihren Gedanken Geborgenheit.

Unregelmäßige Schritte knarzten die Treppe hinauf. Kurz darauf stand Hans in der Küche und ein drittes Schnapsglas auf dem Tisch.

Hans setzte sich müde zu ihnen.

Gustav schenkte ein. Hans trank und orderte direkt einen zweiten Schnaps.

»So schlimm?«

»Schlimmer.« Hans schüttete den Schnaps die Kehle hinunter und schüttelte sich. »Jemand will uns ausschalten. Und dabei ist ihm jedes Mittel recht.«

Gustav ließ den Schuh sinken. »Wer?«

»Ich weiß nur, dass es eine Verbindung zu diesem Heim gibt. Mila und Rosemarie haben recht: Es ist nicht nur ein Gerücht, in dem Heim werden junge Mädchen an Freier verkauft.«

»Glauben Sie«, flüsterte Silke, »das haben sie auch mit Anna gemacht?«

»Ich fürchte, ja.« Hans' Mund wurde spitz. »Es ist perfekt organisiert. Junge Mädchen werden im Heim nach einer Zeit abgesondert und dienen als Prostituierte, während die anderen Kinder denken, die Mädchen hätten neue Familien gefunden. Zuerst werden sie von den Zuhältern umgarnt, sie bekommen Zuwendung und Komplimente und ein Versprechen auf eine bessere Welt – und wenn sie dann hörig sind, werden sie den Freiern zugeführt.«

Mit einem Knall drosch Gustav den Schuh auf den Boden. »Machen wir sie fertig.«

»Und wie?«, fragte Hans scharf. »Ich wette, da hält jemand von ganz weit oben die Hand drüber, und zwar auf deutscher und auf englischer Seite.«

»Deshalb wurde meinem Vorwurf, dass Anna misshandelt wurde, nicht nachgegangen«, murmelte Silke. Nun ergab auch das einen Sinn. Stumm schob sie Gustav das Glas hin. Das alles machte sie krank vor Wut. Anna! Als Prostituierte missbraucht von Männern, die wahrscheinlich tagsüber den braven Familienvater mimten oder wichtige Ämter füllten. »Aber warum ist sie dann vor uns weggelaufen?«

»Ich weiß es nicht, sie hat während der ganzen Zeit, die sie bei uns war, kein Wort mit mir gesprochen.« Gustav blickte nachdenklich auf den Schuh. »Und mit Rosemarie hat sie auch nur das Nötigste geredet. Eigentlich hat sie meistens den Kopf zur Wand gedreht.«

»Vielleicht würden wir es besser verstehen, wenn wir wüssten, was ihr in dem Heim alles zugestoßen ist.« Hans' Finger klopften nervös auf die Tischplatte. »Diese Heime haben sich alle dem menschenverachtenden Regelwerk der nationalsozialistischen Fürsorgeerziehung untergeordnet. Glaubt einer von euch, dass die da heute zimperlicher mit den Mädchen umgehen als zur NS-Zeit? Oder vor der NS-Zeit? Das waren schon immer Zuchtanstalten.«

»Aber«, warf Silke ein, »das ist doch ein kirchlicher Träger.«

»Pfft!« Gustav zog die Oberlippe verächtlich nach oben. »Kirchlich … Die haben das Prinzip von Sittlichkeit und Gehorsam und Drill und Strafe doch begrüßt. Brav nach Vorschrift aussortiert und die armen Kinder und Jugendlichen gezüchtigt, bis jeder Wille gebrochen war.«

»Lass gut sein, Gustav.« Hans machte eine beschwichtigende Handbewegung. »Noch mal zurück zu uns. Wir werden also von zwei Seiten angegriffen. Von denen, die uns aus dem Weg haben wollen, und von dem Zuhälter, dem wir zu nahe gekommen sind. Wir stehen im Kreuzfeuer.«

»Das klingt gefährlich.« Silke schauderte.

»Es ist gefährlich. Ich kann es nicht beweisen, aber ich glaube, dass Egon das Penicillin von dem Heim zugespielt wurde, damit es dann bei euch gefunden würde.«

»Egon?«, rief Silke aus. »Was hat er damit zu tun?«

»Vielleicht nichts, vielleicht alles.« Hans wechselte einen Blick mit Gustav. Verschwiegen sie ihr etwas?

»Er ist Rosemaries Verlobter«, fuhr Hans fort, »und bevor wir nicht absolut sicher sind, dass er in der Sache mit drinsteckt, werden wir nichts sagen. Rosemarie leidet bereits genug darunter, dass Anna vor ihr weggelaufen ist.«

»Na gut …« Silke sah von Hans zu Gustav. »Und jetzt? Geben wir klein bei?«

»Ich nicht.« Gustav verschränkte die Arme vor der Brust. »Und Hans sowieso nicht.«

»Dann müssen wir wohl etwas unternehmen, sonst sind wir ohnehin bald erledigt.« Silke erhob sich. »Ich werde mit Mila und Ruth reden, sie sollen entscheiden dürfen, ob sie unter diesen Umständen bei uns bleiben. Und mit Rosemarie. Bevor sie vollkommen durchdreht. Sie hat nur noch eine Sache im Kopf, und das ist, Anna zu finden.« Silke seufzte. »Vielleicht wäre es das Beste, wenn sie so bald wie möglich zu Jette nach Amerika zieht.«

\*\*\*

»Ha!« Der dunkle Schrei kam aus der Bar. Silke saß senkrecht im Bett, ihr Herz pochte hart gegen ihre Brust.

Ein Knall. Als krachte etwas zu Boden.

Silke presste die Hand auf ihr rasendes Herz. Wurde gerade ihre Bar zertrümmert?

Und nun? Was sollte sie tun? Sich ruhig verhalten und warten, bis die Eindringlinge abhauten? Darauf hoffen, dass sie nicht auch in die Privaträume eindrangen? Fliehen? Sie sah zum Fenster. Es war vergittert. Leise stand sie auf. Im fahlen Schein des Mondlichts setzte sie vorsichtig einen

Fuß vor den anderen, achtete darauf, den Dielenboden nicht knarzen zu lassen.

Sie musste zu Mila und Ruth, sie warnen.

Auf Zehenspitzen erreichte sie die Tür. Lautlos drückte sie die Klinke und zog sie auf.

Nun waren die Geräusche aus der Bar noch deutlicher zu hören.

Schnelle Schritte, ein dumpfer Schlag, Krachen.

Silke huschte über den Flur und öffnete ebenso leise die Tür zu Milas und Ruths Zimmer. Sie schlich zu Milas Bett, beugte sich darüber – es war leer! Hastig lief sie zu Ruths – auch leer!

»Gut. Pause.«

Das war Milas Stimme! Ein Klatschen, dann Schritte.

Silke trat in den Flur. In der Bar waren keine Eindringlinge, Mila und Ruth verursachten den Lärm! Was war hier los?

Silke lief zum Schankraum. Am Rand der Bühne saßen im müden Licht einer Petroleumlampe Mila, Ruth, Rosemarie und ein blondes Mädchen, das Silke noch nie zuvor gesehen hatte. Etwa Anfang, Mitte zwanzig, großgewachsen und die Haare in einem kinnlangen Bob.

»Mila! Rosemarie!« Silke zerrte den Gurt ihres im Schlaf gelockerten Morgenmantels fester und stürmte zur Bühne. »Was in aller Welt macht ihr hier?« Sie stutzte. »Übt ihr eine neue Show ein? Das eilt doch nicht, es dauert noch, bis wir wieder abends die Türen öffnen dürfen.« Sie lächelte erleichtert. Welch schöne Fügung – anstelle der Einbrecher tanzte Rosemarie zurück ins Leben! Allerdings – sie stutzte noch mehr – für eine Show hatte das eben sehr ungewöhnlich geklungen.

Rosemarie sprang von der Bühne und schlenderte auf sie zu. Sie trug weite Hosen, die Silke zuvor noch nie an ihr gesehen hatte, und klobige Stiefel. Ihr Haar war zerzaust, und trotz der Kälte in dem großen Raum schwitzte sie.

»Show?« Ihre Augen blitzten. »Oh ja, es wird eine großartige Show. Aber nicht auf dieser Bühne.«

Silke runzelte die Stirn.

Rosemarie wischte mit dem Ärmel über die Schweißperlen auf ihrer Stirn. »Wir werden Anna zurückholen. Und dann sorgen wir dafür, dass das aufhört.«

Silke hatte nicht die geringste Ahnung, was Rosemarie meinte. Fragend sah sie ihre Schwester an.

»Was Rosemarie sagen will«, kam Mila ihr zu Hilfe, »wir werden die Schweinerei nicht mehr zulassen.« Sie zeigte auf die blonde Frau, in deren Gesicht sie die gleiche wilde Entschlossenheit wie bei Rosemarie erkannte. »Das ist Karla. Sie weiß, wo Anna festgehalten wird, und wir werden sie dort rausholen.«

»Ihr … Was?«, fragte Silke entsetzt.

»Sie wurde in einen Keller gebracht, schön weit weg vom Heim, da ist ein Raum mit Separees, in dem sie auf die Freier warten.«

»Wenn das wirklich wahr ist«, meldete Rosemarie sich wieder zu Wort, »dann schwöre ich bei Gott, wir machen diese Schweine fertig.«

»Was redest du nur?« Silke schüttelte den Kopf. »Was glaubst du, was ihr ausrichten könnt, wenn nicht einmal die Polizei das kann!«

»Nicht *will*, meinst du wohl eher.« Rosemarie spie die Worte verächtlich aus. »Sind ja nur Heimkinder, wen interessiert das schon.«

»Du bist doch wahnsinnig!«, rief Silke. Sie sah zu Mila. Wieder zu Ruth. Zu Karla. »Das könnt ihr nicht machen, das ist viel zu gefährlich. Die bringen euch um!«

»Nein, diesmal bringen wir sie um.« Milas Hand wanderte hinter ihren Rücken und kam mit einem Revolver wieder nach vorne.

»Mila!«, rief Silke. »Das ist verboten! Willst du alles aufs Spiel setzen, was wir bisher erreicht haben?«

»Sie verkaufen Anna an Männer.« Rosemaries Stimme war heiser vor Hass. »Sie denken, sie können mit uns machen, was sie wollen. Silke, wach endlich auf! Es geht nicht nur um die Mädchen im Heim. Es geht um uns alle! Es geht um dich! Siehst du nicht, was sie mit dir machen, weil du dich als Frau in ihren Markt drängst? Sie werden nicht ruhen, bis du aufgibst!«

Silke starrte Rosemarie entsetzt an.

Sie war wahnsinnig.

Wollte sie jetzt einen Krieg gegen Männer führen?

# 38

Rosemarie spürte die Kälte nicht. Nicht den eisigen Wind, der durch die Häusergeripppe pfiff, nicht die Nässe des Schnees, die sich in das viel zu dünne Leder ihrer Schuhe gefressen hatte.

Einzig das Metall in ihren Händen spürte sie. Trotz der Kälte brannte es unter ihren Fingern wie glühende Kohlen. Schon der Besitz der Waffe konnte sie ihre Freiheit kosten. Dazu musste sie nicht einmal abdrücken.

Sie presste ihren Körper dicht an die kalte Mauer und lauschte. Noch war alles still um sie herum, nur in ihrem Kopf wurde Silkes Stimme immer lauter. *Willst du alles aufs Spiel setzen, was wir bisher erreicht haben?*

Rosemarie schüttelte kaum merklich den Kopf. Es ging nicht darum, was sie erreicht hatten, es ging darum, Unrecht zu verhindern. Genug war genug.

Genug für die ganze Menschheit. Genug für alle Zeiten.

Leise knirschten Schritte durch den Schnee. Fieberhaft sah sie sich um, die Hand um die Waffe gekrampft. Der Gedanke, dass sie tatsächlich abdrücken müsste, ließ sie zittern.

Aus dem Schneegestöber schälte sich Milas zierliche Gestalt.

»Das Schwein ist da.« Mila nahm den Spaten von ihrer Schulter. »Er hat ein Mädchen dabei. Vierzehn, fünfzehn, höchstens.«

Rosemaries Hand schloss sich fester um die Pistole. Dann waren im Keller zwei Männer, der Zuhälter und ein Freier, das Mädchen und vielleicht Anna. Laut Karla brachte der Zuhälter die Mädchen in ein mit schwerem Tuch abgetrenntes Separee. Und während der Freier sich seinen Spaß holte, wartete der Zuhälter auf einem Sofa in Nähe der Tür. Es würde nicht einfach sein, den Zuhälter und den Freier in Schach zu halten und die Mädchen zu befreien. Vielleicht sollten sie Karla vom Schmierestehen abkommandieren und dazuholen?

Doch Mila ging schon weiter und winkte sie mit sich.

Rosemarie schluckte – wenn sie jetzt nicht umkehrte, gab es kein Zurück mehr.

Sie spürte, dass heute ein Scheidetag in ihrem Leben sein würde.

Vielleicht der wichtigste von allen bisher. Den Abschieden, den Todesfällen, der Flucht. Heute würde *sie* die Richtung bestimmen – und einen Weg betreten, von dem es kein Zurück gab.

Sie stieß sich von der Mauer ab und folgte Mila durch den Schnee zu dem Eingang, der versteckt inmitten der Trümmer lag. Es war kaum zu erkennen, dass sich darunter ein vollständig erhaltener Keller befand.

Mila wandte sich zu ihr um und legte einen Finger auf die Lippen.

Rosemarie nickte. Lautlos überwand sie die Trümmer. Sie brauchten das Überraschungsmoment, mit der Stärke und Waffenmacht der zwei Männer im Keller konnten sie nicht mithalten. Wobei – trotz der Anspannung stahl sich ein grimmiges Lächeln auf ihre Lippen –, Mila und sie würden die da drin ganz bestimmt nicht erwarten. Wer rechnete schon damit, dass Frauen sich bewaffneten und wehrten?

Leise stiegen sie in den Keller hinab. Rosemarie konzentrierte sich auf jeden Schritt, jedes noch so leise Knirschen unter ihren Sohlen echote überlaut in ihren Ohren. Da hörte sie Stimmen. Ein Männerlachen.

»Jetzt stell dich nicht so an …«

Ein Wimmern. Ein Flehen, die Stimme hell und dünn.

Hass stieg in ihr auf, so übermächtig, dass er Rosemarie die Luft nahm.

An der letzten Stufe sah sie sich nach Mila um. Ein wenig Tageslicht drang bis hierher, genug, um an Milas grimmigem Gesichtsausdruck zu erkennen, dass auch sie das Flehen des Mädchens gehört hatte. Sie nickte Rosemarie zu, dann zog sie ihre Henkersmaske über das Gesicht.

Rosemarie tat es ihr nach. Die Maske drückte gegen ihre Nase, hastig zupfte sie sie zurecht, dann stellte sie sich an die Tür und umfasste den Griff. Lautlos drückte sie ihn nach unten. Nickte, riss dann die Tür auf. In derselben Sekunde rannte Mila mit gezücktem Spaten in den Raum.

Der Zuhälter sprang vom Sofa, Mila machte einen Satz und rammte ihm den Spaten in den Magen. Ächzend sackte der Mann nach vorne. Mila drosch ihm den Spaten über den Kopf. Das hässliche *Klonk* ging in dem lauten Stöhnen und Knarzen aus dem Separee unter. Der Mann fiel rittlings zu Boden und rührte sich nicht mehr. Trotzdem hielt Rosemarie den Revolver auf ihn gerichtet.

Blitzschnell zog Mila eine Schnur aus ihrem Gürtel und fesselte ihm die Arme hinter dem Rücken. Neben seinem Kopf bildete sich ein Rinnsal aus Blut.

Das Stöhnen aus dem Separee verstummte. Hatte der Freier den Kampf mitbekommen? Mila legte den Finger an den Mund und zeigte zum Vorhang. Rosemarie nickte.

Mila würde den Mann mit dem Spaten kampfunfähig machen, während sie ihn mit der Pistole in Schach hielt. Sie mussten mit der Panik des Mädchens rechnen.

Mila linste durch den Schlitz im Vorhang, nickte dann und zog ihn mit einem Ruck zurück.

Der Mann lag auf dem Mädchen, ab der Hüfte bis zu den Socken nackt, und bewegte sich hektisch vor und zurück.

Die Augen des Mädchens flehten darum, dass es endlich vorbei sein möge.

Da bemerkte der Mann, dass etwas nicht stimmte. Er stoppte in der Bewegung und sah zur Seite, direkt in den Lauf von Rosemaries Revolver.

»Geh von ihr runter«, presste Rosemarie hervor, kaum fähig, den Finger nicht sofort zu krümmen und ihm ein Loch in seine entgeisterte Visage zu pusten.

Er rollte sich zur Seite. Das Mädchen krümmte sich wie ein Baby zusammen, die Knie an den Bauch gezogen, die Arme schützend um den Kopf gelegt.

Der Mann stand auf und hob langsam die Hände, Rosemarie sah, wie es in ihm arbeitete. Er versuchte die Situation zu erfassen, zu verstehen, wer gerade, mit einer Henkersmaske verkleidet, eine Waffe auf ihn richtete.

»Was soll das?«, herrschte er sie dann an. »Ich habe bezahlt, wenn du ein Problem hast, mach das mit dem Luden aus.«

Rosemarie senkte die Waffe und zielte nicht mehr auf seinen Kopf, sondern sein zusammenfallendes Gemächt. »Das nächste Mal, wenn du dein Ding in ein wehrloses Mädchen schiebst, schieße ich es dir weg. Dann werden wir nie wieder ein Problem mit dir haben.«

»Ihr seid doch verrückt! Wer seid ihr überhaupt, und was soll die alberne Mas–«

Mit einem *Klonk* landete Milas Spaten auch auf seinem Kopf. Er drehte sich im Fallen um hundertachtzig Grad und blieb dann auf dem Boden liegen.

Rosemarie nahm die über einen Stuhl geworfene Kleidung des Mädchens und legte sie neben sie. »Hier, zieh dich an, schnell.«

Das Mädchen krümmte sich noch mehr zusammen.

Rosemarie zog die Maske ab. Das war gegen die Regeln, solange sie im selben Raum wie die Männer war, musste sie die Maske tragen, aber sie machte dem Mädchen nur noch mehr Angst. »Ist Anna auch hier?«

»Anna?«, fragte eine dünne Stimme. Ihr Arm hob sich, gerade genug, dass das Mädchen durch die Öffnung hindurchsehen konnte. Dann riss sie die Arme hoch und setzte sich auf. »Du bist eine Frau!«

»Wie heißt du?«, fragte Rosemarie.

»Ilse«, flüsterte das Mädchen.

»Wir suchen Anna«, erklärte Rosemarie leise, »weißt du, wo sie ist?«

»Sie haben sie heute früh ins Heim zurückgebracht. Deshalb bin ich jetzt hier.«

Verdammt! Rosemaries Brustkorb krampfte zusammen. Das hier war schlimm genug, wie sollten sie Anna aus dem Heim herausholen?

Ilse sah sie mit großen Augen an, als wartete sie auf eine Anweisung.

»Hör gut zu«, sagte Rosemarie, »du kannst ins Heim zurück. Aber wenn du dort rauswillst, dann ist jetzt der Moment! Wir können dir helfen.«

»Ja! Ja!« Hastig schlüpfte Ilse in ihre Kleider.

Rosemarie drehte sich zu Mila. »Brauchst du Hilfe?«

Mila fesselte den Mann gerade an den Armen. »Nimm den Stoff, Ruth braucht dringend so einen. Ich kümmere mich um den hier.«

Rosemarie zerrte an dem dicken Stoff, der als Raumtrenner diente.

»Schnell, die Zeit läuft!«

Rosemarie faltete den Stoff und zurrte einen Gürtel darum.

»Los, raus hier!«, befahl Mila und scheuchte sie aus dem Keller hinaus. Auch über das Trümmerfeld marschierte sie mit strammem Schritt voraus, den Spaten kampfbereit, Ilse zwischen sich und Rosemarie und Karla am Ende. Mit einer Hand trug Rosemarie die Beute, in der anderen hielt sie, verborgen in der Jackentasche, den Revolver.

Bis eben hatte das Adrenalin ihre Angst im Zaum gehalten. Nun schoss sie hoch. Ihr war übel. Gerade hatten sie einen Fehdehandschuh in den Ring geworfen, sie hatten einen mächtigen Gegner herausgefordert, von dem sie eines sicher wussten: Er würde diesen Angriff nicht auf sich sitzen lassen.

Es gab kein Zurück mehr.

Der Krieg hatte begonnen.

# 39

»Es ist zu gefährlich.« Hans machte eine Armbewegung, die Bar, Bühne und auch Silkes Privaträume mit einschloss. Denn im Gegensatz zu Silke wusste er, dass die Männer, mit denen er sich angelegt hatte, auch vor Gewalt nicht zurückschrecken würden, wenn sie mit den Verleumdungskampagnen nicht weiterkamen. Er kannte Männer wie Peters. »Wenn wir gegen das Heim vorgehen, machen die das hier alles dicht. Und dann finden sie etwas Neues, das sie Ihnen anhängen.«

Silke polierte die glänzend saubere Theke, die Lippen fest zusammengepresst. Offensichtlich hatte sie sich mehr erwartet, nachdem Gustav und er gestern so heroisch die unbezwingbaren Helden gespielt hatten. Nun jedoch war es heldenhafter, den Stolz ruhen zu lassen und zunächst dafür zu sorgen, dass Silke und Rosemarie nicht in das Kreuzfeuer seines Konflikts gerieten. Denn genau darum handelte es sich. Um seinen Konflikt. Nicht um Silkes. Oder gar Rosemaries.

Er hatte eine Menge Leute verärgert. Leute, die keinen Spaß verstanden, wenn es ums Geschäft oder ihre Ehre ging. Ein Krüppel, der gesunde Männer zu Boden brachte, pöbelnde Nazis an die Tommys verpfiff und Frauen als

Geschäftspartner in ihre Männerwelt einführte, war ein rotes Tuch in einer Arena mit nicht einem, sondern einem guten Dutzend Stiere. Eine Kamikazeaktion. So zu leben war sein Privileg. Er war für niemanden mehr verantwortlich. Aber diesmal hatte er die Bensdorf-Schwestern mit hineingezogen. Und damit war er für ihre Sicherheit verantwortlich, ob er das wollte oder nicht.

Das Poliertuch quietschte über die Theke. Silke legte es zur Seite. »Was meinen Sie, soll ich Alan bitten ...«

»Das ist außerhalb seines Einflussbereichs. Da steckt jemand mit drin, der ranghöher ist.« Hans nahm einen Schluck seines Wassers. »Alan kann uns hier nicht helfen. Und«, er senkte seine Stimme etwas, »ich glaube, er will das auch nicht mehr.«

Silke drehte sich abrupt weg. Hans zog die Brauen zusammen – war sie gerade errötet? Wegen Alan?

»Man muss wissen, wann ein Kampf sinnlos ist.« Hans leerte den Rest des Wasserglases. Kühl rann es durch seine Kehle. Selbst das Wasser war kalt, wenn man es zu lange stehen ließ. »Momentan sind wir hoffnungslos unterlegen. Wir würden sehenden Auges ins offene Messer laufen.«

»Die dürfen damit nicht davonkommen.« Silke begann erneut wahllos die glänzende Oberfläche zu polieren. »Das muss aufhören.«

»Ja, muss es. Aber nicht jetzt und nicht ohne auch nur den Hauch einer Chance.« Hans legte drei Finger aufs Herz. »Ich schwöre, Fräulein Silke, dass ich mich persönlich darum kümmern werde. Wenn Sie und Rosemarie aus der Schusslinie sind. Aber jetzt ist das Heim und alles, was damit zusammenhängt, tabu.«

Silke schluckte. Wieder hielt sie bei dem sinnlosen Putzen inne. »Schusslinie? Ich möchte wirklich gerne wissen, was wir den Herren getan haben.«

»Wir haben ihr Revier befleckt.«

Silke runzelte fragend die Stirn. »Sie meinen, weil Sie ein Krüppel sind und ich eine Frau bin?«

»Sie haben gut aufgepasst.« Hans nickte. Zumindest war das ein Teil des Grundes – dass er Peters vor seinen Leuten gedemütigt und ihn an die Tommys verraten hatte, um ihm die Lizenz abzuknöpfen, kam natürlich erschwerend hinzu. Nicht zu vergessen, dass Silke Stoever das Bier abgeknöpft hatte und Silke und er unter Alans Schutz standen.

»Das ist so –«

Von der Tür drang lautes Poltern zu ihnen. Hans drehte sich hektisch um. Die Tür flog auf. Hinein kam Mila, gefolgt von einem Mädchen, Rosemarie und Milas Freundin Karla. Hans starrte verwundert auf Milas und Rosemaries ungewöhnlichen Aufzug. Seit wann trugen sie Männerhosen und Arbeiterjacken?

Rosemarie blieb neben ihm stehen, während Mila das Mädchen an der Bar vorbei nach hinten in den privaten Bereich führte. »Guten Tag, Hans. Hat Silke es dir schon erzählt?«

Hans sah sie verwirrt an.

»Wir greifen der Polizei etwas unter die Arme.« Rosemarie zog den Schaft einer Waffe aus der Tasche ihrer abgetragenen, viel zu großen Jacke. Sogleich ließ sie ihn wieder in der Tasche verschwinden und legte den Finger an den Mund.

Hans starrte sie entsetzt an. Eine Waffe? Was dachte sich Rosemarie dabei, am helllichten Tag mit einer Waffe durch Hamburg zu spazieren? Überhaupt, wozu brauchte sie eine Waffe?

»Woher hast du die?«

»Egon. Ich habe sie mir geborgt.«

»Egon kommt an Waffen?« Hans konnte seine Überraschung nicht verbergen. Dafür brauchte man extrem gute Kontakte – wann war Egon in diese Liga aufgestiegen?

»Egon kommt an alles.«

Hans zuckte unmerklich zusammen. War das Stolz in ihrer Stimme?

Hans schluckte. Egon war der Held, der die Waffen besorgte. Er war der Krüppel, der im Verborgenen organisierte und Fäden zog, beschützte und ermöglichte – und als Mann unsichtbar blieb.

»Wir haben Ilse aus einer Art Kellerbordell befreit.«

»Seid ihr verrückt?« Hans sprang von dem Barhocker. »Hast du irgendeine Ahnung, in was für ein Milieu ihr euch da begebt?« Er stellte sich direkt vor Rosemarie, am liebsten hätte er sie geschüttelt. »Zu denken, ein Zuhälter würde sich gefallen lassen, dass jemand seine Mädchen verschleppt! Das ist … dermaßen naiv!«

»Das sind nicht ›seine‹ Mädchen!«, protestierte Rosemarie. »Die machen das mit Anna!« Sie stützte die Arme in die Hüfte.

Hans starrte sie an. Er spürte, wie Hitze sich in ihm ausbreitete. »Sag bitte, dass das Mädchen nicht aus demselben Heim ist wie Anna.«

»Genau daher.« Sie richtete sich noch gerader auf. »Warum freut ihr euch nicht, dass wir sie gerettet haben?«

»Weil du uns alle damit in Gefahr bringst«, mischte Silke sich ein. »Wo soll das Mädchen denn bleiben, hast du dir darüber schon Gedanken gemacht?«

»Bei Mila und Ruth im Zimmer.«

»Das geht auf keinen Fall.« In Hans' Kopf raste es. Niemals würden die Männer, die hinter dem Mädchenhandel in dem Heim standen, sich das gefallen lassen. Schon gar nicht von zwei Frauen! Sie hatten Silke fast ins Gefängnis gebracht, als Silke Anna nur eine Zuflucht geboten hatte – dabei war Anna von alleine zu ihr geflohen. Diesmal hatte Rosemarie ihnen direkt ins Gesicht geschlagen! Es war vollkommen klar, dass sie als Erstes Silke und ihn verdächtigen würden. Sie hatten vor Gericht das Heim angeprangert und waren gescheitert. Rosemarie hatte gerade die nächste Stufe eines Krieges ausgelöst, den sie nur verlieren konnten.

»Ich verstehe euch nicht!«, rief Rosemarie. »Ihr könnt Anna doch nicht einfach aufgeben!«

»Niemand gibt Anna auf«, zischte Silke, »aber sie ist ganz von alleine aus einem sicheren Versteck abgehauen, und jetzt bringst du uns alle in Gefahr mit deinem Irrsinn!«

»Das ist kein Irrsinn, das ist eine Lektion in Hinsehen.«

»Rosemarie, verdammt, wir alle wollen Anna helfen. Aber nicht so!« Verärgert zog Hans die Brauen zusammen. »Wie lange, glaubst du, dauert es, bis die Polizei hier aufschlägt?«

»Ilse wurde gerade vergewaltigt. Das konnte nicht mehr warten«, sagte Rosemarie leise. Offenbar hatte sein barscher Ton sie überrascht.

»Aber hierbleiben kann sie auch nicht.« Hans seufzte. Sein ganzer minutiös ausgearbeiteter Plan, wie er das Problem lösen konnte, ohne Rosemarie und Silke zu gefährden, fiel gerade in sich zusammen. »Hol sie, ich bringe euch in Sicherheit.«

# 40

»Was habt ihr euch nur dabei gedacht?« Silke schob Mila einen Teller Gerstensuppe hin. Sie verdiente den Namen kaum, war sie doch noch dünner als sonst, den Großteil der Gerstenration hatte sie Rosemarie für Ilse mitgegeben. Noch ein Mund, den sie nun irgendwie mitfüttern mussten. Nur wie?

»Wir haben an Anna gedacht.« Mila löffelte den Teller aus und schleckte ihn dann bis zum letzten Tropfen leer. »Ich verstehe dich nicht, Silke. Du sagst doch immer, dass man nicht wegsehen darf und du alles anders machen würdest, wenn du die Zeit zurückdrehen könntest, und dass du mutige –«

»Ist gut!«, unterbrach Silke Milas Redefluss. »Ich weiß, was ich gesagt habe, aber das ist doch nicht vergleichbar!«

»Ich hoffe, dass nie wieder etwas vergleichbar sein wird mit den letzten zwölf Jahren.« Mila stand auf, trug ihren Teller zur Spüle und wusch ihn ab.

Silke reichte Mila ihren Teller. Es war unglaublich, was in Mila steckte. Sie war so zierlich und jung, doch ihr Mut und ihre Entschlossenheit machten sie bärenstark. Wenn sie nur einen Bruchteil von Milas Mut hätte …

Silke seufzte. »Ach, Mila, wir sind nun mal nicht alle Heldinnen.«

»Du musst keine Heldin sein, du musst auch nicht Männern einen Spaten über den Kopf ziehen –«

»Mila! Das habt ihr getan?«, rief Silke entsetzt aus.

»Sie hatten es verdient«, sagte Mila grimmig. Sie trocknete die Teller ab. »Es reicht schon, wenn du nicht immer versuchst, Rosemarie davon abzuhalten, das Richtige zu tun.«

»Aber –«

»Nein, Silke, kein Aber. Weißt du, warum sie so an Egon hängt?« Mila stellte klirrend den Teller ab. »Er lässt sie machen, borgt ihr sogar einen Revolver, kein *Uh, das ist zu gefährlich* oder so was. Wann kapierst du, dass Rosemarie ihren eigenen Kopf hat?«

Lautes Klopfen unterbrach sie. Silke starrte zur Tür.

»Aufmachen! Polizei!«

Erschrocken sah Silke zu Mila.

Die nickte. »Ich muss aus den Klamotten raus«, flüsterte sie.

Silke nickte.

»Aufmachen! Polizei!« Ein Hund bellte.

Mit wackeligen Knien ging Silke zur Tür und drehte den Schlüssel im Schloss.

Sie öffnete die Tür. »Ja bitte?«

»Polizei.« Ein rotwangiger Polizist stand mit einem Hund in der Tür, hinter ihm ein britischer Soldat. »Wir suchen ein Mädchen, das aus einem Waisenhaus weggelaufen ist. Sie soll sich hier aufhalten.«

»Ach?« Silke zog in gespieltem Erstaunen die Brauen hoch. Sie spürte ihr Herzrasen und hoffte, dass der Wachtmeister nicht merkte, wie nervös sie war. »Hier? Wie kommen Sie darauf?« Sie hielt inne, schüttelte dann verärgert den Kopf. »Geht es immer noch um Anna? Sie glauben, weil das Mädchen, das uns monatelang auf der Flucht begleitet hat, bei mir Hilfe gesucht hat, beherberge ich jetzt jedes Kind, das aus dem Heim ausbüxt? Haben Sie schon mal in dem Heim nachgeforscht, warum diese Mädchen weggelaufen sind?«

»Alle Kinder laufen aus Waisenhäusern weg«, nuschelte der Polizist. »Das ist normal.«

Irritiert schüttelte Silke den Kopf. »Nichts ist hier normal! Weder dass die Kinder weglaufen, noch dass Sie hier nach ihnen suchen!«

»Schluss jetzt! Sie wollen doch nur Zeit schinden, damit Ihre Kumpane das Mädchen wieder über den Hinterausgang wegschaffen!« Der Polizist tippte sich an die Nase. »Falsch gedacht!« Der Polizist grinste hämisch. »Und jetzt blockieren Sie nicht weiter die Tür!«

Silke machte einen Schritt zur Seite. Wortlos ließ sie ihn passieren. Der Polizist marschierte mit seinem Hund an ihr vorbei, hinter ihm der britische Soldat, der offenbar kein Wort verstanden hatte. Welch Glück, dass Hans Ilse gleich fortgebracht hatte.

Der Hund schnupperte, bellte. Schlug er etwa an? Silke äugte verstohlen zu dem Tier. Der Polizist ließ ihn an einem Nachthemd schnuppern, der Hund lief schnüffelnd weiter, an der Bar vorbei, in den privaten Bereich. Der Polizist warf ihr einen triumphierenden Blick zu, doch der Hund zog ihn schon weiter, direkt in ihr Schlafzimmer, zum Sofa. Vielleicht hatte Ilse dort kurz gesessen.

»Damit haben Sie nicht gerechnet«, sagte der Polizist siegesgewiss. »Meinem Dasso ist noch keiner entgangen.«

Silke rann es eisig über den Rücken. Wo Dasso sich seine Sporen verdient hatte, war unschwer zu erraten. Gestapo, so wie wahrscheinlich auch sein Herrchen.

»Diesmal irrt sich Ihr Dasso.« Silke verschränkte die Arme. »Vielleicht riecht er Anna. Vielleicht hatte sie etwas von dem anderen Mädchen an.«

»Dasso irrt sich nie.« Der Polizist kam drohend näher. »Wo ist sie?«

»Woher soll ich das wissen?«, fragte Silke ungehalten, ihr Blick folgte dem britischen Soldaten, der erst ihren Schrank aufriss, dann jede Schublade ihres Nachttischs, und schließlich das Zimmer verließ.

Demonstrativ ging sie zu ihrem Nachttisch, den der junge Soldat offen gelassen hatte, und schloss geräuschvoll die Schubladen.

»Immer das Gleiche«, sagte der Polizist. »Erst große Töne, dann kommt der große Jammer, wenn ihr ertappt werdet. Also, kürzen wir das hier ab: Wo ist sie?«

»Das weiß ich nicht!«

»Dasso, such!«, schnaubte der Polizist.

Der Hund schnupperte, blieb wieder an dem Sofa stehen.

In dem Moment lief der britische Soldat aufgeregt in das Zimmer. »I found her!«

Der Polizist klatschte zufrieden in die Hände. »Na also. Hab ich es Ihnen doch gesagt.« Er folgte dem Briten in Milas Zimmer. Silke blieb dicht hinter ihm.

Mit einem Satz war der Polizist an Milas Bett und riss die Decke weg.

Verschlafen fuhr Mila im Bett hoch, nur bekleidet mit Unterwäsche. »Wa… was ist …«

»Das ist Mila, mein Schankmädchen!«, rief Silke empört.

Der Polizist sah auf seine Fotos, auf Mila, schüttelte enttäuscht den Kopf.

»Haben Sie genug gesehen?«, fragte Silke.

»Wo ist der Hinterausgang?«

»Am Ende des Ganges.«

Der Polizist lief hin und sperrte die Tür auf. Silke sah zu, wie er die Tür öffnete.

»All clear this side«, sagte eine bekannte Stimme.

Hitze durchschoss sie. Vor der Tür stand Alan! Seit wann war ein Lieutenant Colonel denn bei einer Hausdurchsuchung dabei?

»Good day«, sagte er und trat in den Flur. »Leider muss ich Sie nehmen mit auf die Wache.«

Ihr Magen verkrampfte. Das war alles? Nach über drei Wochen war das alles, was er ihr zu sagen hatte?

»Mit welcher Begründung?«

»Es heißt, Sie verstecken Mädchen von dem Heim in der Bar. Es heißt, sie zwingen das Mädchen zu bleiben hier.«

»Heißt es das?« Mit einem Mal war sie unfassbar wütend. »Und das glauben Sie?«

Betroffen sah er zu Boden. »Es ist nicht wichtig, was ich glaube. Mein Befehl heißt, bringen Sie Fräulein Bensdorf und das Mädchen auf die Wache.«

»Hier sind aber keine Mädchen«, zischte Silke wütend. »Wie lautet Ihr Befehl dann?«

Alan zuckte die Schultern. »Bringen Sie Fräulein Bensdorf auf die Wache, ich schätze.«

Der Wachtmeister schob sich vor sie. »Ich bin hier fertig«, sagte er zu Alan und tätschelte dem Hund den Hals. »Das Rattenloch ist leer. Die haben das Mädchen weggebracht, jetzt sind Sie dran.« Er warf einen abschätzigen

Blick auf Silke. »Ein paar Tage Einzelhaft, dann redet die wie ein Wasserfall.« Er marschierte mit Dasso an Alan vorbei durch den Hinterausgang.

Alan sah ihm kopfschüttelnd nach. »Wo ist das Mädchen, Silke, machen Sie es nicht noch schwerer.«

»Ich weiß es nicht!«, rief Silke, heilfroh, dass sie wirklich keine Ahnung hatte, wohin Hans sie gebracht hatte.

Alan sah sie müde an.

»Alan! Wachen Sie auf, verdammt! Sehen Sie denn nicht, dass jemand Lügen über mich verbreitet?«

»Wer?«, fragte Alan.

»Ich weiß es nicht. Aber Leute mit Einfluss.« Silke trat auf Alan zu. »Kommen Sie herein, lassen Sie uns reden.«

Alan schüttelte den Kopf. »Sorry«, murmelte er.

»Auch ein Befehl?«

Er nickte.

Silke seufzte. »Gut, dann reden wir hier weiter.« Sie trat näher zu ihm und senkte ihre Stimme. »Es gibt keine Beweise, dass ich irgendetwas mit dem Verschwinden des Mädchens zu tun habe. Und trotzdem soll ich weg. Warum? Ich habe nichts verbrochen. Wer macht dann meine Arbeit? Was passiert, wenn die Bar zu bleibt?« Sie sah ihn direkt an. »Jemand will mich hier rausdrängen, und er nutzt euch, um das zu tun.«

»Was soll ich machen?«, fragte Alan leise. »Es ist mein Befehl.«

»Wenn das Menschen zu euch sagen, die Befehle der Nazis ausgeführt haben, sagt ihr, das ist keine Entschuldigung.«

Wieder sah Alan betroffen zu Boden.

»Ihr Befehl ist falsch«, fuhr Silke fort.

»Meine ganze Leben ist falsch«, murmelte Alan. Abrupt drehte er sich um. Er wirkte wie ein geprügelter Hund. Plötzlich begriff Silke. Alan war genauso in der Schusslinie wie sie selbst – spätestens nach seinem Auftritt vor Gericht hatte sich herumgesprochen, dass er und sie sich kannten. Sie hatten ihm einen Befehl gegeben, der sich in jedem Fall gegen ihn richtete: Führte er ihn aus, würde er gegen sein Gewissen handeln und eine Freundin verlieren, verstieß er gegen den Befehl, konnten sie ihn dafür vor ein Militärtribunal stellen.

»Alan!«, rief sie ihm nach. »Warten Sie, ich komme mit.«

# 41

»Egon?« Rosemarie öffnete die Tür zum Kellerzimmer. Es war dunkel und kalt. Wo war Egon? Sie tastete nach der Kerze, die er immer neben der Tür deponierte, und zündete sie an. Sie stellte sie auf den Tisch, neben den verkrümelten Teller und die schmutzige Kaffeetasse, die Egon hatte stehen lassen. Kurz überlegte sie, ob sie das Geschirr zum Waschtisch bringen sollte, ging dann stattdessen zum Sofa. Die Decke lag noch genauso da wie heute früh, als sie sich von Egon verabschiedet hatte. Sie setzte sich, merkte, wie erschöpft sie war. All die Aufregung, die sie vorhin noch wie von selbst durch die Straßen getragen hatte, war verpufft. Ilse war bei Hans in Sicherheit, Karla hatte sich bereit erklärt, bei ihr zu bleiben, um ihr die Angst zu nehmen. Nun war Rosemarie nur noch müde. Sie fühlte sich wie an den Abenden ihrer Flucht, wenn sie vor Erschöpfung einfach eingeschlafen waren, egal wo, Hauptsache, sie konnten sich hinlegen.

Ob Silke sich inzwischen wieder beruhigt hatte?

Sie würde nie verstehen, dass man manchmal einfach handeln musste, ohne zu lange über die Konsequenzen nachzudenken. Silke würde weiterplanen und sich anpassen und abwarten und auf Nummer sicher gehen. So wie sie das schon immer getan hatte – ein sicherer Plan mit einem kalkulierbaren Risiko. Wie bei ihrem Konfektionsgeschäft in Danzig.

Wie lange das her war.

Danzig.

Eine andere Welt.

Ein anderes Leben.

Sie mummelte sich fester in die Decke ein und massierte ihre steif gefrorenen Füße. Hätte sie ihr altes Leben gerne zurück?

Nein.

Ihr Weg war richtig. Sie musste Anna aus diesem Heim holen und herausfinden, warum sie vor ihr davongelaufen war. Schon einmal hatte sie Anna im Stich gelassen. Das würde kein zweites Mal passieren.

Langsam wurden die Füße warm, kribbelten und juckten.

Sie hörte Egons Schritte die Kellertreppe herunterkommen. Leicht und beschwingt. Das mochte sie an ihm so sehr. Er nahm das Leben, wie es kam, nutzte jede Gelegenheit, dachte nie lange darüber nach, ob es nun gefährlich sein könnte, und gängelte sie nie mit übertriebener Vorsicht.

Er habe genug in seinem Leben gegeben, sagte er oft, nun sei die Zeit des Nehmens.

War das so? Konnte es eine Zeit des Gebens und eine des Nehmens geben?

Egon trat ein, stutzte kurz, als er sie auf dem Sofa liegen sah.

»Rosemarie! Wolltest du heute nicht bei Silke bleiben?« Er setzte sich zu ihr auf das Sofa. »Bist du krank?«

»Erschöpft.« Sie lächelte ihn an. »Ich möchte unsere

Pläne für Amerika verschieben, was hältst du davon? Ich muss noch etwas erledigen, bevor wir Deutschland verlassen.«

»Ach?«, fragte er und strich ihr eine Strähne aus dem Gesicht. »Das klingt geheimnisvoll ... Erzähl, was ist passiert?«

Rosemarie lächelte. Wie schön es war, einen Verlobten zu haben, der sie in allem verstand.

# 42

Die Zelle war klein und kalt, die Pritsche hart, und die Decke stank nach nassem Hundefell. Silke zog ihren Umhang fester über die Schulter. Drei Stunden wartete sie nun schon, dass endlich etwas passierte. Ein Verhör. Eine Gegenüberstellung. Eine Anklage. Es war ihr inzwischen gleichgültig, womit sie ihr weitere Steine in den Weg legen wollten, Hauptsache, jemand holte sie hier raus und gab ihr die Möglichkeit, sich zu verteidigen. Ihr Magen knurrte. Einen Teller Gerstensuppe, mehr hatte sie heute noch nicht gegessen. Sie legte beide Hände auf ihren Bauch. Hätte sie doch nicht mit Alan gehen sollen? Er hatte sie einem Polizisten übergeben, der ihre Personalien aufnahm und sie dann in die Zelle brachte. Seitdem hatte sie ihn nicht mehr gesehen. Sie senkte ihren Kopf.

Was hatte sie erwartet? Dass Alan sie auf der Wache auf einen Kaffee einlud, sie freundlich befragte und dann wieder nach Hause geleitete? Dass Alan sie beschützen würde, so wie er es in der Präfektur getan hatte?

Sie schüttelte den Kopf. Nein, gar nichts hatte sie gedacht. Nur gespürt, dass es das Richtige war, seiner Aufforderung nachzukommen. Er hätte sie zwingen können. Sie mitschleppen oder dem jungen Soldaten den Befehl geben, sie auf die Wache zu bringen. Hatte er aber nicht. Er war einfach nur gegangen. Krumm wie ein gebrochener Mann.

Ihr Hals wurde eng. Sie war nicht dabei gewesen, als der Junge überfahren wurde. Sie war erst dazugekommen, als es schon zu spät gewesen war, als er in Alans Armen starb. Etwas war in dem Moment mit Alan geschehen, als wäre ein Teil seines Ichs mit dem Jungen gestorben.

Eine Tür knallte. Schritte näherten sich den Zellen. Silke sah zur Tür. Die Wache hatte nur zwei Zellen, die eine teilten sich zwei Männer, die andere besetzte sie. Eilig strich sie über ihr Haar und kniff sich etwas Farbe in die Wangen.

Kurz darauf drehte sich der Schlüssel im Schloss, die Eisentür wurde geöffnet.

»Bensdorf?« Ein Polizist trat in die Zelle und sah sie fragend an.

Sie erhob sich.

»Mitkommen.« Der Polizist trat raus und führte sie über den Gang in einen kahlen Raum. Ein Tisch, drei Stühle. »Setzen.«

Silke setzte sich. Der Polizist verließ den Raum, und Silke wartete erneut. Mit Polizeimethoden kannte sie sich nicht aus, sie wusste nur, dass jeder Angst vor der Gestapo gehabt hatte, deren grausamer Ruf sich von Berchtesgaden bis Danzig herumgesprochen hatte. Ihr Puls schoss nach oben. Die Gestapo gab es nicht mehr, aber die Menschen, die damals die Menschen abholten und ihren Folterknechten auslieferten, die gab es noch, auch die Folterknechte gab es noch, und sie alle reihten sich leise und unbemerkt wieder ein in die Gesellschaft, als hätten ihre Verbrechen nie stattgefunden.

Der Duft nach Hühnersuppe zog plötzlich in ihre Nase. Ihr Magen knurrte erbärmlich. Im nächsten Moment öffnete sich die Tür, und der Polizist, der sie aus der Zelle geholt hatte, stellte wortlos einen Teller vor sie.

Unsicher sah sie auf die Suppe. Sie duftete verlockend. Darin schwammen Karotten- und Lauchstücke, sogar etwas Hühnerfleisch glaubte sie zu erkennen, und doch zögerte sie. Hans war davon überzeugt, dass jemand sowohl Hans als auch sie loswerden wollte. Dass dieser jemand beste Beziehungen zur Polizei und zur Besatzung hatte. Warum sollte eine Gefangene einen Teller echte Hühnersuppe bekommen? Gerstensuppe. Ja. Haferschleim. Brot. Aber Hühnersuppe? Das konnte nur eine Falle sein.

Der Duft beschoss ihre Nase, ihren Magen, der knurrte, als wollte er ihrer Hand den Befehl geben, sofort den Löffel in die dampfende Suppe zu tauchen.

Die Tür öffnete sich erneut. Silke sah auf. Ihr Herz begann schneller zu schlagen.

Alan trat ein. Er setzte sich auf den Stuhl gegenüber und zeigte auf die Suppe. »Haben Sie keinen Hunger?«

»Doch, sehr.« Sie presste die Lippen zusammen. Wie sollte sie Alan erklären, dass sie Angst hatte, vergiftet zu werden, ohne ihn selbst zu beschuldigen?

»Warum …« Er beendete die Frage, bevor er sie ausgesprochen hatte. Nachdenklich sah er sie an. »Sie haben Angst vor die Suppe.«

Sie nickte und kam sich dabei ausgesprochen albern vor. In seiner Gegenwart hatte die Suppe plötzlich nichts Angsteinflößendes mehr.

»Ich habe die Suppe geschickt zu Ihnen.« Er nahm den Löffel, tunkte ihn in die Suppe und führte ihn zum Mund. »Sehr gut.« Er zog ein Taschentuch aus der Brusttasche, wischte den Löffel ab und legte ihn wieder neben den Teller.

314

Diesmal zögerte Silke keine Sekunde. Sie grabschte sich den Löffel und begann zu essen. Die Suppe war das Beste, was sie seit langer Zeit zu sich genommen hatte. Sie schmeckte das Fett, das Gemüse, das Fleisch, spürte die wohlige Wärme in ihrem Magen, das köstliche Verblassen des Hungers.

Alan beobachtete sie, die Stirn gerunzelt, als versuchte er zu begreifen, warum sie, die in seinen Augen so starke Lady, Angst vor einer Suppe haben konnte.

»Danke.« Sie legte den Löffel in den bis zum letzten Tropfen geleerten Teller. »Wie spät ist es?«

»Halb zehn.«

»Warum werde ich hier festgehalten?«, fragte Silke. »Ich habe nichts verbrochen.«

»Warum hatten Sie Angst vor der Suppe?«

»Liegt das nicht auf der Hand? Anna flieht zu uns. Kurz danach werde ich angeklagt. Sie waren dabei, als Anna zu uns kam, ich habe sie nicht entführt! Und das Penicillin kam nicht von mir. Alan! Ohne Sie wäre ich unschuldig im Gefängnis gelandet. Nun bin ich schon wieder hier. Aber Sie haben recht, es war albern von mir zu glauben, dass die Suppe vergiftet sein könnte.«

Alan schnaufte.

»Alan, bitte, Sie sind ein guter Mann, hier geschieht ein Unrecht. Das Heim hat Anna als Prostituierte missbraucht. Anna ist wieder ins Heim zurück, ob freiwillig oder ob sie geschnappt wurde, das weiß ich nicht. Dann kam ein anderes Mädchen aus dem Heim und bat um Hilfe. Ilse. Ich habe getan, was ich schon viel früher hätte tun sollen. Ich habe die Tür für einen Menschen geöffnet, der Hilfe braucht. Ist das ein Verbrechen?«

»Wo ist das Mädchen jetzt?«

»Ich weiß es nicht.« Silke hob fragend die Hände. »Wirklich, Alan, ich weiß es nicht, und ich wollte es aus genau diesem Grunde auch nicht wissen.« Sie zeigte auf ihn und den Verhörraum. »An einem sicheren Ort, hoffe ich.«

»Warum haben Sie nicht Ilse zur Polizei gebracht? Sie ist minderjährig.«

»Sie wurde in dem Heim prostituiert.«

»Warum haben Sie nicht das gemeldet?«

»Alan, verdammt!«, brauste Silke auf. »Sie waren doch dabei! Wir haben in der Präfektur eine Anschuldigung gegen das Heim ausgesprochen. Sie wurde abgeschmettert. Üble Nachrede, hieß es. Ich weiß nicht, warum Sie mir solche Fragen stellen!«

Alan zuckte zusammen. »Fragen stellen ist meine Job.«

»Ja, natürlich, ich weiß.« Silke versuchte ein Lächeln auf ihre Lippen zu bringen. »Entschuldigen Sie.«

»Warum ist Ilse zu Ihnen gekommen?«, fragte er.

»Sie brauchte Hilfe.«

»Wer hat sie befreit?«

Silke runzelte die Stirn. Und nun? Wie sollte sie Rosemarie und Mila schützen, ohne Alan anzulügen?

»Antworten Sie«, forderte Alan sie auf.

»Hören Sie sich selbst zu?«

Alan sah sie verwirrt an.

»Sie sagen befreit.« Silke zog die Brauen hoch. »Seit wann muss man Kinder aus Heimen befreien, wenn dort alles in Ordnung ist? Sie sollten sich wenigstens auf eine Version dieser absurden Geschichte einigen, bevor Sie Unschuldige einem Verhör unterziehen.«

Silke sah, wie Alan errötete. Offenbar hatte sie einen Nerv erwischt.

Er starrte sie an, schüttelte dann heftig den Kopf. »Genug. Wir sollen hier sein die good guys.«

»Good guys schützen keine Verbrecher.«

»Genug!« Seine Hand krachte auf die Klingel am Tisch. »Ich lasse Sie bringen nach Hause.«

Blitzschnell legte Silke ihre Hand auf seine. »Begleiten Sie mich. Bitte.«

\*\*\*

Die Nachtluft war eisig, dennoch atmete Silke tief ein. Freiheit. Noch nie hatte sie erfahren müssen, was es bedeutete, unfrei zu sein. Aber jetzt, nach nur wenigen Stunden in einer Zelle, bekam sie eine Ahnung davon.

»May I?« Alan hakte sie unter. »Es tut mir leid, Fräulein Silke. Ich werde schreiben Report, dass Sie nicht haben Schuld.«

»Danke, Alan.« Sie drückte seinen Arm. »Sie sind ein guter Mann.«

»Guter Mann«, höhnte Alan. »Ich habe eine Jungen auf die Gewissen! Ein Kind!«

»Alan! Nein! Sie sind kein Mörder!« Silke blieb stehen. »Deshalb sind Sie so verändert? Deshalb kommen Sie nicht mehr zu uns?«

»Wie soll ich gehen in eine Bar, wenn der Junge ist tot?«

Die Verzweiflung in Alans Stimme trieb Silke Tränen in die Augen. »Alan, bitte! Es ist nicht Ihre Schuld!«, rief sie. »Sie haben einen Dieb verfolgt. Sie haben ihn gewarnt. Es war ein Unfall! Er hätte stehen bleiben können. Er hätte nach rechts abbiegen können. Es war seine Entscheidung, über die Straße zu laufen.«

»Aber hätte ich nicht ihn verfolgt, er würde jetzt leben.«

»Das stimmt. Aber wussten Sie, dass der Junge in einen Lastwagen laufen würde, wenn sie ihn verfolgen?«

»No«, sagte Alan verwirrt. »Natürlich nicht.«

»Warum sind Sie dann schuld? Sie konnten das nicht ahnen, und Sie konnten nichts daran ändern. Oder darf jetzt nie wieder ein Polizist einen Dieb verfolgen, weil der dann einen Unfall haben könnte?«

Alan sagte nichts. Stumm ging er weiter. Zügig, als wollte er sich möglichst schnell von der Wache entfernen.

Die Stadt war still und dunkel. Es war knapp elf Uhr, die Häuser finster wie zu Zeiten der Luftangriffe. Nur vereinzelt flackerte Kerzenlicht in einem Fenster. Silke hatte Mühe, mit Alan Schritt zu halten, doch sie wollte nichts sagen. Vielleicht war ihre Einmischung gerade genau der Tropfen zu viel gewesen, und er wollte sie einfach nur schnell loswerden.

Schließlich bogen sie in ihre Straße ab. Silke graute davor, alleine in die dunkle Bar zu gehen. Hoffentlich war Mila da!

»Vielleicht ich bin nicht schuld, but I feel guilty.« Alan blieb vor der dunklen Tür stehen. »Morgens meine erste Gedanke ist der Junge und abends meine letzte.«

»Dann helfen Sie der Familie des Jungen. Tun Sie etwas, von dem Sie denken, es wäre im Sinne des Jungen. Es war ein Unfall, Sie machen den Jungen nicht lebendig, wenn Sie Ihr Leben auch zerstören.« Sie kramte in der Tasche nach ihrem Schlüssel. »Würden Sie einen Schnaps mit mir trinken? Ich glaube, ich brauche ganz dringend einen.«

»With pleasure.«

Kurz darauf saßen sie am Tisch vor der Bühne. Silke hatte sich in eine Decke gewickelt, so kalt war es. Die Kerze am Tisch flackerte im unregelmäßigen Luftzug der undichten Fenster. Sie schenkte zwei Schnäpse aus.

Alan schüttete ihn auf einen Zug hinunter. »Oh, das ist special Schnaps von Hans. Ich kenne diese Geschmack.«

»Ja, der beste, nur für ganz besondere Freunde.« Sie schenkte ihm nach.

Er hob das Glas. »Besondere Freunde, sagen die nicht du?«

»Sagen sie.« Sie stieß ihr Glas an seines. »Auf dein Wohl, Alan.« Sie lächelte. Es klang so ungewohnt, das Du. Aber es fühlte sich richtig an. Und gut.

Richtig gut.

# 43

Fröstelnd drückte Rosemarie sich tiefer in die dichte, schneebedeckte Kirschlorbeerhecke am rückwärtigen Gelände des Heims. Schnee rutschte nasskalt in ihren Kragen. Sie unterdrückte den Impuls, ihn herauszufischen, jede weitere Bewegung in dem engen Dickicht hätte nur weitere Minischneeschübe verursacht. Stoisch biss sie die Zähne zusammen und sah weiter unverwandt auf den Kelleraufgang des Nebengebäudes.

Wenn es ablief wie in den letzten drei Tagen, dann sollte bald einer der Männer mit einem Mädchen die Treppen hochkommen.

Sie hörte ein Rascheln hinter sich. Erschrocken drehte sie den Kopf. Karlas graue Mütze schob sich wie ein Rammbock durch das Geäst. Sie hob den Kopf erst, als sie knapp neben Rosemarie stehen blieb.

»Der Mann von gestern ist gerade vorne rein«, flüsterte sie.

»Dann warten wir mal ab, ob er auch heute wieder mit einem der Mädchen über die Rücktreppe rauskommt.«

»Es muss einen unterirdischen Gang zwischen dem Haupt- und Nebengebäude geben.« Karla zupfte ihre Wollhandschuhe von den Fingern und rieb ihre roten Hände. »Meine Handschuhe sind steif gefroren.«

»Tatsächlich«, murmelte Rosemarie und nahm sie ihr ab, »steif wie ein Wachstuch.« Sie knickte und knetete die Wolle. »Ich weiß nicht, wie ich dir danken soll.«

»Für was?«

»Dass du mit mir hier stehst.« Rosemarie führte einen der Handschuhe an ihren Mund und hauchte hinein. Sie spürte die nasse, kalte Wolle an ihrem Gesicht. »Du kennst Anna nicht einmal.«

»Aber ich kenne diese Heime.« Karlas Gesicht verfinsterte sich.

»Oh.« Rosemarie sah Karla betroffen an. »Dann … kennst du Mila aus dem Heim?«

Karla nickte. »Ganz genau. Nur dass Mila als Waise dort gelandet ist, weil es in den normalen Waisenhäusern nach dem Feuersturm keinen Platz mehr gab, und ich zur Umerziehung hinmusste.«

»Umerziehung?« Rosemarie runzelte die Stirn und reichte Karla den Handschuh zurück. Er war noch feucht, aber wenigstens nicht mehr steif gefroren.

»Danke. Hast du mal was von den Swing Girls gehört?«

»Schon, aber so genau konnte ich mir nie was darunter vorstellen. Ihr habt euch amerikanisch gekleidet und Swing gehört, oder?«

»So ungefähr. War nicht so erwünscht vom großen Führer. Hat nicht zu seiner Vorstellung von seinem deutschen Jungvolk gepasst. Und uns hat seine Hitlerjugend nicht geschmeckt.«

»Ihr habt euch heimlich getroffen«, erinnerte Rosemarie sich, »ich habe mal davon gelesen.«

»Ja, und dann sind wir aufgeflogen.« Karlas Gesicht wurde starr. »Die Schweine von der Gestapo haben uns gejagt und geschlagen, manche von uns sind im Lager gelandet, die Mädels in der Uckermark, die Jungs in Moringen. Dagegen hatte ich es mit dem Heim wohl noch gut getroffen. Ich habe wenigstens überlebt.«

Rosemarie knetete stumm Karlas zweiten Handschuh. Egal hinter welche Ecke man sah, überall kamen Opfer zum Vorschein. Alle, die nicht in das Bild des Regimes passten, waren unerbittlich verfolgt worden, und wenn es nur um die Vorliebe für eine besondere Musik ging.

»Es tut mir so leid«, sagte Rosemarie leise.

Karla verzog den Mund. »Du kannst da nichts dafür. Aber die«, sie zeigte auf das Heim, »die so fromm tun und endlos das Vaterunser und ihre Morgen-, Mittag-, und Abendgebete herunterleiern. Erst reden sie von Barmherzigkeit, und dann stellen sie dich im Nachthemd ohne Essen in die Kälte. Oder stecken dich in den Karzer. Geben dir verschimmeltes Brot und Prügel und lassen nichts aus, um dich fertigzumachen …«

»Oh, Karla.« Rosemarie legte eine Hand auf ihren Arm.

»Das sind Monster«, fauchte Karla. »Mila hätten sie fast gebrochen. Nur weil sie sich für uns eingesetzt hat. Das war schon Frevel genug, um sie in unsere Gruppe zu stecken.«

»In eure Gruppe?«

»In die Gruppe der Mädchen, die vielleicht noch umerzogen werden können, zu guten Volksdeutschen, wenn man nur streng genug vorgeht«, presste Karla durch die Zähne. »Weil ich Swing gehört und getanzt habe und ich meine Vorlieben nicht denen der Nazis unterordnen wollte, haben sie mich als sexuell Verwahrloste abgestempelt. Sie dachten, mit genug Arbeitsdienst und Schlägen und Einzelverbringung können sie mich brechen.« Karla wackelte mit der rot gefrorenen Hand. »So ein bisschen kalte Hand kann mich nicht abschrecken.« Sie versteifte sich und zeigte zur Treppe. »Psst! Sie kommen!«

Rosemarie duckte sich erneut tiefer in den Busch, ignorierte den Schnee, der auf Kopf und Hals rieselte. Gebannt sah sie zum Treppenaufgang. Der Mann kam die Stufen nach oben, vor ihm ein Mädchen in Mantel und Mütze, unter der ein blonder Zopf hervorschaute, der Kragen hochgeschlagen, der Kopf gebeugt.

»Kann das Anna sein?«, fragte Karla.

Rosemarie nickte. Ihr Herz hämmerte gegen ihren Brustkorb. Der blonde Zopf, die Statur, der Mantel, die Mütze, die Hose, es waren die Sachen, die Ruth Anna geschenkt hatte!

»Und was machen wir jetzt?«, fragte Karla.

»Wir gehen ihnen nach.« Sie schlüpfte durch das Dickicht auf die Straße. »Kommst du?«

Karla schälte sich nach ihr aus dem Busch und sah sie zweifelnd an. »Zu zweit?«

»Sollen wir sie einfach gehen lassen? Wir müssen rausfinden, wo er sie hinbringt. Vielleicht kommen wir dort eher an sie ran als hier.« Rosemarie überquerte die Straße und stellte sich in den Eingang eines Mietshauses. Sie mussten Abstand gewinnen, bevor der Mann mit Anna durch das Tor kam und sie bemerkte.

»Du willst sie jetzt befreien? Zu zweit und unbewaffnet?«, fragte Karla ungläubig und stellte sich neben sie, den Kopf zum Haus gewandt, als lese sie die Namensschilder.

»Ich will ihr nur folgen, und dann sehen wir weiter.«

Karla seufzte. »Warum bleibe ich eigentlich immer an so verrückten Frauen hängen?«

Da kamen Anna und der Mann aus dem Tor. Aus den Augenwinkeln sah Rosemarie, wie der Mann Anna am Arm packte und flotten Schrittes vor sich die wenigen Meter zum Ende der Straße schob.

Sie warteten, bis Anna und der Mann um die Ecke waren, dann liefen sie los. Rosemarie voran, Karla dicht hinter ihr, passierten sie die kleine Kirche, immer im Schatten der Bäume, die die aneinandergereihten Mietshäuser von den Blicken der Passanten abschirmten. Pedantisch achtete Rosemarie auf genügend Abstand, wartete, als Anna und der Mann in der beschädigten Bahnunterführung verschwanden. An die Wand der Unterführung gepresst, lauschte sie, bis das Hallen der Schritte verklungen war, erst dann winkte sie Karla weiter, und sie huschten in die dunkle, einsturzgefährdete Unterführung. Auf der anderen Seite erhaschte sie gerade noch den Blick auf den Mann, der von der Straße ab in eine Passage zwischen zwei Häuserblocks einbog. Noch immer blieb er dicht hinter Anna, als wollte er sie vor neugierigen Blicken schützen. Kinder spielten vor den Mietshäusern im Schnee. Die Wangen und Hände rot von der Kälte, und doch perlte Lachen durch die Luft, als gäbe es keinen Hunger und kein Frieren.

Rosemarie und Karla blieben dran, holten sogar auf, als der Mann abrupt stoppte und sich argwöhnisch umblickte. Rosemarie ging weiter. Auch stehen zu bleiben wäre viel zu auffällig.

»Tu so, als würdest du mir eine Geschichte erzählen«, raunte sie Karla zu und lachte dann laut. »Das habt ihr wirklich getan?«

Karla nickte eifrig, fast waren sie auf Höhe des Mannes und Anna.

»Er hat gesagt, wenn er morgen wiederkommt und die Sauerei nicht aufs Ordentlichste aufgeräumt ist, dann können wir uns auf ein Donnerwetter gefasst machen, wie wir es noch nie erlebt haben.«

Dann hatten sie die beiden überholt. Rosemarie warf einen verstohlenen Blick auf das Mädchen. Ihr Atem stockte – es war gar nicht Anna! Ein anderes Mädchen trug ihre Kleider!

Karla zog Rosemarie in den Vorgarten des nächsten Mietshauses, so selbstverständlich, als wohnten sie hier seit ihrer Geburt.

»Das ist nicht Anna«, flüsterte Rosemarie.

»Trotzdem braucht sie Hilfe«, flüsterte Karla zurück.

Rosemarie nickte. Aus den Augenwinkeln sah sie, dass der Mann mit dem Mädchen weiterging. Noch mehr auf Abstand bedacht nahmen sie die Verfolgung erneut auf. Am Ende der Passage bog der Mann rechts ab und ging entlang des Sperrgebiets an der Trümmerlandschaft des ehemaligen Arbeiterviertels vorbei, in dem sie Ilse aus dem versteckten Keller befreit hatten.

Rosemaries Magen zog sich zusammen. Es war vollkommen klar, wohin dieser Mann das Mädchen brachte, und sie konnten nichts tun! Ob sie denselben Keller benutzten? Obwohl sie ihn enttarnt hatten?

Da schlug der Mann einen Haken und stieg zwischen zwei wie Mahnmale in die Luft ragenden, mannshohen, schwarz verbrannten Wandresten ins Sperrgebiet ein.

Rosemarie hielt Karla zurück, als sie ihnen nachsteigen wollte. »He?«, protestierte Karla leise, duckte sich jedoch instinktiv hinter der mickerigen Ruine.

»Weißt du, wo wir sind?«, flüsterte Rosemarie.

»Teufel, natürlich«, fluchte Karla, »die sind so dreist, die nutzen das Kellerloch noch!«

»Sieht so aus«, flüsterte Rosemarie. »Oder sie haben ein anderes aufgemacht. Psst!«

Schritte knirschten über den Schnee, schlurfende, schwere gefolgt von leichten, die zu dem Mädchen gehören mussten. Rosemarie blieb weiter hinter der Ruine, wenn der Mann sie hier erneut sehen würde, wüsste er, dass sie ihn verfolgten.

Erst als sie nichts mehr hörte, traute sie sich hervor.

»Schnell«, drängte sie Karla und hastete über die mit Trümmern und Schutt und Ziegeln und Stahl und Asche übersäte Fläche. Zerstörung überall, als wäre es das Sinnbild dessen, was sich unterhalb dieses Trümmerfeldes für Anna und die anderen Mädchen abspielte. Nur von dem Mädchen und dem Mann gab es keine Spur mehr.

»Wir haben sie verloren.« Karla blieb neben ihr stehen. »Aber wenigstens wissen wir, dass sie hier irgendwo immer noch ihr Bordell betreiben.«

Plötzlich knallte es.

Karla schrie auf. »Runter!«, brüllte sie. Gebückt hechtete sie hinter einen Trümmerhaufen. Rosemarie hinterher.

»Aus welcher Richtung kam der Schuss?« Ängstlich sah Rosemarie über den Trümmerhaufen. Sie versuchte Bewegungen auszumachen. Das Gelände wirkte verlassen. Wo lauerte die Gefahr?

Rosemarie hörte sich selbst keuchen. Sie wussten nicht, wer sie angriff. Und woher. Aber sie konnten auch nicht warten, bis sie aus ihrer Deckung hervorkamen. Sie mussten weg!

»Wenn ich los sage, rennst du los! Bleib bis zur Straße gebückt –«

»Ja«, ächzte Karla.

»Los!« Sie stieß Karla an. »Renn!«

Karla rannte gebückt zur Straße zurück, Rosemarie blieb dicht hinter ihr, sie wagte nicht, sich umzudrehen, aus Angst, sie könnte stolpern oder wertvolle Zeit verlieren.

Schließlich erreichten sie die Straße, noch immer sahen sie sich nicht um, sie mussten weiter, weg von dem verlassenen Sperrgebiet, zu einer belebteren Straße.

Karlas Schritte wurden schleppender, schließlich stoppte sie. Erst jetzt bemerkte Rosemarie, dass sie ihre Schulter hielt.

Blut färbte den hellgrauen Mantel dunkelrot.

»Karla!« Sie stürzte zu ihr, fing sie im letzten Moment auf, als sie schwankte, das Gesicht bleich.

»Hilfe!«, brüllte Rosemarie panisch. »Hilfe!«

Doch wer sollte sie hören, hier an der Grenze des menschenleeren Sperrgebiets?

»Karla.« Sie stützte sie mit all ihrer Kraft, doch Karla wurde immer schwerer. »Bitte, du musst jetzt noch ein bisschen durchhalten.«

»Klar«, hauchte Karla, doch ihre Stimme verriet, dass es ganz und gar nicht klar war.

Rosemarie versuchte sie weiterzuschleppen, ein Schritt nach dem anderen. Sie würde es nie bis zu Hans schaffen!

Hinter sich hörte sie Motorenlärm. Ihr Herz sackte nach unten – waren das die Zuhälter? Hatten sie ihre Verfolgung nun mit einem Auto aufgenommen?

Panisch zerrte sie Karla mit sich, versuchte sie von der Straße zu ziehen.

Das Auto kam näher, hupte.

Stoppte.

Rosemarie hörte, wie die Tür sich öffnete. Sie drehte sich um.

Da stieg ein englischer Sergeant aus dem Auto.

Er ging auf sie zu. »Warum blockierst du die Straße?«

»Please!«, rief Rosemarie. »Help me! Meine Freundin ist verletzt!«

Karlas Knie knickten ein. Rosemarie verstärkte ihren Griff um Karlas Hüfte.

Der Sergeant stürzte zu ihnen, im nächsten Moment trug er Karla in seinen Armen zu seinem Jeep. Rosemarie riss die hintere Tür auf. Der Sergeant legte Karla auf den Sitz, bemerkte den sich ausbreitenden Blutfleck auf ihrem Mantel.

»What happened?« Er öffnete Karlas Mantel. Sog zischend die Luft ein. »Shit. Sie verliert viel Blut. Ich fahre sie ins Krankenhaus.«

Rosemarie kämpfte mit den Tränen. Unter dem Mantel hatte sich das Blut über Karlas halben Pullover ausgebreitet. Es musste bei ihrer Flucht herausgesprudelt sein wie aus einem lecken Wasserrohr.

Der Sergeant schnappte sich einen Lappen vom Vordersitz, knüllte ihn zusammen und presste ihn auf die Wunde. Dann drehte er sich zu Rosemarie. »Steig ein und drücken. Fest drücken.«

Wie benommen presste Rosemarie die Tuchwulst auf die Wunde, während sie sich zu Karla in den Fond des Jeeps quetschte.

»Thank you«, flüsterte Rosemarie. »Thank you so much.«

***

»Noch mal: Ich weiß nicht, wer auf uns geschossen hat, aber ich kann mir vorstellen, dass es etwas mit dem Mann zu tun hat, der das Mädchen zu der zerstörten Fabrik gebracht hat.« Rosemarie ließ sich erschöpft in den Holzstuhl zurückfallen. Die Lehne war so hart wie der Raum karg, die Luft so muffig wie die Miene des Kommissars. Kein Wunder, wenn er jeden Tag viele Stunden in diesem Raum verbringen musste. Vier Stühle, zwei Tische, an einem saß der Kommissar ihr gegenüber, an einem kleineren in etwa einem Meter Abstand saß eine junge Frau, die jedes Wort mitstenographierte.

Rosemarie fixierte einen Punkt auf der Wand hinter dem Kommissar. Das Weiß der Wände war noch abgewetzter als die Tischplatte.

Nun beantwortete sie seit fast einer Stunde seine Fragen. Sie hatte ihm alles gesagt, fast alles, nur Ilses Rettung und das Versteck in Hans' Keller hatte sie nicht erwähnt. Sehr wohl aber Annas Flucht aus dem Heim, ihre Rückkehr dorthin, ihre Verfolgung des Mannes zu den Ruinen des Fabrikgeländes.

Der Kommissar hob eine Hand, als wollte er ihr Einhalt gebieten.

»Ich glaube Ihnen kein Wort, Fräulein Bensdorf. Ihre Geschichte klingt von Anfang bis Ende abwegig.« Er lehnte sich über den Tisch. »Ich sage Ihnen, wie es gelaufen ist: Sie und Ihre Freundin sind in einen Schwarzmarkthandel verwickelt, der schiefgegangen ist, und jetzt versuchen Sie von sich abzulenken.«

Rosemarie seufzte. Es war hoffnungslos. Er würde ihr erst glauben, wenn seine Leute den versteckten Keller gefunden hatten. Und dazu würde es nur kommen, wenn er seine Leute losschickte. Vielleicht würde er das ja, wenn sie seiner Theorie zustimmte und behauptete, dass unter den Ruinen des Arbeiterviertels ein Schwarzmarktlager sei. Aber dann würde er sie weiter hier festhalten. Und wem würde das helfen?

*** 

»Geschossen?« Hans kam besorgt um den Tresen herum und nahm Rosemaries Hände. »Wie geht es ihr?«

»Sie hat viel Blut verloren, aber sie wird wieder auf die Beine kommen.«

»Dem Himmel sei Dank.« Hans führte Rosemarie zu der kleinen Wartebank und setzte sich mit ihr zusammen hin. »Wie geht es dir?«

»Furchtbar.« Rosemarie spürte Tränen in sich hochsteigen. Sie biss die Lippen zusammen und schluckte sie krampfhaft hinunter. »Sie hätte sterben können, und es wäre meine Schuld gewesen. Sie hatte mich davor gewarnt, zu zweit die Verfolgung aufzunehmen.«

»Und was hätte euch eine dritte Person gebracht, bei solch einem Hinterhalt?« Hans schüttelte energisch den Kopf. »Jetzt ist nicht die Zeit, sich Schuldgefühle einzureden. Wir stehen im wahrsten Sinne des Wortes in der Schusslinie. Ich hatte nur nicht gedacht, dass es schon so weit ist.«

»So weit?«

»Das war eine Falle.« Hans drückte ihre Hand. »Der Schütze hat auf euch gewartet, sonst hätte er Karla nicht so unerwartet treffen können.«

»Der Mann hatte uns am Weg gesehen«, sagte Rosemarie leise.

»Aber so wie du es geschildert hast, konnte er nicht sicher sein, dass ihr ihn verfolgen würdet. Das Mädchen hatte Annas Kleider an, ich wette, sie war ein Lockvogel, und er wusste, dass du darauf anspringen würdest.«

»Glaubst du, sie wissen, wer wir sind?«, sagte Rosemarie leise. »Glaubst du, sie beobachten uns?«

»Sehr wahrscheinlich.« Hans stand auf. »Heute hat es Karla an der Schulter erwischt, morgen zerfetzt so eine Kugel vielleicht deine Lunge. Ist es das wert?«

»Ich wollte Karla nicht Gefahr bringen. Aber ich kann doch nicht zusehen, wie Anna missbraucht wird.« Rosemarie stand ebenfalls auf. »Ich habe mein ganzes Leben nie darüber nachgedacht, ob das, was ich tue, den möglichen Schaden in der Zukunft wert ist. Jetzt denke ich andauernd darüber nach, welchen Schaden ich zulasse, wenn ich nichts tue.«

»Und wenn es dein Leben kostet?« Hans legte seine Hand um ihren Arm.

»Du hast Gustav und eine jüdische Familie und einen Deserteur in deinem Keller versteckt. Was wäre mit dir geschehen, wenn jemand gemerkt hätte, dass du Lebensmittel für sie organisierst, und dich verraten hätte?«

»Wir wären alle entweder in ein Lager gekommen oder gleich erschossen worden«, sagte Hans und ließ ihren Arm los.

»Dann war dir die Rettung der Menschen in deinem Keller also das Risiko wert, dein eigenes Leben zu gefährden.«

»Das war es dann wohl.«

Rosemarie lächelte ihn an. Ob Hans wusste, dass er, der Krüppel, mehr Mumm in den Knochen hatte als alle anderen Männer, die sie kannte?

# 44

»Wenn das so weitergeht, könnt ihr euch die Mühe mit der Besatzung bald sparen, dann gibt es hier niemanden mehr, denn ihr unter Kontrolle halten müsst.« Silke stellte eine Schüssel mit einer Handvoll Hafer und drei Kartoffeln vor Alan auf den Tresen der Bar. »Das ist alles, was Ruth heute mit unseren Lebensmittelkarten ergattert hat. Davon sollen vier Frauen überleben?«

Alan zog die Schüssel mit dem Hafer zu sich. Nachdenklich sah er auf das kärgliche Häufchen. »Das ist in etwa die Portion für ein Person. Bist du sicher, Ruth nicht hat gemacht eine Fehler?«

»Was kann sie falsch machen? Sie gibt die Abschnitte der Karten dem Händler, bezahlt und bekommt die Ware. Aber wenn der Händler keine Ware hat, kann sie auch nichts bekommen.« Sie zog den Teller zu sich zurück und stellte ihn unter der Theke ab. »Ruth ist nicht die Einzige, die stundenlang ansteht und dann mit leeren Händen aus dem Laden kommt. Menschen sterben, Alan, und es sind nicht nur Nazis, die verhungern und erfrieren, es trifft alle und besonders die Schwachen, die Alten, die Kinder, die Witwen. Es trifft vor allem die Falschen.«

Alan sah sich kurz um, als müsste er überprüfen, wer

nahe genug saß, um mithören zu können. Dann beugte er sich über den Tresen näher zu Silke. »Ich kann euch helfen, du weißt das«, sagte er so leise, dass sie es im Summen der Unterhaltungen im Gastraum kaum verstehen konnte. »Du musst keine Hunger haben.«

»Danke, Alan.« Sie lächelte ihn dankbar an. »Ich weiß das zu schätzen, aber es geht nicht um mich. Es geht um die Lage in Hamburg. Die Menschen verhungern nicht nur, sie haben bei zwanzig Grad unter null auch nichts zu heizen, sie erfrieren!«

»Ich kann nichts tun«, sagte Alan leise. »Wir versuchen zu verbessern die Lage, aber die Flüsse sind gefroren, die Straßen sind voll Schnee, sogar die Züge haben ein Problem zu kommen durch. Warum glaubst du, du musst machen zu die Bar um vier Uhr Nachmittag? Wir haben nicht genug Kohle für die Strom! Die Lage ist very, very ernst.«

Silke schluckte. Sie hatte erwartet, dass Alan wieder an die Schuld der Deutschen erinnerte, aber dies war ein Eingeständnis der Hilflosigkeit.

Sie läutete die Glocke zur letzten Runde. Es war wirklich seltsam, zu einer Stunde Feierabend zu machen, zu der die Bar normalerweise gerade erst öffnen würde. Aber so war es nun einmal, wenn die Lage ernst war – dann liefen die Dinge anders, und man passte sich an. Schenkte Tee aus anstelle von Bier und spielte Schach anstelle von Jazz. Was blieb einem auch anderes übrig?

Abgesehen davon hatte die seltsame neue Öffnungszeit auch ihr Gutes: Niemandem fiel auf, dass Mila und Rosemarie abends nicht in der Bar waren.

Flott schenkte sie den zur Bar geeilten Gästen aus. Sie hatten nicht nur ein Strom- und Kohle- und Essensdefizit, sie bekam auch nicht mehr genug Bier – den Abendbetrieb könnte sie nicht einmal aufrechterhalten, wenn sie Licht und die Erlaubnis dazu hätte. Das allerdings ging nicht allen Barbetrieben so. Sie schielte zu Alan, der mit gesenktem Kopf vor seinem Tee saß und ein Dokument las. Ob er wusste, warum sie plötzlich nur noch etwa ein Drittel der ursprünglichen Lieferung bekam? Selbst mit der Schließung um vier Uhr war das knapper bemessen als bei anderen.

Sie reichte dem letzten Gast sein Getränk und kassierte.

Ruth trat neben sie. »Soll ich mit dem Abräumen anfangen?«

»Bitte, wenn das Licht erst mal aus ist, wird der Abwasch schwierig.«

»Ist er sowieso mit dem kalten Wasser.« Ruth schnappte sich das Tablett und ging zu dem ersten Tisch. Silke sah ihr nach. Wie seltsam das Leben doch spielte. Rosemarie war regelrecht vor ihr geflohen, Ruth dagegen wollte unbedingt bei ihr bleiben. Und Egon, der sich zu Beginn so sehr bemüht hatte, wurde immer unzuverlässiger.

Sie seufzte. Ob sich ihr Leben je wieder normalisieren würde? Oder die Sonne endlich durch die Wolken stoßen würde? Manchmal fühlte sich dieser Höllenwinter an wie eine himmlische Strafe für die unbeschreiblichen Gräueltaten des Dritten Reichs. Allerdings dürfte dann die Sonne für viele, viele Jahre nicht mehr über Deutschland scheinen.

Langsam leerte sich die Bar. Am Ende saß nur noch Alan am Tresen.

»Ich habe geredet mit der Mutter von die Jungen«, sagte er, als sie sich zu ihm setzte. »Er wollte besorgen etwas zum

Essen. Für seine Mutter und Schwester. Die Mutter glaubt, darum der Junge hat geklaut den Spiegel.«

Silke nahm seine Hand. »Das ist gut. Dass du hingegangen bist.«

»Ja, es war gut.« Wieder senkte er den Kopf und sah nachdenklich in das leere Glas. »Sie hat gesagt, jeden Tag sie hat gehabt Angst, dass er kommt nicht zurück. Sie hat gesagt, er ist gesprungen auf Zug zu klauen ein Tasche voll Kohle. Sie hat gesagt, er soll das nicht machen, aber der Junge hat angezogen die Jacke von Vater und hat gesagt, er ist jetzt Mann in Haus und tut, was er muss tun.«

Silke drückte seine Hand. »Das ist jetzt bei vielen Menschen so. Es sind die Kinder, die am meisten leiden.«

»It's not fair.« Alan sah sie müde an. »Weißt du, Silke, the problem is, auch wenn wir mehr Kohle und Kartoffeln und Weizen bringen nach Hamburg, es kommt nicht an bei die Menschen, die wirklich brauchen unsere Hilfe. Deshalb ich bin so wütend mit die Schwarzmarkt.« Er hielt kurz inne, zuckte dann die Schulter. »Trotzdem du hast recht, wir können nicht stoppen die Schwarzmarkt.«

»Aber …« Silke sprang von dem Stuhl und stellte sich neben Alan. »Wir können die Züge stoppen!«

»We … What?« Alan sah sie verständnislos an.

»Die Züge«, rief Silke. »Du hast eben selbst gesagt, die Mutter des Jungen hatte Angst um ihn, weil er auf fahrende Züge aufgesprungen ist. Kannst du die Züge nicht an einer Stelle verlangsamen oder anhalten, damit die Menschen, die wirklich etwas brauchen, aufspringen und sich etwas nehmen können, und nicht nur die Schieber, die ihre Männer da haben, um im großen Stil für den Schwarzmarkt abzugreifen?«

Alan schüttelte den Kopf. »Wie stellst du dir das vor?«

»Ein Weichenstopp. Hindernis bei einem Gleis, der Zug muss auf ein anderes ausweichen, und schon steht er.« Silke strahlte. »Alan, du willst den Tod des Jungen wiedergutmachen. Das ist deine Chance. Ihn kannst du nicht retten, aber Hunderte andere Kinder! Wir sorgen dafür, dass sie etwas Kohle und was zu essen bekommen.«

»Wie du willst garantieren, dass die Richtigen bekommen es?« Er schaute noch immer skeptisch, aber sein Ton verriet Silke, dass er angebissen hatte.

»Ich habe da ein paar Menschen, die mir dabei helfen könnten …« Sie griff nach seinen Händen. »Bitte, Alan, lass es uns versuchen. Wenn ich es nicht schaffe, die Sachen an die Armen zu verteilen, hören wir wieder auf. Gib uns eine Chance. Für die Kinder. Für den Jungen. Für dich.«

Alan schüttelte den Kopf, lächelte jedoch. »You are a crazy lady, Silke Bensdorf. Ich glaube, ich habe eine Idee.«

Silke lachte.

Wie verrückt die Welt doch war – er dachte, sie sei verrückt, sie dachte, Rosemarie sei verrückt. Vielleicht waren Rosemarie und sie doch nicht so verschieden, wie sie immer angenommen hatte.

# 45

»Geschossen?«, unterbrach Egon Rosemaries Bericht. Er setzte sich ruckartig gerade und packte sie bei den Schultern. »Wann kapierst du endlich, dass die Angelegenheit dir über den Kopf wächst? Wenn eine Kugel darin steckt?«

»Soll ich Anna etwa aufgeben?« Rosemarie schüttelte seine Hände ab und erhob sich vom Sofa. Sie zündete an den letzten, flackernden Zügen der heruntergebrannten Kerze auf dem Tisch eine neue an und presste sie in die flüssigen Wachsreste der alten.

»Ja, natürlich sollst du das«, sagte Egon mit genervtem Ton. »Sie ist aus deinem *geheimen* Versteck abgehauen, schon vergessen?«

»Ich durfte es dir nicht verraten, niemandem, auch nicht Silke! Ich hatte es hoch und heilig geschworen.« Rosemarie versuchte Egons Gesichtsausdruck im Halbdunkel des Kellerraums zu entschlüsseln. War er besorgt? Wütend, weil sie sich in Gefahr gebracht hatte? Wütend, weil sie ihm noch immer nicht den Ort von Hans' Geheimversteck verraten hatte?

»Mir ist doch nichts passiert«, sagte sie und verschwieg wohlweislich, dass Karla mit einer Schusswunde im Krankenhaus lag.

»Zum Glück«, sagte Egon besänftigend, »aber stell dir vor, sie hätten dich getroffen!« Er stand ebenfalls vom Sofa auf und trat zu ihr an den Tisch. »Was würde ich denn ohne dich tun, schöne Rosemarie?« Er strich ihr sanft über das Haar. »Verstehst du nicht, dass ich mir Sorgen mache? Kannst du Anna nicht Anna sein lassen, und wir brechen noch diese Woche auf? Es muss ja nicht gleich Amerika sein. Bis deine Schwester die Einladung und die Bürgschaft und alles geschickt hat, wer weiß, wie lange das noch dauert. Wir gehen erst mal nach München, in die amerikanische Zone. Lassen hier alles hinter uns und fangen ganz neu an.«

Sie lehnte sich an seine Schulter. Einfach weg? Wie verlockend das doch klang. Aber würde sie es sich je verzeihen können? Sie hatte Anna nicht aus ihrem Gedächtnis streichen können, als sie nur wusste, dass sie in ein Heim gebracht worden war. Jetzt wusste sie, dass sie in diesem Heim missbraucht und ausgebeutet wurde. Sollte sie ihr neues Leben auf dem Verrat an Anna aufbauen?

»Anna ist nicht einfach so weggelaufen. Es ist viel komplizierter. Ilse hat vorhin das erste Mal mehr als einen Satz mit uns geredet. Ich weiß nicht, wie, aber Mila hat sie irgendwie dazu gebracht, sich zu öffnen.«

»Und«, fragte Egon neugierig, »was hat das mit Annas Weglaufen zu tun?«

»Alles!«, erklärte Rosemarie und trat einen Schritt zurück. »Ilse sagt, es hat mit dem Aushilfslehrer angefangen. Er war so anders als die Erzieherinnen und die anderen Lehrer. Er war nett und verständnisvoll und hat sie nie bestraft oder beschimpft, sondern getröstet und ihnen gesagt, wie schön und klug sie sind, und ihnen das erste Mal das Gefühl gegeben, wertvoll zu sein. Nach ein paar Wochen hat er ihnen gesagt, dass er etwas ganz Besonderes mit ihnen vorhabe, dass sie die Auserwählten seien und ob sie ihm vertrauen würden. Und dann hat er sie in dem Nebengebäude einquartiert und sie zu seinen Freiern geschickt und gesagt, dass sie das für ihn tun, damit er ihnen bald ein besseres Leben bieten kann.«

»Und was hat das damit zu tun, dass Anna weggelaufen ist?«, fragte Egon.

»Ilse sagt, er hätte sie gefunden und ihr gesagt, dass sie zurückkommen muss, sonst würde was Schreckliches passieren. Ich glaube, er muss sie abgefangen haben, als ich sie nach draußen geschickt habe.«

»Nach draußen geschickt?«, fragte Egon stirnrunzelnd.

»Sie dachte, ich würde sie im Kell… in dem Versteck einsperren, und deshalb hab ich ihr gesagt, sie soll einfach mal rausgehen und sich frei fühlen.« Rosemarie seufzte. »Hätte ich sie nur nicht alleine gehen lassen!«

Egon zog sie wieder zu sich her und neigte den Kopf zu ihr. Sie lehnte sich an ihn, spürte seine Arme um ihre Schultern, seinen Kopf an ihrem. Wie gut seine Nähe doch tat.

»Du bist zu gut für diese Welt, Rosemarie«, sagte er sanft und strich liebevoll über ihr Haar.

»Ach, nicht nur ich, stell dir vor, Alan hat Silke den genauen Ort verraten, an dem die Versorgungszüge seit ein paar Tagen einen Weichenstopp einlegen müssen. Da sind Schäden am Gleis, die wegen der Kälte nicht repariert werden können. Wir haben acht Minuten Zeit, um Kohle vom Zug zu holen.«

Egon fielen schier die Augen aus dem Kopf. »Und das weißt du von Lieutenant Colonel Alan Wright? Er lässt uns Kohle klauen, einfach so?« Er setzte sich an den Tisch.

»Doch nicht uns! Nur Kinder, die sonst auf die fahrenden Züge aufspringen.« Rosemarie setzte sich ihm gegenüber und legte nachdrücklich den Finger an ihren Mund. »Kein Wort zu niemandem, hörst du!« Siedend heiß fiel ihr ein, dass Silke sie darauf eingeschworen hatte, niemandem, nicht einmal Egon, davon zu erzählen. Aber hier, in ihrem Kellerzimmer, war doch der Ort ihrer Vertrautheit. Es reichte, dass sie den Unterschlupf in Hans' Keller vor ihm geheim halten musste, sie wollte nicht noch mehr Geheimnisse vor ihm haben.

Sie wusste, dass Alan die Weitergabe dieser Information seinen Posten kosten konnte. Wahrscheinlich könnte es ihm sogar deutlich mehr Ärger bringen. Aber Egon würde ihn nicht verraten.

Oder? Sie musterte ihn.

»Das ist …« Offenbar fehlten ihm die Worte. Stumm drehte er den Kerzenständer von rechts nach links.

»Das ist ein Zug seiner Menschlichkeit«, erklärte Rosemarie. »Er hilft uns, das Leid der Hamburger zu lindern. Es geht nicht um Geld, sondern darum, denen zu helfen, die am meisten leiden.«

»Sind wir jetzt die Wohlfahrt?« Egon hob verständnislos die Hände. »Wozu gibt es Lebensmittelkarten?«

»Das ist doch genau das Problem«, entgegnete Rosemarie. »Was bringen Lebensmittelkarten, wenn die zugehörigen Lebensmittel nicht in den Geschäften ankommen?«

»Ist das unser Problem?«

»Ja und nein.« Rosemarie griff nach seiner Hand. »Wir leiden keinen Hunger, weil wir vom Schwarzmarkt leben. Also haben wir kein Problem. Wir sind das Problem.«

»Ho!« Egon zog seine Hand zurück. »Seit wann sind wir

ein Problem? Wir wissen, wo wir Ware organisieren können, und bedienen uns. Damit halten wir die Misthütte hier
am Laufen!«

»Wir ziehen Waren aus dem Verkehr, bevor sie in die Läden kommen.« Rosemarie sah selbst im Kerzenschein, wie
Egon verärgert die Brauen nach oben zog. »Würden wir
das nicht tun, könnten die Menschen wenigstens das kaufen, was ihnen zusteht.«

»Ach!«, winkte Egon ab. »Das bisschen? Das würde
nicht mal auffallen.«

»Ich glaube schon.«

»Und deshalb spielst du jetzt die Heilige und verteilst
Almosen an die Armen?« Egon lachte spöttisch auf. »Ich
bin ja gewarnt worden …«

»Gewarnt?«, fragte Rosemarie.

»Weiber ins Geschäft zu lassen. Weil ihr irgendwann die
Gewissenskarte zieht und das Geschäft kaputt macht.«

»Egon!«, brauste Rosemarie auf. »Wie kannst du so reden? Habe ich je ein Geschäft vermasselt? Oder Silke?
Oder Mila? Wir haben uns genauso behauptet wie du
selbst.«

»Ja, nur habe ich es selbst geschafft und ihr nur mit Unterstützung von deinem Krüppelfreund«, konterte Egon
abschätzig. Er stand auf. »Was glaubst du, wo du und deine
Schwester heute wärt, wenn er euch nicht laufend die Steine
aus dem Weg klauben würde? Er und Silke sind das Witz-
paar von Hamburg.«

»Egon!«, rief Rosemarie verärgert und stand ebenfalls
auf. »Wie kannst du so über Silke und Hans reden?«

»Du lebst wirklich in einer eigenen Welt.« Er schüttelte
verächtlich den Kopf. »Der Schwarzmarkt ist ein illegales,

hartes Geschäft. Dein Krüppelfreund hat sich seinen Platz dort nicht durch Güte, sondern durch Härte erobert. Aber seit du und deine Schwester aufgetaucht seid, verwandelt er sich in einen Pantoffelhelden. Die Leute lachen jetzt schon über ihn, aber wenn er bei dem Wohlfahrtsunsinn mitmacht und sich bei dem todsicheren Tipp nicht seinen Schnitt holt, ist er erledigt. Wach auf, Mädchen! Bei unserem Geschäft geht es nicht um Mitleid, es geht einfach nur darum, so viel mitzunehmen wie geht.«

Rosemarie stand auf. Sie hatte genug gehört.

Hans, ihr Krüppelfreund?

Sie zog die warmen Strümpfe hoch.

Hans, ein Pantoffelheld!

Niemals hatte sie einen Mann kennengelernt, der so wenig Pantoffelheld war wie Hans. Nur weil er Silke und sie mit Respekt behandelte, hieß das nicht, dass er sich von ihnen auf der Nase herumtanzen ließ.

Er machte genau das und nur das, was er für richtig hielt. Weil er keine Angst davor hatte, von anderen verhöhnt zu werden.

Er hatte Rückgrat.

Mehr Rückgrat als Egon und seine ach so tollen Geschäftspartner.

Sie ging zum Schrank und holte sich ihren wärmsten Pullover heraus.

Egon dachte nur an einen Menschen: an sich selbst.

»Jetzt bist du beleidigt.« Egon stellte sich vor sie, die Arme über der Brust verschränkt.

Rosemarie zog sich den dicken Pullover an und eine Hose über die warmen Strümpfe.

»Dabei ist das einfach nur die Wahrheit«, fuhr Egon fort.

Rosemarie zog den Gürtel fest. Sie zog einen zweiten Pullover über. Es würde eine lange, kalte Nacht werden. Und Egon würde sie nicht wärmen.

***

»Mila und ich übernehmen die linke Seite.« Rosemarie zeigte auf die dunkle Waldsilhouette. »Silke und Gustav, ihr nehmt die rechte.« Sie deutete zur anderen Seite der Schienen, auf das freie Feld vor den Häuserruinen.

Silke wandte ihren Kopf zum Wald, Rosemarie folgte ihrem Blick. Die verschneiten Bäume glitzerten friedlich im Mondlicht, es war kaum zu glauben, dass dort Dutzende Kinder mit ebenso vielen Säcken und Körben auf ihren Einsatz warteten, den Zug zu plündern.

Rosemarie nickte und rieb sich die kalten Hände. Selbst in den Handschuhen waren sie wie Eisklötze. In zwei Minuten sollte der Zug kommen, dann hatten sie acht Minuten Zeit. Wenigstens mussten die Kinder nicht mehr lange in der Kälte aushalten. Die Temperatur war inzwischen zwanzig Grad unter den Nullpunkt gefallen. Sie schloss den Mund. Der eisige Atem schmerzte an den Zähnen.

Vielleicht waren die eisigen Temperaturen ein Vorteil. Bei der Kälte waren die britischen Soldaten wenig erpicht darauf, Kindern nachzujagen, die mit ein paar Briketts davonliefen. Dass nur Kinder die Kohlen holen durften, hatte schließlich einen Sinn – ihnen würde man den Mundraub eher durchgehen lassen als einem Mann, der vielleicht ein Schwarzmarktlieferant sein könnte. Keines der Kinder war über siebzehn, keines unter zwölf, alle waren darin geübt, Lebensnotwendiges zu organisieren.

»Gut«, sagte Silke, »dann stellen wir mal sicher, dass die Kinder ungestört die Briketts aufsammeln können. Wir wollen nicht, dass ihnen die Beute von Profiteuren abgenommen wird. Wer weiß, ob sich das bei den vielen Kindern nicht doch herumgesprochen hat.«

»Der Zug kommt!« Rosemarie stieß einen schrillen Pfiff aus, sah zu Silke, sah in ihren Augen eine Unbeugsamkeit, die sie nie zuvor bei ihr gesehen hatte.

Aus dem Wald liefen die ersten Kinder.

Silke schickte die einen zu den letzten zwei Waggons, die anderen zum Aufsammeln.

Sie brauchte nicht zu erklären, was zu tun war, die meisten hatten schon früher Kohlewaggons geplündert.

Der Zug fuhr an dem Waldstück vorbei, wurde langsamer, die Bremsen quietschten kreischend in ihren Ohren, dann kam der Zug zum Stehen.

Genau wie Alan es beschrieben hatte.

Silke winkte, die größeren Kinder stürmten lautlos auf die beiden letzten Waggons zu und kletterten hinein. Die restlichen verteilten sich links und rechts der Schienen. Sekunden später flogen schon die Briketts. Mit leisem Ploppen landeten sie im Schnee, eines nach dem anderen, ein hundertfaches *Plopp-Plopp-Plopp*.

Schweigend sammelten die Kinder die Briketts auf, nur die Säcke raschelten, und die Briketts klackerten in den Körben.

Es wirkte gespenstisch, die Kinder, gebückt im Mondlicht auf dem hellen Schnee, dazu das Rascheln, Klackern und Ploppen.

Kaum hatten die ersten Gruppen ihre Säcke gefüllt, machten sie sich auf den Rückzug.

Plötzlich hörte Rosemarie auf der anderen Seite der Schienen Lärm.

Silkes Stimme. Sie klang verärgert. Dann eine Männerstimme.

Egon?

Rosemarie rannte um den Waggon herum auf die andere Seite. Egon und einer seiner Schwarzmarktkumpane standen Silke gegenüber.

»Was ist hier los?«, fragte Rosemarie atemlos.

»Ich will meinen Schnitt«, sagte Egon, »fürs Klappehalten.«

»Es gibt keinen Schnitt für dich«, sagte Silke eisig.

Egon sah zu Rosemarie.

»Du hast Silke gehört. Hilf uns oder geh.«

Die nächsten Gruppen liefen mit ihren Säcken los.

Die Zeit war fast um.

Egon sah ihnen hinterher. Etwas in seinem Blick beunruhigte sie. Hatte er etwa vor, den Kindern ihre Beute abzunehmen, sobald sie außer ihrer Sichtweite waren?

»Gut, wir hauen dann auch ab«, sagte er eilig.

»Oh nein, das tust du nicht.« Rosemarie zog ihren Revolver hervor. »Du bleibst, wo du bist, bis die letzte Gruppe in Sicherheit ist.«

»Zielst du gerade mit einer Pistole auf mich?« Egon lachte rau. »Soll mir das Angst machen?«

»Diese Kinder haben nichts, und du gönnst ihnen nicht einmal ein paar Briketts!«, zischte Rosemarie. »Was bist du für ein Mensch?«

»Einer, der weiß, wann er sich fürchten muss und wann nicht. Und du jagst mir mit deiner Damenwaffe keine Angst ein.« Er nickte seinem Kumpan zu. »Los, wir schnappen uns einen eigenen Waggon. Sollen die Weiber sich um den Kinderkram hier kümmern.«

Rosemarie senkte die Waffe. Sollte er doch in den nächsten Waggon steigen. In einer Minute fuhr der Zug weiter, und soweit es sie betraf, konnte der Zug ihn dorthin mitnehmen, wo der Pfeffer wuchs.

# 46

»Was ist passiert?« Hans ließ Alan in den Salon und sperrte hinter ihm ab. So spät und heftig hatte Alan noch nie an seine Tür gehämmert. Hans bemerkte das Zittern seiner Hand.

»Ist das die schlechte Gewissen?« Alan zeigte auf Hans' zittrige Hand. »Weil Sie und Silke meine Gutmutigkeit habt ausgenutzt?«

»Kommen Sie mit hoch«, sagte Hans und führte Alan durch den Salon nach oben in die Küche. Den einzigen Raum, der nicht eiskalt war. Gustav saß am Ofen, in dem ein magerer Rest des letzten Briketts für heute glomm.

Alan zeigte auf den Ofen. »Ist das von meine Zug?«

»Nein, Alan«, sagte Hans ruhig und zog ihm einen Stuhl an den Ofen. »Und meine Hand zittert nicht aus schlechtem Gewissen, sondern weil ich mich noch zu gut an die Zeit erinnere, als Hämmern an der Tür zu später Stunde oft ein Todesurteil bedeutete.«

Alan musterte ihn verwirrt, dann wurden seine Augen groß. »Oh«, sagte er, »ich verstehe.«

Hans lächelte. Alan glaubte zu verstehen, aber niemand, der nicht in Todesangst vor der Gestapo gelebt hatte, konnte jemals die Angst nachempfinden, die sein Hämmern an der Tür bei ihm gerade ausgelöst hatte.

»Meine Hand zittert auch«, meldete Gustav sich zu Wort. Er hob sie in die Luft. »Sie haben uns mächtig erschreckt, ich hoffe, Sie haben einen guten Grund.«

»Oh yes!« Alan öffnete seinen Mantel und setzte sich. »Ich habe Silke und Ihnen vertraut. Ich habe Ihnen gesagt eine Geheimnis, die ist sehr sensibel. Wir hatten eine Abmachung, und Sie haben sie gebrochen.«

Hans setzte sich auf seinen Stuhl und legte sich die Decke wieder über die Schulter. »Was werfen Sie uns vor?«

»Ich habe erlaubt zu nehmen Ladung aus den letzten zwei Waggons. So viel wie kann nehmen Kinder in acht Minuten.«

»Das haben Sie, und das ist sehr großzügig. Sie helfen damit vielen Kindern und natürlich auch ihren Familien.«

»Es hat geklappt viermal. Zwei Waggons hat gefehlt ein bisschen, aber ich konnte das kehren unter die Teppich«, fuhr Alan fort. »Und nun sind drei more Waggons geplündert, nicht ein bisschen, nein, über die Hälfte von die verdammte Kohle ist weg!« Alans Stimme schwoll an. »Ich habe euch gegeben Finger, ihr reißt Hand von meine Arm.«

Hans wechselte einen Blick mit Gustav. Die Kinder waren das nicht gewesen. Und sie auch nicht. Silke hatte eine Parole ausgegeben. Kohle den Kindern, solange die Kälte ihnen eisig wie der Tod im Nacken saß. Sie hatte an die Ehre appelliert. Sie hatte nicht damit gerechnet, dass zu viele keine hatten.

»Sie glauben, das waren Hans und Silke?«, fragte Gustav mit gepresster Stimme. »Sie glauben, Fräulein Silke und Hans bitten Sie, Kindern zu helfen, um sich dann selbst zu bereichern?« Es musste ihn all seine Beherrschung kosten, Alan nicht anzublaffen.

»Oh nein!«, rief Alan. »Ich *glaube* das nicht. Ich weiß es. Wir haben einen von den Männern erwischt, die haben aufgesammelt die Cargo, und er hat gesagt, er arbeitet für Fräulein Silke Bensdorf und«, er zeigte auf Hans, »Sie.«

»Hat er das?«, fragte Hans. »Nun, dann hat er gelogen.«

»Oh! Really? That easy?«, brauste Alan auf. »Sie sagen, er hat gelogen, und das soll sein genug?«

»Ja«, sagte Hans. »Was soll ich sonst sagen? Etwas zugeben, dass ich nicht getan habe? Der Mann hat gelogen. Punkt.«

Alan schüttelte entnervt den Kopf.

»Gustav«, sagte Hans und zeigte zum Schrank.

Gustav erhob sich und kam kurz darauf mit drei Gläsern und einer Flasche zurück.

»Das wird nicht helfen.«

»Mir schon.« Hans schenkte ein und reichte Alan ein Glas. »Prost.« Er kippte den Schnaps in einem Zug hinunter. »Das ist das dritte Mal, dass Silke Bensdorf für etwas angeschwärzt wird, das sie nicht getan hat. Nur dass ich dieses Mal mit an den Pranger gestellt werde. Und ich bin mir ziemlich sicher, aus welcher Ecke das kommt. Jemand will uns auf Teufel komm raus loswerden. Und Sie, Alan, gleich mit.«

»Mich?«, fragte Alan mit aufgerissenen Augen.

»Sie haben ein gutes Herz. Vielleicht zu gut in diesen Zeiten.« Hans knallte sein Glas auf den Tisch. »Warten Sie nur, bald wird jemand behaupten, dass Sie mit Silke und mir gemeinsame Sache machen und wir Sie am Verkauf der Ladung beteiligen.«

»Ich?« Alans Augen flogen ihm schier aus dem Kopf. »Das ist absurd!«

»Es ist sehr viel weniger absurd, als Sie denken«, mischte Gustav sich ein. »Und ich glaube, Sie wissen das. Oder zumindest wird es Ihnen genau jetzt klar, weil Sie tief in Ihrem Herzen wissen, dass Silke Bensdorf Sie niemals betrügen würde.«

Alan hielt Hans das Glas hin. Hans schenkte ein. »More«, forderte Alan. Hans schenkte das Schnapsglas bis oben voll. Alan leerte es in einem Zug.

»Willkommen im Leben der Verleumdeten«, sagte Hans und trank ebenfalls. Silke und ihn so offen für etwas hinzuhängen, das sie vor den anderen lächerlich machte, war klug. Der nächste Schritt, um ihm die Bar abzunehmen. Vielleicht auch gleich noch den Salon und sein Lager und seinen Platz im Markt. Und selbst wenn die Engländer sie aufgrund mangelnder Beweise nicht verurteilen konnten, die Verhaftung würde ihr Ansehen auf Dauer beschädigen. Besorgt starrte er auf das leere Glas. Am Boden lagen sie bereits, was kam als Nächstes? Der Todesstoß?

*\*\**

Hans' Kopf brummte. Er prüfte die Kämme und Bürsten, sortierte diejenigen aus, die gesäubert werden mussten, stellte die anderen ordentlich in die eigens dafür von Gustav getischlerte Holzschale. Zum Glück war Sonntag, jetzt das Geschwätz einer Kundin ertragen zu müssen wäre die Hölle. Es war weit nach Mitternacht gewesen, als die Flasche leer und Alan gegangen war. Ohne seinen Schal, aber mit einer Art Plan in der Tasche, wie er sich und Hans und Silke aus dem Schlamassel hinausziehen könnte. Einem sehr wackeligen, alkoholinduzierten, bei Tageslicht betrachtet wahrscheinlich unsinnigen Plan. Die Tür schwang auf. Hans lächelte. Wenn das nicht Alan war, der seinen Schal holen und ihren wirren Plan wieder bei Hans abgeben wollte. Hoffentlich kamen Rosemarie und Gustav nicht genau jetzt von ihrem Frühstück mit Ilse nach oben.

»Guten Morgen.«

Hans drehte sich um. Sofort verdunkelte sich sein Blick. Das war nicht Alan.

Peters durchquerte den Salon. Hinter ihm ein weiterer Mann. Hans erkannte einen der Schwarzmarkthändler, die sich Peters angeschlossen hatten.

Langsam kamen sie auf ihn zu.

»Peters«, sagte Hans und schob die Schale mit den Bürsten zur Seite. Er konnte den Ärger riechen. Peters war gekommen, um mit ihm abzurechnen. Dem Tommyfreund. Krüppel. Verräter. Peters hatte genug Gründe, um endlich nachzuholen, was er schon vor Wochen mit ihm geplant hatte.

Jeder Muskel in Hans' Körper war zum Zerreißen gespannt. »Mal wieder Verstärkung mitgebracht?«

»Reiß nur die Klappe auf«, antwortete Peters verächtlich. »Hast wohl noch nicht kapiert, dass deine Zeit vorbei ist. Krüppel und Weiber sind nicht erwünscht.«

»Ist das so?«, fragte Hans, die Stimme laut und klar. Die Tür schellte erneut. Aus den Augenwinkeln sah er zwei weitere Männer in den Salon treten. Egon erkannte er sofort, den untersetzten Mann an seiner Seite erst auf den zweiten Blick. Es war der Hausmeister des Waisenhauses, aus dem Anna geflohen war.

Natürlich! Eine Hasswelle brannte durch seine Eingeweide. Wie hatte er so blind sein können! Nicht Egons

Kamerad, Egon selbst war die Ratte gewesen, die Silke wegen der angeblich gepanschten Milch angeschwärzt hatte! Er hatte schon die ganze Zeit falschgespielt!

Egon baute sich vor Hans auf. »Es ist Zeit abzugeben, Meister. Judenfreunde, Krüppel und hysterische Frauen haben hier nichts verloren. Und schon gar nicht in der Bar, die Peters *mir* versprochen hatte.«

»Meine Lizenz sollte also an dich gehen?« Hans fluchte innerlich. Er hätte es sehen müssen, von Anfang an. »Dann hast du auch mit Stoever unter einer Decke gesteckt, als er das Bier nicht liefern wollte?«

»Ist ein guter Mann, der alte Stoever«, sagte Egon zufrieden. »Wir wären fünfzig-fünfzig mit dem Bier im Geschäft gewesen, wenn Silke uns nicht ihren britischen Bastard auf den Hals gehetzt hätte.«

»Hat sie nicht. Das war ich«, korrigierte Hans ihn. »Du hättest dich an mir rächen sollen, nicht an Silke.« Er sah zum Tresen, hinter dem sein Stock mit der Klinge lag.

»Deshalb sind wir hier«, bestätigte Egon, während die vier Männer Hans einkreisten und den Zugang zum Tresen abschnitten. »Wer Christkind spielt und Schieberware verschenkt, schadet uns.«

»Und wer uns schadet«, fuhr Peters dazwischen, »wird von uns höflich gebeten, damit aufzuhören.«

»Höflich auf unsere Art«, sagte Egon grinsend. »Und davor hätte ich gerne gewusst, wo der geheime Kellerraum ist, in dem ihr Ilse versteckt.«

»Du solltest wissen, dass du das nicht von mir erfahren wirst.«

»Dann werde ich das Versteck eben aus Rosemarie rausprügeln. Sie ist doch hier, oder? Zu ihrem Krüppelfreund geflohen, weil ich noch klar denken kann und Gelegenheiten erkenne, wenn sie sich bieten.«

Hans presste seine Lippen zusammen. Hoffentlich blieben Rosemarie und Gustav im Keller.

»Ich habe Zeit«, fuhr Egon fort, »ich kann den ganzen Tag hier auf Rosemarie warten, während mein Freund Peters Silke aus der Bar schmeißt.«

Die Männer zogen den Kreis enger.

Hans machte sich bereit. Egal was er als Nächstes sagen würde, sie würden ihn nicht davonkommen lassen.

Der erste Schlag kam von Peters. Hans wich aus, gerade so, dass der Schlag ihn traf, aber nicht mit voller Wucht. Sie waren zu viele. Es war zu spät für einen echten Kampf.

# 47

»Ich bringe dann mal das Frühstücksgeschirr nach oben.«
An der Tür drehte sich Gustav zu Ilse, die neben Rosemarie am Tisch saß. »Vielleicht möchte unsere junge Freundin ja nachher einen kostenlosen Haarschnitt? Der Salon ist geschlossen, und Hans würde sicher ein Stündchen Zeit finden.«

»Danke, Gustav, das ist lieb.« Rosemarie lächelte erst ihn an, dann Ilse. »Hans ist ein wunderbarer Friseur. Das würde ich mir auf keinen Fall entgehen lassen!«

Kaum schloss sich die Tür hinter Gustav, wurde Rosemaries Miene wieder ernst.

»Bitte, Ilse«, sagte sie eindringlich, »wir brauchen deine Hilfe! Wenn du für uns aussagst, dann bekommen wir vielleicht einen Durchsuchungsbefehl für das Heim und können Anna und deine anderen Freundinnen dort herausholen.«

»Ich kann das nicht«, jammerte Ilse, den Kopf zwischen die Schultern geklemmt. »Ich kann ihn nicht verraten! Er macht das doch nur, um uns zu helfen! Wir haben einen Schwur geleistet, dass das immer unser Geheimnis bleiben wird! Wir müssen ihm vertrauen, sonst wird alles noch schlimmer.«

»Aber er hat dich benutzt«, rief Rosemarie verzweifelt.

Wie konnte Ilse nur so uneinsichtig sein! Dieser Lehrer Beehncke verdiente die Bezeichnung Lehrer nicht. »Er hätte dich beschützen sollen! Dir den Weg für eine bessere Zukunft ebnen!«

Ilse nickte eifrig. »Aber das tut er doch. Er hat es uns versprochen. Das ist nur der Weg dorthin, und der Weg ist steinig. Wir müssen uns der Prüfung stellen, die der Herrgott für uns bereithält, das steht sogar in der Bibel.«

Rosemarie unterdrückte ein Augenrollen. Sie atmete durch und setzte ein verständnisvolles Lächeln auf. »Und trotzdem hast du dich entschieden, das Heim zu verlassen und mit zu uns zu kommen.«

»Ja, weil ich schwach bin und die Prüfungen so hart. Es hat immer so wehgetan …« Ihre Augen schimmerten feucht. »Und jetzt sitze ich den Rest meines Lebens in einem Keller fest.«

Rosemarie streckte ihren Arm aus und berührte Ilse sanft an ihrer Schulter. »Du bist nicht schwach. Im Gegenteil. Du hast schon so viel erdulden müssen. Ich glaube, dass du die Stärke hast, die Wahrheit zu sagen und Lehrer Beehncke zum Teufel zu schicken.«

»Nein!« Ilse schüttelte erschrocken Rosemaries Hand ab. »Das könnte ich niemals! Er liebt mich doch! Habe ich ihn nicht schon genug enttäuscht?«

Rosemarie stand auf und tigerte durch den Raum. Seit drei Tagen verbrachte sie nun die meiste Zeit hier unten und versuchte Ilse davon zu überzeugen, dass Lehrer Beehncke ein Schwein war. Wie konnte ein Mann einem jungen Mädchen eine derartige Gehirnwäsche verpassen?

»Wenn jemand dich liebt, dann will er das Beste für dich. Dich als Prostituierte arbeiten zu lassen kann niemals das

Beste sein.« Rosemarie stoppte am anderen Ende des Tisches und umklammerte eine Stuhllehne. »Manchmal täuscht man sich in einem Menschen. Ich dachte bis vor Kurzem, mein Verlobter liebt mich und möchte nur das Beste für mich, aber ich habe mich getäuscht. Er möchte nur das Beste für sich selbst, und alle anderen Menschen sind ihm egal. Auch ich. Es tat so gut, wenn er mir gesagt hat, wie schön und begabt und klug und mutig ich bin. Und darüber bin ich blind geworden für seine schlechten Seiten. Und dann … dann kam das große Erwachen. Das hat wehgetan, aber es ist gut, dass ich das jetzt gemerkt habe und nicht erst, wenn wir verheiratet sind.«

»Aber wer sonst soll mich dann lieb haben?« Nun liefen Tränen über Ilses Gesicht.

»Ach, Ilse!«, rief Rosemarie. »Du bist so ein wunderbares Mädchen! Wenn du erst einmal aus dem Heim heraus bist, wirst du einen Menschen finden, der wirklich das Beste für dich will!«

Ilse schniefte und wischte ihre Nase am Ärmel ab.

»Ich werde dafür kämpfen, dass du nicht in das Heim zurückmusst, und ich werde eine Familie für dich suchen, die dich liebevoll behandelt. Ich verspreche dir, dass ich alles tue, damit du wirklich ein besseres Leben hast!«

Vom Flur hörte sie eilige Schritte. Ausgerechnet jetzt! Hätte Gustav nicht noch ein paar Minuten warten können? Sie war so kurz davor, Ilse umzustimmen!

»Das würdest du tun?«, fragte Ilse ungläubig.

»Sieh doch, was ich für Anna mache. Karla ist sogar im Krankenhaus gelandet, um ihr zu helfen, und sie würde es trotzdem wieder tun, hat sie mir selbst gesagt.« Sie sah Ilse forschend an. »Wirst du uns helfen? Wirst du –«

Die Tür wurde aufgerissen. Im nächsten Moment stürzte Egon durch die Tür.

»Egon!«, rief Rosemarie überrascht. »Was … Wie kommst du hier rein?«

»Du … du kennst ihn?« Ilse fielen schier die Augen aus dem Kopf.

»Natürlich, das ist … war mein Verlobter.«

»Nein!«, rief Ilse und schüttelte den Kopf. »Nein! Nein!« Sie presste die Hände auf die Ohren und schloss die Augen. »Nein, nein, nein!«

»Na«, sagte Egon mit einem Grinsen im Gesicht, wie Rosemarie es noch nie bei ihm gesehen hatte. »Da sind ja meine zwei Ausreißerinnen.«

# 48

»Wir haben noch geschlossen.« Silke hielt beim Abwischen des Tisches inne und lächelte dem Mann in der Tür zu. »Kommen Sie in einer Stunde wieder.«

Der Mann lächelte nicht zurück. Er machte auch keine Anstalten, wieder zu gehen. Stattdessen stieß er die Tür ganz auf und trat ein.

»Hören Sie nicht?«, protestierte Silke, als hinter ihm ein untersetzter Mann in die Bar eintrat, den sie sogleich erkannte. Alfred Müller aus dem Kinderheim. Dieser Mann bedeutete Ärger, wann immer er auftauchte – was wollte er nun schon wieder?

Beunruhigt legte sie den Lappen auf den Tisch, als ein dritter Mann hinzutrat.

Der letzte schloss die Tür hinter sich und blieb dann mit verschränkten Armen breitbeinig davor stehen.

»Was soll das?«, fragte sie, in der Stimme ein leichtes Zittern.

Der Mann, der als Erster eingetreten war, kam mit einem süffisanten Grinsen auf sie zu. »Fräulein Bensdorf«, sagte er und neigte seinen Kopf in einer angedeuteten Begrüßung zur Seite. »Welch Freude, Sie persönlich kennenzulernen. Mein Name ist Peters.«

Er sah sich prüfend in der Bar um. »Schön haben Sie die Bar hergerichtet, nun, bis auf die Bühne … Was soll das sein?« Er zeigte auf das von Ruth erst vor ein paar Tagen fertiggestellte Bühnenbild. London mit Themse und Tower Bridge und Big Ben und dazwischen eine Promenade mit einer Gruppe Engländer mit Stock und Melone, die eine Frau in einem roten Kleid umringen. Es war eines von Ruths Meisterwerken, ein Dankeschön an die britischen Kunden.

»London«, sagte sie irritiert. »Sieht man das nicht?«

»London«, wiederholte er schneidend. »Reicht es nicht, dass die Bastarde uns vorschreiben, was wir zu fressen bekommen und wann und wie lange wir unsere Geschäfte öffnen und unsere Häuser verlassen dürfen?«

Er trat näher an sie heran. Seine Augen blitzten gefährlich.

Silke wich zurück, der Mann machte ihr Angst.

Peters drehte sich zu den beiden anderen Männern um, der eine dicht hinter ihm, der andere bei der Tür, als müsste er sie bewachen. »Den Besatzern auch noch mit einem Bild ihrer Heimat schmeicheln. Dieses Tommyflittchen!«

Die anderen Männer stimmten zu. Silke wich weiter zurück, ihr Herz raste, ihre Hände zitterten. Warum hatte sie nur die Tür nicht abgesperrt! Wenn wenigstens Mila da wäre oder Ruth. Sie sah den Ausdruck in Peters' Gesicht. Nein, gut, dass Mila und Ruth nicht da waren. Auch zu dritt hätten sie keine Chance, es würde die beiden nur auch in Gefahr bringen.

Peters nickte in Richtung des Bühnenbildes. »Wollen wir diese Beleidigung so stehen lassen?«

»Niemals!«

Der untersetzte Mann stürmte auf die Bühne. Mit nur einem Tritt durchlöcherte er das Kunstwerk.

»Nein!«, rief Silke, und presste entsetzt die Hand vor den Mund. Doch er nahm schon den Klavierstuhl und drosch damit auf das Kunstwerk ein, bis es in Fetzen auf der Bühne verteilt lag.

»Sachte, Männer«, rief Peters, »macht mir nicht die Bühne oder mein Mobiliar kaputt.«

»Ihr Mobiliar?« Silke starrte Peters verständnislos an. Bis auf ein paar Tische und Stühle hatten sie sich alles in dieser Bar mühsam am Schwarzmarkt organisiert. Wieso sollte das plötzlich diesem Peters gehören? Er hatte hier absolut nichts zu melden!

»Ich habe diese Bar eingerichtet«, sagte sie und versuchte ihre Stimme so fest wie möglich klingen zu lassen. Sie drückte ihren Rücken durch. »Ich bin die Pächterin. Und jetzt möchte ich, dass Sie meine Bar verlassen.«

Peters lachte laut auf. »Sie sind wirklich spaßig«, rief er amüsiert, in der nächsten Sekunde trat er so hart gegen einen Stuhl, dass dieser krachend umfiel. »Der Krüppel hat meine Lizenz geklaut und mich an die Tommys verraten. Jetzt bin ich wieder da und hole mir, was mir gehört.«

Silke stand wie erstarrt. Sie versuchte Peters' Worte zu begreifen. Geklaute Lizenz? Warum sollte Hans eine Lizenz klauen, und warum erfuhr sie das von Peters und nicht von Hans?

Sie sah ihn an. »Was haben Sie mit Hans gemacht?«

»Was man mit Dieben und Verrätern so macht«, sagte Peters kühl. »Er wird Ihnen nicht mehr zu Hilfe kommen.«

# 49

»Du … du bist Lehrer Beehncke?« Rosemarie starrte fassungslos zu Egon.

Er grinste noch breiter. »Meine Paraderolle.« Er wandte sich an Ilse. »Nicht wahr, Ilse?«

Doch Ilse hielt sich noch immer die Ohren zu und die Augen geschlossen.

»Ilse«, rief er streng. »Ich rede mit dir!«

»Nein, nein, nein«, rief Ilse immerfort.

Mit zwei Sätzen war er beim Tisch, stellte seine Petroleumlampe ab und riss ihr die Hände von den Ohren. »Sieh mich an, wenn ich mit dir rede!«

»Nein, nein, nein«, wimmerte Ilse.

Egon holte aus und schlug ihr mit aller Wucht ins Gesicht. Ilses Kopf flog zur Seite. Sie heulte auf, doch sie wehrte sich nicht.

Rosemarie rannte zu ihr. »Bist du verrückt!«, brüllte sie Egon an. »Wage nicht, sie noch einmal zu schlagen, sonst –«

»Sonst was?«, fragte Egon und stieß sie so hart zurück, dass sie zu Boden fiel.

Fluchend rappelte sie sich wieder auf. »Sonst musst du an mir vorbei«, knurrte sie wütend.

Egon lachte auf. »Du bist köstlich, Rosemarie! Wirklich, ich werde dich vermissen. Noch nie habe ich eine Frau getroffen, die so von sich überzeugt war wie du. Ich habe sechs Jahre Kampferfahrung. An der Front. Und du? Nur damit ich weiß, vor wem ich Angst haben soll …«

Rosemarie biss sich auf die Zunge. Es hatte keinen Sinn, ihn weiter zu provozieren, er hatte ja recht – körperlich war er ihr haushoch überlegen. »Dann bist du ihr … Zuhälter?«

»Ein hässliches Wort«, sagte Egon und trat vier Schritte zurück, als bräuchte er den Tisch als Sicherheitsabstand. »Ich bevorzuge es, Lehrer Beehncke genannt zu werden. Das klingt so vertrauenerweckend.«

Rosemaries Brust und Kehle zogen sich vor Wut und Hass zusammen. Vertrauenerweckend. Ja, sie hatte ihm vertraut. Ihm brühwarm alles erzählt, was er wissen musste, um seine Kumpane zu warnen und ihr Ärger zu machen! Er wusste, dass sie das Heim beobachtete und dass sie in die Falle tappen würde, wenn er sie mit einem Mädchen lockte, das wie Anna aussah.

Mit einem Mal sah sie alles klar vor sich.

Er hatte auf sie schießen lassen!

Er hatte die Polizei in die Bar geschickt – kurz nachdem er dort gewesen war und sich von Annas Zustand überzeugt hatte!

Und wahrscheinlich hatte er auch Silke angeschwärzt, dem Heim gepanschte Milch verkauft zu haben.

Anna hatte Egon in der Bar, an ihrem Bett gesehen! Als er das Penicillin vorbeigebracht hatte.

Sie selbst hatte Anna mit ihm allein gelassen. Rosemarie erinnerte sich an Annas erschrockenen Blick, als sie Egon und sie zusammen an ihrem Bett gesehen hatte. Sie dachte,

Anna hätte sich erschreckt, da sie fieberte und Egon nicht kannte.

Das Gegenteil war der Fall gewesen!

Kein Wunder, dass Anna ihr nicht mehr vertrauen konnte.

»Was hast du zu Anna gesagt, als du ihr das Penicillin gebracht hast?«, zischte sie, die Kehle vor Hass zugeschnürt.

»Oh, nur, dass du und sie beide sterben werdet, wenn sie dir von mir erzählt. Ich glaube, mein Auftritt war trotz ihres Fiebers recht überzeugend.« Im nächsten Moment hatte er eine Pistole in der Hand. »Nur ist das leider nicht mehr zu vermeiden. Ungehorsam muss bestraft werden, nicht wahr, Ilse, so haben wir das doch gelernt.«

Ilse nickte ängstlich.

Rosemarie sah zur Tür. Wo waren nur Hans und Gustav – wann begriffen sie endlich, dass sie Egon niemals zu ihr hätten durchlassen dürfen!

Egon schien ihren Blick zu bemerken. »Du wartest auf deinen Krüppel? Soll er dich retten?« Er schüttelte tadelnd den Kopf. »Ts, ts, heute nicht, schöne Rosemarie, er wird wohl niemandem mehr helfen. Nie mehr.«

»Egon!«, schrie Rosemarie auf. »Was hast du mit ihm gemacht? Und was ist mit Gustav?«

»Er hat sich zu einem kleinen Mittagsschläfchen hingelegt.« Egon grinste. »Keine Angst, ihr seht euch gleich wieder. Spätestens, wenn das hier alles in Flammen aufgeht.« Er streckte den Arm mit der Pistole nach vorne und zielte. Rosemarie stürzte sich auf Ilse, hörte den Knall, als sie mit dem Mädchen zusammen zu Boden stürzte.

Ilse schrie auf. War sie getroffen? Panisch robbte Rosemarie unter den Tisch, zog Ilse mit sich, versuchte instinktiv, das Unvermeidliche hinauszuzögern.

»Störrisch bis zum Schluss«, schimpfte Egon.

Sie legte die Hände über den Kopf. Sie wollte ihn nicht hören, nicht sehen. Er sollte nicht das Letzte sein, an das sie dachte.

Hans' Bild schob sich vor ihre Augen. Sein verschmitztes Lächeln, bei dem er den linken Mundwinkel höher zog als den rechten, seine warmen braunen Augen, sein schiefer Gang.

Sie würde ihn wiedersehen.

In einer anderen Welt.

Sie hörte den nächsten Knall. Doch sie spürte keinen Schmerz. Hatte er Ilse getroffen?

»Hände hoch!«, brüllte jemand. »Waffe weg!« Ein Scheppern.

Rosemarie nahm die Hände vom Kopf. Gute zwei Meter von ihr entfernt lag Egons Pistole am Boden.

Schwere Stiefel traten neben Egon, kickten die Waffe außer Reichweite.

Rosemarie kroch unter dem Tisch hervor. »Alan!«

»Sind Sie gut?«

Rosemarie nickte, bückte sich und streckte ihre Hand unter dem Tisch nach Ilse aus. »Hat er dich getroffen?«

Ilse schüttelte den Kopf, ihre Schultern bebten, als weinte sie still.

Rosemarie sah zu Alan zurück, der Egon Handschellen anlegte. »Alan, sie haben Hans und Gustav –«

»Ich weiß. My driver bringt Gustav and Hans to the hospital. Hans hat geschickt mich hier.« Alan sah sich kurz um, dann zerrte er Egon zum Stockbett, brachte seine Arme hinter dem Bettpfosten zusammen und verschloss die Handschellen. »Das muss reichen für jetzt. Let's go.«

»Halt, ihr könnt mich doch nicht hierlassen!«, rief Egon. »Ilse, hör, du bist doch mein Mädchen, du weißt, was zu tun ist.«

»Was soll ich jetzt machen?«, fragte Ilse ängstlich, während sie unter dem Tisch hervorkroch.

»Ihn nicht beachten.« Rosemarie nahm Ilses Hand in die eine und die Petroleumlampe in die andere Hand und zog das Mädchen mit sich aus dem Raum, durch den Flur, die Treppen nach oben.

Neben dem Empfangstresen sah sie Blutflecken. Am Boden, am Tresen, blutige Fingerabdrücke, Blutspritzer, Blutschlieren. Es sah aus, als hätte ein Massaker stattgefunden.

»Gustav hat nur eine Schlag auf Kopf, aber Hans … it's very bad. Was ist los hier gewesen? Hat es zu tun mit die Schwarzmarkt?«, fragte Alan.

Rosemarie schüttelte langsam den Kopf. Das war eine Hinrichtung gewesen. Ein Racheakt. Ihr Herz schlug hart gegen die Brust. *Bitte, lass ihn nicht tot sein.*

# 50

»Sehen Sie, Fräulein Bensdorf.« Peters lehnte sich zufrieden in seinem Stuhl zurück. Er warf einen Blick vom Bartresen über die Bühne, über die Fenstertische, den Ausgang, die hinteren Plätze und zurück auf den Tisch in der Mitte des Raumes, auf den Abtretungsvertrag, den Silke gerade unterschrieben hatte. »War doch nicht so schwer.«

Mit zittriger Hand legte Silke den Stift nieder. Dann nahm sie den Vertrag vom Tisch und drohte, ihn zu zerreißen. »Lassen Sie sie gehen.«

Peters machte eine kurze Kopfbewegung. Im nächsten Moment löste der untersetzte Mann das Messer von Ruths Hals. Leichenblass stolperte sie von ihm weg.

»Geh in dein Zimmer und pack deine Sachen«, befahl Silke heiser. Wie gerne wäre sie aufgesprungen und zu ihr geeilt. Hätte sie in den Arm genommen und getröstet. Doch das musste jetzt warten. Sie musste sicherstellen, dass Ruth das Gebäude lebend verlassen konnte. »Und vergiss nicht die Tasche hinter der Tür.«

Ruth sah sie fragend an.

»Rosemarie hat sie als Letztes benutzt«, erklärte Silke.

Ruth nickte.

Sie hatte verstanden. Das Zittern von Silkes Hand ließ

nach. Ruth würde durch die Hintertür verschwinden. Leise und heimlich. Dann konnten diese Männer wenigstens ihr nichts mehr antun.

»Wissen Sie, Fräulein Bensdorf, so von Geschäftsmann zu Geschäftsmann«, setzte Peters erneut an, »ich lege Ihnen dringend nahe, Hamburg zu verlassen. Ich habe gehört, Sie haben eine Schwester in Übersee. Das wäre eine schöne Reise.«

Silke runzelte die Stirn. Woher wusste er von ihrer Schwester in Amerika?

»Denn ich könnte mir vorstellen, dass der heutige Tag, sagen wir, Fragen aufwirft.« Peters lächelte falsch. »Warum Sie so plötzlich die Bar aufgeben, zum Beispiel. Oder wo Hans Meister sein könnte. Oder wohin Ihre Schwester verschwunden ist ...«

»Was ist mit Rosemarie?«, rief Silke alarmiert. »Was haben Sie mit ihr gemacht?«

»Ich habe gar nichts mit ihr gemacht.« Peters wischte ihre Frage aus der Luft. »Fragen Sie sich lieber, auf welche Abwege Ihre Schwester sich von ganz alleine begeben hat.«

»Sie –«

»Ich bin noch nicht fertig«, sagte Peters scharf. »Sollten Fragen aufkommen, werden Sie schön brav Ihren hübschen Mund halten, sonst sorgen wir dafür, dass Sie weder Ihre Tommys noch sonst irgendwen je wieder anlächeln können ...«

Seine nächsten Worte gingen in Trampeln und Rufen unter. Zwei britische Soldaten stürmten herein, die Waffen im Anschlag, dicht gefolgt von zwei Wachtmeistern.

Peters' eben noch siegessicherer Gesichtsausdruck fiel in sich zusammen. Verunsichert sah er zu den Polizisten, weiter zu den Soldaten, als wollte er einschätzen, was sie hierherbrachte. Dann stand er langsam auf, selbstbewusst, als hätte er nichts zu befürchten. »Meine Herren? Kann ich Ihnen behilflich sein?«

Silke sah, wie Alfred Müller sich unauffällig am Tresen entlang Richtung Privatbereich schob. Die miese Ratte, die das sinkende Schiff verließ. Peters' anderer Begleiter ließ sich unwillig von den Soldaten näher zu Peters schubsen.

»Ich wüsste wirklich gerne, was dieser Aufmarsch hier zu bedeuten hat. Wir haben hier ein freundschaftliches Geschäftstreffen.« Plötzlich änderte sich Peters' Gesichtsausdruck, mit verstehendem Lächeln zeigte er auf Silke. »Gibt es ein Problem mit Fräulein Bensdorf? Nun, die Bar übernehme ab sofort ich, meine Herren, Sie können sich meiner vollen Kooperation sicher sein.«

»Oh, really?« Aus dem Privatbereich kam Alan in die Bar gelaufen, mit einer Hand schob er Alfred Müller vor sich her. Er stieß Müller zu Peters' zweitem Begleiter. »Herr Peters, Sie sind verhaftet. Und Ihre Männer auch.«

»Ich?«, protestierte Peters. »Was wollen Sie mir diesmal anhängen?«

»Versuchter Mord an Hans Meister.« Alan sah ihn grimmig an. »Und besser Sie beten zu Gott, dass er überlebt Ihre feige Attack.«

»Aber er war doch –« Peters unterbrach sich selbst.

»Führen Sie ihn ab.« Alan wandte sich an Silke. »Are you okay?«

Silke nickte, unfähig, auch nur ein Wort über die Lippen zu bringen. Ungläubig starrte sie Alan an. Woher hatte er gewusst, dass sie ihn genau jetzt brauchte?

Sie betrachtete sein Gesicht, jeden Zentimeter, jede Furche, jedes Fältchen, die rötlichen, kurzen Haare, die braungrünen Augen. Sie betrachtete es, schwor sich, es sich den Rest ihres Lebens einzuprägen, das Gesicht des ersten und einzigen Mannes in ihrem Leben, den sie von Herzen liebte.

\*\*\*

»Danke«, flüsterte Silke und kippte den Schnaps in einem Zug hinunter. Nur noch Alan und sie waren in der Bar, am Tresen, sie hatte es nicht über sich gebracht, sich an einen Tisch zu setzen. Obwohl alles so ruhig war, so friedlich, als hätte der Versuch einer feindlichen Übernahme nie stattgefunden.

»Es ist dein Schnaps«, bemerkte Alan und schenkte ihr nach. »Ich nur habe eingeschenkt.« Er zeigte zu der zerstörten Bühnenkunst. »Sehr schade. Ich habe gemocht die Bilder von London.«

»Ja, ich auch«, seufzte Silke. »Aber es ist nur ein Bild. Hauptsache, Ruth ist unverletzt. Was man von Hans und Gustav nicht sagen kann. Ach, Alan, das ist alles so furchtbar! Wenigstens ist Rosemarie nichts passiert.«

»Ja, da ich bin heute wohl bei beide Schwestern gekommen zu gute Zeit.« Er prostete ihr zu. »Welch Glück, dass ich wollte holen meine Schal von Hans. Auf good Timing.«

»Good Timing«, prostete Silke zurück. Unsicher stand sie von dem Barhocker auf und stellte sich neben Alan. Sie sehnte sich danach, ihre Arme um ihn zu schlingen, sich an ihn zu schmiegen – aber wie? Sie konnte sich ihm doch nicht einfach an den Hals werfen!

Alan sah sie fragend an, dann rutschte auch er von seinem Stuhl. Er stand so nah bei ihr, dass sie sich unweigerlich berührten.

»Alan«, sagte Silke schüchtern.

»Yes?«

»Ich bin sehr froh, dass ich dich kenne, nicht nur wegen heute, sondern ...«

»Yes?«

»Ich glaube ... ich ... du ... du bist mir sehr wichtig.«

»Ich verstehe«, sagte Alan und schob sanft ihr Kinn nach oben. In seinen Augen funkelte ein Lachen. »Ja, ich liebe dich auch.« Er neigte seinen Kopf, seine Lippen legten sich auf ihre, seine Arme umschlangen ihren Körper. Sie erwiderte seinen Kuss, so fordernd, so leidenschaftlich, als wäre dieser erste auch der letzte Kuss, den sie je von ihm bekommen würde.

# 51

»Anna und Ilse haben Angst«, sagte Rosemarie.

»Und sie haben allen Grund dazu«, bekräftigte Mila barsch. Sie zeigte auf die schmutzigen Wände des Verhörraumes, den abgewetzten Tisch. »Sie werden Ihnen hier gar nichts erzählen.«

»Sollen wir sie etwa im Heim verhören?«, fragte der Kommissar stirnrunzelnd. Ungeduldig lehnte er sich nach vorne. Es war offensichtlich, wäre Alan nicht mit im Raum, hätte er das Gespräch längst abgebrochen.

»Vielleicht noch im Beisein der Männer, die ihnen das angetan haben?« Rosemarie bremste sich. Sie brauchten den Kommissar auf ihrer Seite. »Vielleicht haben Sie ein Büro, in dem sich die Mädchen weniger als Verbrecherinnen fühlen würden?«, fuhr sie betont freundlich fort.

»Aber diese Mädchen, sie sind die Opfer«, sagte Alan. »Warum sie haben so viel Angst? Mila, Sie waren in eine Heim, erklären Sie mir, warum.«

»Weil diese Mädchen alle schon erlebt haben, dass das Recht nicht automatisch auf der Seite der Opfer ist.« Milas Gesichtsausdruck verhärtete sich. »Wie können Sie erwarten, dass Ilse hier, in diesem Verhörraum und dann noch vor zwei Männern, zugibt, dass sie sich Freiern hingegeben hat, wenn sie genau weiß, dass andere Mädchen schon für viel weniger sterilisiert wurden?«

»Aber …« Alan schüttelte den Kopf. »Das ist crazy.«

»Das ist die Welt dieser Mädchen«, sagte Mila kurz.

»Haben Sie Karla kennengelernt, Alan?«, fragte Rosemarie, noch immer betont freundlich. »Sie kam als Swingmädchen in die Fänge der Fürsorgeerziehung. Ihr Verbrechen war, die falsche Musik zu hören. Dafür wurde sie jahrelang gedemütigt, geschlagen, musste Arbeitsdienst leisten. Sie galt am Ende als unerziehbar, und hätten Sie die Nazis nicht endlich mit Ihren Panzern überrollt, wäre sie in der Uckermark gelandet.«

»Uckermark?«, fragte Alan.

»Dort war das Lager für die Mädchen«, presste Mila hervor. »Für die Unerziehbaren. Die Erbschwachen. Die Oppositionellen. Die Renitenten. Die, die sich mit einem Nichtdeutschen ins Bett –«

Rosemarie legte ihre Hand auf Milas Arm. Alles, was sie erlebt hatte, alles, was damals geschehen war, es war unverzeihlich, aber hier und jetzt ging es um Anna und Ilse und ihre Leidensgenossinnen.

Alan richtete sich in seinem Stuhl auf. »Das ist wahr?«, fragte er den Kommissar.

»Es waren dort junge Frauen und Mädchen«, bestätigte der Kommissar knapp. »Ich weiß aber nicht, wohin das in dieser Sache führen soll.«

Rosemarie verstärkte ihren Druck auf Milas Arm. Sie spürte, dass Mila kurz vor dem Explodieren war. »Wir versuchen zu erklären, warum es schwierig sein wird, die Mädchen zum Reden zu bringen. Sie haben guten Grund, dem Staat und seinen Institutionen nicht zu trauen.«

»Aber wir prüfen die Leitungsebenen in alle Institutionen!«, protestierte Alan.

»Wirklich?«, fragte Mila bitter. »Wie viele Heime haben Sie denn schon entnazifiziert? Warum sitzen dort noch immer dieselben Leute und terrorisieren die Zöglinge wie zur Hitlerzeit? Die Heime haben gnadenlos umgesetzt, was ihnen die Nazis als Richtlinien der Fürsorgeerziehung hingeworfen haben. Warum werden die nicht dafür bestraft, was sie Karla und mir und Tausenden anderen angetan haben? Warum wird dort niemand gefragt, wie viele von uns sie ins Lager geschickt haben, weil wir nicht gespurt haben? Oder weil unsere Erbmasse nicht arisch genug war?«

Alan sah betroffen zu Mila. »You're right. Wir haben nicht geprüft die Heime von der Kirche.«

Mila schüttelte Rosemaries Hand ab und verschränkte ihre Arme vor der Brust. Es ging ihr an die Nieren. Nicht nur, was ihr passiert war, auch dass ihre Peiniger nie belangt wurden.

»Es tut mir leid, wenn Sie schlechte Erfahrungen gemacht haben«, sagte der Kommissar, »aber auch das bringt uns in der Sache nicht weiter. Wir brauchen belastbare Beweise, dass ein Missbrauch stattgefunden hat. Eine Zeugenaussage.«

»Belastbar … ha!« Mila schüttelte verbittert den Kopf. »Sie wissen so gut wie ich, was passiert, wenn Anna vor Gericht aussagt. Sie wird als sexuell verwahrlost abgestempelt, ihre Aussage als unglaubwürdig gegenüber der Aussage des Heimleiters verworfen, und dann wird sie ins nächste Heim gesteckt.«

»Und wenn wir es ganz anders aufziehen?«, warf Rosemarie nachdenklich ein. »Wir wissen heute, dass Peters Egon die Bar versprochen hatte, und wahrscheinlich hätte Egon die Mädchen dann dort für sich arbeiten lassen. Warum aber hat der Heimleiter sich auf Egons Mädchenhandel eingelassen?«

»Weil er Dreck am Stecken hat«, murmelte Mila, »ist doch klar.«

»Eben. Weil er Dreck am Stecken hat. Und Egon weiß davon und hat ihn erpresst.« Rosemarie richtete sich an den Kommissar. »Nur eine Theorie, aber sie scheint mir zumindest ein Nachdenken wert. Vielleicht müsste die Nazivergangenheit des Heimleiters untersucht werden?«

»Ich denke, dass dies keine Angelegenheit ist, die Sie als Frau in all ihrer Komplexität erfassen können. Überlassen Sie besser mir, wie ich in der Sache vorgehe«, sagte der Kommissar spitz. »Und ich werde mich sicher nicht aufgrund einer fixen Idee vor dem Heimleiter blamieren. Dessen Leumund ist nämlich, im Gegensatz zu den besagten jungen Damen, einwandfrei.«

»Siehste? Hab ich's dir nicht gesagt?« Mila stand so abrupt von dem Stuhl auf, dass er laut über den Boden schrammte. »Die Mädchen landen bei Freiern, während sie unter der Aufsicht dieses einwandfrei beleumundeten Herrn sind, und wer ist am Ende schuldig? Der Mann, der das zulässt? Der Zuhälter? Der Mann, der sie dort hinschleppt? Der Freier? Nein, das Mädchen. Ich muss kotzen, so krank ist das.« Sie drehte sich um, riss die Tür des Verhörraumes auf und stürmte an einem verdutzten Wachtmeister vorbei.

Der Wachtmeister sah unsicher zum Kommissar, doch der nickte nur. *Lass sie gehen*, sollte das wohl bedeuten.

Alan jedoch sah lange zur Tür, als stünde Mila noch dort. Dann wandte er sich an den Kommissar. »She's right. Und da es sich hier nicht nur handelt um potenziell Prostitution, sondern auch um eine potenziell wichtige Nazi, es ist nicht nur Ihre Jurisdiktion, sondern auch meine. Ich werde fahren in die Heim jetzt sofort.«

Er stand auf, fast ebenso plötzlich wie Mila und sogar mit noch lauterem Schrammen über dem Boden. »Rosemarie, soll ich Sie nehmen mit zurück zu Silke?«

»Danke, nein«, sagte Rosemarie, »ich möchte noch ins Krankenhaus zu Hans und Gustav.«

\*\*\*

Auch im Krankensaal sparten sie Strom. Trotz des verblassenden Dämmerlichts war noch keine Lampe zugeschaltet worden, die Kranken erlaubt hätte, mehr als ihren Nachbarn zu sehen.

Rosemarie ging an der Reihe Betten vorbei, der Geruch nach Jod und Äther stach ihr unangenehm in die Nase.

Bett Nummer acht, hatte die Schwester ihr gesagt, auf der linken Seite. Und dass sie ihn nicht aufwecken solle. Am Fußende von Hans' Bett blieb sie stehen. Ihr Herz schlug schnell. Was hatten sie nur mit ihm gemacht? Um seinen Kopf war ein Verband geschlungen, sein rechtes Bein war eingegipst, ebenso sein rechter Arm, sein Oberkörper war mit einem Verband eingebunden. Er war blass, die Wangen schmal.

Sie ging zu seinem Kopfende und setzte sich behutsam auf die Bettkante.

»Ach, Hans.« Rosemarie strich zaghaft über den gipslosen Arm. Er war übersät mit Blutergüssen und Schnitten.

Hass wallte in ihr hoch. Diese feigen Schweine. Zu viert gegen einen. »Es tut mir so leid, dass ich Egon nicht durchschaut habe«, flüsterte sie dem Schlafenden zu. Es machte nichts, dass er sie nicht hörte. Es war sogar besser so, damit sie ihm all das sagen konnte, was sie sich sonst nicht trauen würde. »Dafür hat er mich durchschaut und mir die Freiheit gegeben, die Silke mir verweigert hat. Ich war so geblendet davon, dass ich es mit Liebe verwechselt habe.« Sie schüttelte den Kopf über sich selbst. Wie blind sie gewesen war. Dabei hatten weder Egon oder Silke oder sonst jemand ihr je zu sagen gehabt, was sie zu tun habe. Sie hatte über Jahre Silkes Beschützerwahn zugelassen und war dann zu Egon geflohen, anstatt sich aus eigener Kraft gegen Silke durchzusetzen. Und während der ganzen Zeit war es in Wahrheit Hans gewesen, der ihr die Hand zur Unabhängigkeit gereicht hatte. Und nun lag er hier, halb tot von den Schlägen ihres ehemaligen Verlobten.

Sie nahm Hans' geschundene Hand in die ihre. Hätte er sie nie kennengelernt, wäre ihm all das erspart geblieben. Ein Gefühlscocktail aus Wut und Hilflosigkeit, Liebe und Dankbarkeit übermannte sie. »Gustav hat gesagt, dass du der feinste Mann bist, den er kennt. Aber das stimmt nicht ganz. Du bist auch der mutigste und liebenswerteste und klügste Mann, den man sich nur wünschen kann. Weißt du, wann mir das aufgefallen ist? Als Egon gesagt hat, dass du tot bist, und ich mir ein Leben ohne dich nicht mehr vorstellen konnte. Und als Egon auf uns gezielt hat, hat mir der Gedanke an dich Kraft und Trost gegeben.«

Vorsichtig hob sie seinen Arm an und hauchte einen Kuss auf den Handrücken. »Im Angesicht des Todes erkennt man die Wahrheit, heißt es«, murmelte sie, »ich habe erkannt, dass es keinen Mann auf dieser Welt gibt, mit dem ich lieber mein Leben teilen würde als mit dir.«

Plötzlich spürte sie einen leichten Druck von Hans' Fingern. Sie erstarrte. Hatte er ihr die ganze Zeit zugehört? Auch bei ihrer Liebeserklärung am Ende? Sie spürte die Hitze in ihren Kopf steigen.

»Bist du wach?«, flüsterte sie und hoffte inbrünstig, dass er nicht antworten würde. Dass die kaum spürbare Bewegung seiner Finger nur ein Zucken gewesen war.

»Ja«, krächzte er heiser.

Nun schoss die Hitze durch ihren Körper. Sie hätte sich am liebsten unter dem Bett versteckt. Was musste Hans von ihr denken!

»Wie … wie geht es dir?«, stammelte sie in der Hoffnung, dass er ihr vorheriges sentimentales Gemurmel und Geflüster nicht gehört hatte.

»Seit ein paar Sekunden besser als je zuvor in meinem Leben«, krächzte er und öffnete die Augen. Sein Mund verzog sich zu einem schiefen Grinsen.

Er hatte es gehört. Alles.

Rosemaries Wangen brannten.

»Manchmal gestatte ich mir besondere Träume«, sagte Hans, so leise und heiser, dass Rosemarie sich nah zu ihm beugen musste, um ihn zu verstehen. »Dann träume ich davon, wie ich dir einen Heiratsantrag mache. Mit tausend Rosen oder in einer goldenen Kutsche oder auf einem Dreimaster …« Er schloss kurz die Augen und atmete kurz und schnell. »Aber das hier, das habe ich nie geträumt. Also muss das wahr sein, nicht? Ich lebe, und du liebst mich.«

»Du lebst, und ich …« Sie räusperte sich. »… liebe dich.«

Wieder spürte sie einen leichten Druck seiner Finger. Seine Augen fielen zu, ein glückliches Lächeln umspielte seinen Mund.

Sie beugte sich zu ihm und legte ihre Lippen sanft auf die seinen. Noch nie hatte sie sich so leicht und glücklich und zuversichtlich gefühlt wie in diesem Moment.

# Epilog

Silke blickte über den von Ilse und Ruth liebevoll festlich gedeckten Tisch.

Sie hörte Rosemaries helles Lachen, Annas ausgelassenes Kichern. So viele Monate hatte es gebraucht, bis Anna und Ilse wirklich Vertrauen gefasst hatten, bis sie verinnerlichen konnten, dass sie nie wieder zurück in das Heim mussten. Dass durch Alans unerbittlichen Einsatz nicht nur Egon, sondern auch der Heimleiter und seine Helfer verhaftet und verurteilt worden waren und den Mädchen nie wieder ein Leid zufügen konnten.

Silke erhob sich und tippte mit der Gabel an ihr Glas. Feines Klirren erklang, und das fröhliche Geschwätz am Tisch verstummte.

Silke räusperte sich. Noch immer gingen ihr Reden nicht leicht von den Lippen. »Liebe Gäste«, begann sie, verbesserte sich dann, sie sprach hier doch nicht zu den Gästen ihrer Bar!

»Liebe Freunde …« Sie schüttelte den Kopf, auch das passte nicht. Sie begann erneut. »Liebe Familie …« Sie ließ ihren Blick über den Tisch gleiten, über Rosemaries leicht amüsiertes Gesicht, Hans' aufmerksames, Gustavs ermunterndes, Ruths lächelndes, Milas und Karlas gespanntes und Ilses und Annas grinsende Gesichter. »Vor einem Jahr haben einige von uns an genau diesem Ort und diesem Tag zusammen an eben diesem Tisch gesessen. Seitdem hat sich vieles verändert. Hans und Rosemarie haben geheiratet und Anna adoptiert. Ilse und Ruth sind nun offiziell meine Mündel und machen mit Anna zusammen die Schule zu Ende, Mila und Karla absolvieren ihre Ausbildung bei der Polizei und werden als eine der ersten Schutzpolizistinnen Hamburgs dafür sorgen, dass Mädchen in Not gehört werden. Ein Hoch auf unsere mutigen Pionierinnen!« Stolz ließ Silke ihren Blick auf Mila verweilen, die verlegen grinste.

Ihr Blick wanderte weiter zu Gustav. »Dann Gustav, unsere gute Seele, dessen Klavierunterricht inzwischen so begehrt ist, dass er mit Rosemarie zusammen plant, hier in der Bar eine Musik- und Gesangsschule zu eröffnen. Ein Hoch auf Gustav und Rosemarie, die mit ihrer Musik Freude und Leichtigkeit in die Herzen der Menschen bringen.«

»Und was ist mit Alan?«, rief Rosemarie. »Hast du nicht etwas vergessen?«

Silke spürte, wie Wärme sie durchfloss. Alan. Natürlich hatte sie ihn nicht vergessen!

Sie drehte ihren Kopf zur Seite, lächelte ihn an. Er nickte, lächelte ebenfalls.

»Und Alan, der uns noch immer –«

Rosemarie sprang ungeduldig auf. »Und Alan«, unterbrach sie Silke, »der praktisch eine Minute, nachdem es erlaubt war, sich mit einer deutschen Frau zu verloben, meiner Schwester einen Heiratsantrag gemacht hat!« Sie riss ihr Glas hoch. »Auf Silke und Alan!«

Jubel brach aus, Gläser klirrten, alle redeten durcheinander. Sie hörte die Frage aufpoppen, ob Silke dann bald nach England ziehen würde.

Sie sah zu Alan, sah sein breites Grinsen über die Begeisterung am Tisch.

Es spielte keine Rolle, ob sie mit ihm nach England ziehen würde oder er wegen ihr hierblieb.

Nie hätte sie gedacht, dass sie über ihre Vertreibung aus Danzig hinwegkommen würde. Und doch hatte sie in Hamburg eine neue Heimat gefunden. Und eine neue Familie.

Warum also sollte sie Angst vor der Zukunft haben?

# Dank

Jedes Buch ist eine Herausforderung, manche mehr, manche weniger, dieses gehört in die erste Kategorie. Und tatsächlich hätte ich es nicht schreiben können ohne die geduldige, teils sehr strenge und immer großartige Begleitung der Menschen um mich herum.

Dabei sei gerade bei den ersten Schritten mein wunderbarer Agent Thomas Montasser von der Montasser Medienagentur genannt. Und natürlich das Team der Verlagsgruppe HarperCollins für die immer freundliche und inspirierende Zusammenarbeit, vor allem mit Heide Kloth. Ganz besonders danke ich Carla Felgentreff, die mit ihrem unglaublichen Adlerblick geduldig bis hin zur letzten Überarbeitung auch die feinsten Details nie aus den Augen verlor.

Einen herzlichen Dank auch meinen TestleserInnen, InformantInnen und ZeitzeugInnen, insbesondere Carlos Collado und Gerda.

Des Weiteren Astrid, Max, Gino, Renate, Matthias und Bärbel.

Und schließlich meinem unvergleichlichen Mann, der nie müde wird, mich zu unterstützen, zu bestärken, zu überraschen.